CHOISEUL

ET

LA FRANCE D'OUTRE-MER

APRÈS LE TRAITÉ DE PARIS

ÉTUDE SUR LA POLITIQUE COLONIALE AU XVIIIe SIÈCLE

AVEC UN APPENDICE

SUR LES ORIGINES DE LA QUESTION DE TERRE-NEUVE

PAR

E. DAUBIGNY

PARIS
LIBRAIRIE HACHETTE ET Cie
79, BOULEVARD SAINT-GERMAIN, 79

CHOISEUL

ET

LA FRANCE D'OUTRE-MER

APRÈS LE TRAITÉ DE PARIS

COULOMMIERS
Imprimerie Paul Brodard.

CHOISEUL

ET

LA FRANCE D'OUTRE-MER

APRÈS LE TRAITÉ DE PARIS

ÉTUDE SUR LA POLITIQUE COLONIALE AU XVIIIe SIÈCLE

AVEC UN APPENDICE

SUR LES ORIGINES DE LA QUESTION DE TERRE-NEUVE

PAR

E. DAUBIGNY

PARIS
LIBRAIRIE HACHETTE ET Cie
79, BOULEVARD SAINT-GERMAIN, 79

1892

INTRODUCTION

Notre histoire coloniale a été jusqu'ici assez peu étudiée et il semble qu'il pèse sur elle un peu de ce discrédit ou du moins de cette insouciance avec laquelle l'opinion publique considérait, au siècle dernier, nos possessions d'outre-mer. Que de pages de cette histoire qui est la nôtre, mériteraient cependant d'être retracées! Que d'épisodes héroïques passés inaperçus ont eu pour théâtre ces provinces lointaines qui, comme les pays frontières, subirent les premières les insultes du vainqueur et payèrent trop souvent la rançon du vaincu!

On sait à peine les noms de Lévis, de Vaudreuil, de Montcalm, qui sauva l'honneur de notre drapeau au Canada. Montcalm ne devrait-il pas avoir parmi nous un monument qui rappelât sa mémoire? Sa dépouille ne fut même jamais réclamée par la France, et l'Angleterre lui éleva sa première statue.

La période que nous étudions ici ne renferme

point de faits d'armes héroïques, mais elle a son intérêt dans une tentative de relèvement colonial, dans l'œuvre de paix, de recueillement, de réparation, qui suit d'ordinaire les grands désastres.

Dans notre temps, d'ailleurs, où on se préoccupe à juste titre de la conquête de nouvelles colonies comme d'une nécessité politique et économique, il est utile de rechercher dans notre histoire coloniale quelles furent nos traditions, les causes de nos succès ou de nos revers, les fautes de nos administrateurs, leurs erreurs et leurs déceptions.

Vers le milieu du siècle dernier, l'Angleterre commence à prendre conscience de ce que Seeley[1], dans de récentes et remarquables études, appelle sa « mission » et entre dans la voie de cette formidable expansion au dehors qui lui a créé le vaste empire que nous connaissons; Choiseul, le plus grand ministre sans aucun doute qu'ait eu Louis XV, semble en prévoir les redoutables conséquences.

On lui a reproché la perte de nos colonies et les clauses désastreuses du traité de 1763; mais le pouvoir inconsistant et faible qui tenait les rênes de nos destinées avait une grande part de responsabilité, mais seulement une part, dans les catastrophes qui avaient ruiné l'empire colonial de la France : les autres coupables, c'étaient les classes supérieures, la noblesse, les écrivains, les économistes, les philosophes qui donnaient le ton et fai-

1. Seeley, *l'Expansion coloniale de l'Angleterre.*

saient l'opinion. La classe la plus nombreuse, celle des commerçants et des marins, subissait les événements et ne les faisait point. Il n'en est pas de même de la noblesse de cour — celle de province ne comptait pas — qui, malgré sa frivolité, était capable de s'intéresser à quelques grandes questions politiques, aux affaires d'Europe par exemple ; elle regardait les affaires coloniales comme au-dessous de sa dignité; elle affectait de les ignorer et de les dédaigner. Les publicistes, eux aussi, sont d'autant plus responsables qu'ils sont plus influents; « les quelques arpents de neige du Canada » dont parle dédaigneusement Voltaire sont en cette matière une citation classique; mais, parmi eux, les plus nuisibles sont ces savants théoriciens qu'on commence à appeler des philosophes. Ce sont eux qui habillent d'une forme scientifique des idées impolitiques, des utopies, et les font ainsi accepter de tous; les lois économiques concernant les colonies, prennent dès lors la forme d'une fausse doctrine où domine, comme nous le verrons, l'influence de Montesquieu.

Les premiers économistes, Barthélemy, Laffémas, Montchrétien, qui écrit un traité d'*Économie politique*, inventant à la fois le nom et la science, regardent la pratique de cette science comme une annexe de la politique. Elle a pour fondement l'étude des intérêts et des besoins du pays. C'est, comme la définit Montchrétien, « la mesnagerie des nécessités et charges publiques [1] ». Cette économie politique est à la fois une science et un art. Les savants, ce sont, en économie d'État, les statisticiens, les économistes proprement dits; les praticiens, ce sont les ministres et les souverains. « En ces matières, disait Montchrétien, les conseils du gouvernement changent et les conseils de même; d'une façon aujourd'hui, demain de l'autre, selon que la *nécessité* le requiert;... le salut du peuple est la loi suprême [2]. » L'art de l'économie d'État exige moins la connaissance des principes généraux que l'instinct des nécessités du moment. C'est cet art que Beaumanoir revendique sous saint Louis, pour le roi, quand il demande pour lui, « le droit de faire des établissements comme il lit plet pour le profit commun ». Cinq siècles plus tard, Richelieu et Colbert l'entendent de la même manière, c'était aussi celle de Henri IV et des *Économies royales* de Sully; mais Colbert en réalisa autant qu'il était en son pouvoir le *chef-d'œuvre*, pour employer le langage de Montchrétien, par l'étude constante, infatigable, minutieuse de tous les détails de la production et de toutes les formes du commerce.

Nous ne comprenons pas, aujourd'hui, la raison d'être des statuts et règlements donnés par Colbert

1. Funck-Brentano, *l'Économie politique patronale*. Traité d'économie politique dédié en 1615 au roi et à la reyne, mère du roy, par Antoyne de Montchrétien, avec introduction et notes, in-8, Paris, Plon, 1889. Voir aussi Pigeonneau, *Histoire du commerce de la France*, t. II.

2. Montchrétien s'occupe de l'économie coloniale dans son chapitre sur la « navigation ».

aux manufactures, ni la nécessité de toutes les franchises, libertés et privilèges qu'il accorda, tantôt à de grandes villes comme Marseille, tantôt à de simples corporations de métiers ou à des compagnies particulières; et cependant, ce furent d'après ces libertés et franchises que s'établirent les nouvelles industries, d'après elles aussi que se constituèrent les compagnies de commerce et de colonisation. La réglementation entraînait la spécialité des industries et était en même temps la cause de leur prospérité. Il y avait une Savonnerie, des Gobelins, Sèvres, comme il y avait un commerce bordelais, marseillais, parisien et cette réglementation n'était que l'encouragement, la sauvegarde et le développement des usages et coutumes. Il était donc dans les mœurs du temps que Richelieu et Colbert accordassent des privilèges spéciaux à telle ville, à telle compagnie, et c'était d'après les mêmes principes que devaient être réglés le commerce et l'exploitation des colonies.

Pour Colbert, comme pour Louis XIV, le commerce lointain ne peut se maintenir et s'étendre qu'à force de protection; de là ce cercle de prescriptions spéciales et étroites qui cherchent à concilier les besoins de la métropole et le développement de nos possessions. De là cette despotique sollicitude qui veille sur le négoce de nos Échelles du Levant — véritables colonies françaises en Orient, — avec le secours de la Chambre de commerce de Marseille et

suls. On voit surtout dans Louis XIV
et plein d'orgueil, fort occupé des
ur, aimant à s'entourer du brillant
esse ; l'histoire du commerce nous
prouverait qu'il était aussi, et avec une vigilance toujours en éveil, le roi des marchands.

Les économistes du XVIIIe siècle, au contraire de ceux des siècles précédents, ne s'enquièrent plus des résultats ; alors semble naître la fameuse utopie érigée en axiome : « périssent les colonies plutôt qu'un principe ». Ils veulent créer une science nouvelle et cherchent à formuler les données de l'expérience ; mais souvent ils tombent dans l'erreur ; ils prennent des faits pour des lois ; ils font de Montesquieu un doctrinaire et posent, par exemple, d'après lui, comme un principe immuable, que les colonies dont les productions sont les mêmes que celles de la métropole, coûtent plus qu'elles ne rapportent : le Canada se trouve ainsi condamné. Colbert avait eu raison, au XVIIe siècle, d'interdire à la Compagnie des Indes de faire des conquêtes en Orient ; les économistes en tirèrent cette maxime qu'une Compagnie marchande est faite non pour conquérir mais pour trafiquer. On en conclut que Dupleix est un fou et que sa politique est contraire aux vérités les plus élémentaires. « La souveraineté accordée à une Compagnie commerçante, dit un mémoire du temps, a été la cause de notre destruction dans ces contrées éloignées. Si M. Dupleix n'en eût pas été infatué au point où il l'était, eussions-nous e. une guerre aussi meurtrière que dispendieuse dont la fin a été notre destruction totale? Occupé de notre commerce, peu nous importait d'avoir affaire à Rajah-Saëb ou à Mehemet-Ali-Khan. M. Dupleix, maître du commerce et du militaire, crut qu'il était de l'honneur d'une Compagnie souveraine dont il était chef de soutenir un particulier à qui il avait accordé sa protection[1]. »

Les publicistes arrivent ainsi à tirer des conclusions inexactes d'une étude incomplète des faits; ils les parent des agréments de leur style et peu à peu elles font leur chemin; nos administrateurs qui vivent à leur école se forment, en matière coloniale, une idée fausse qui, en passant du domaine de la spéculation dans celui de la pratique, les conduit à des entreprises hésitantes, contradictoires ou dangereuses. Sans doute les doctrines nouvelles renferment des idées généreuses ou de bienfaisantes illusions; mais leurs conséquences inquiètent fort peu les philosophes; ainsi ils discutent les questions de la liberté du commerce, sans examiner si la liberté absolue du commerce, c'est-à-dire l'ouverture des colonies au commerce étranger, ce n'est pas, au fond, la fin des colonies; ils condamnent, avec raison, la traite des noirs et l'esclavage; mais ne condamnent-ils pas, du même coup, les Antilles et

1. Mémoire sur les colonies orientales et le commerce de l'Inde. (Arch. col.) Voir aussi Roubaud : Le politique indien ou Considérations sur les colonies des Indes orientales, 1768.

l'Afrique occidentale, en ne prévoyant pas les moyens de suppléer à ces institutions que le XVIIe siècle considérait comme indispensables à la prospérité de nos possessions intertropicales? Sans doute aussi, certains progrès dans le commerce et l'industrie étaient, vers la fin du XVIIIe siècle, incompatibles avec d'anciennes formes et de vieux privilèges, mais les économistes ne trouvent pas le sens de l'évolution; ils discutent sur des idées, non sur des faits, et la prospérité du pays se trouve abandonnée à l'inconnu, en vertu de principes faux qui trompent nos hommes politiques et nos administrateurs, et les entraînent vers un avenir que ni les uns ni les autres ne prévoient.

Ces défauts s'accusent dès la seconde moitié du XVIIIe siècle, surtout dans l'administration maritime et coloniale dont la réorganisation fut, après la terrible leçon du traité de Paris — leçon qui ne devait malheureusement pas être la dernière, — le premier et le principal souci du gouvernement. « Son département de la marine est celui dont il s'occupa le plus », dit un contemporain de Choiseul [1]. Et de fait, jusqu'à l'heure de sa chute, dont une question coloniale [2] fut le prétexte — nous ne disons pas la cause, celle-ci était plus complexe, — le ministre ne cessa pas de travailler au relèvement de notre marine et de nos colonies. La puissance de la France

1. Moufle d'Angerville, *Vie privée de Louis XV*.
2. Celle des îles Malouines et de Port d'Egmont.

n'est pas limitée au continent et, sur nos côtes, un horizon immense, que rien ne borne, semble nous appeler à des destinées lointaines. « Choiseul ne comprit rien à la question de Pologne », dit Michelet : c'est qu'il tournait le dos au continent ; il songeait à une plus grande France mutilée, abandonnée presque, et, le regard vers les rives anglo-saxonnes, il indiquait du doigt notre constante et véritable ennemie au XVIIIe siècle : l'Angleterre.

Nous avons étudié ici ce qu'il fit, maître de toutes les ressources officielles de la France, ou tenta de faire pour la replacer à son rang. Ses efforts méritent d'autant plus d'attention qu'ils préparent la seule guerre exclusivement maritime que la France ait soutenue contre l'Angleterre. Nous avons puisé les éléments de notre étude dans des documents tirés des archives du ministère des affaires étrangères et de celles de la marine et des colonies. Dans ces dernières archives, outre la correspondance des ministres, les registres spéciaux et les cartons consacrés à chacune de nos possessions, nous avons consulté la collection de Moreau de Saint-Méry.

Médéric-Louis-Élie Moreau de Saint-Méry était né au Fort-Royal de la Martinique, le 13 janvier 1750. Sa famille, originaire du Poitou, occupait les premières places dans la magistrature coloniale. Destiné à succéder à son grand-père, sénéchal de la Martinique, il vint étudier à Paris et se fit recevoir avocat au Parlement. Il revint exercer sa profession au Cap et, huit années plus tard, le Roi le nommait membre du Conseil supérieur de Saint-Domingue. C'est alors qu'il conçut le projet de recueillir de nombreux matériaux sur les lois, les mœurs, les usages et les productions naturelles et industrielles de nos colonies d'Amérique. Il fut aidé dans ses recherches par le gouvernement qui lui ouvrit tous les dépôts, les greffes et les archives. Il fit, pour compléter ses informations, des voyages multipliés dans nos différentes possessions [1].

Moreau de Saint-Méry publia successivement les lois et les constitutions des colonies françaises de l'Amérique Sous-le-Vent, en six volumes in-4; une description de la partie espagnole de Saint-Domingue en deux volumes in-8 et la description de la partie française de la même île en deux volumes in-4. Ces ouvrages renferment des notions intéressantes et étendues sur l'agriculture, l'industrie et le commerce de la colonie; ils accrurent sa réputation et Louis XVI l'appela à Paris pour lui confier des travaux importants. Là il s'affilia à un grand nombre de sociétés littéraires et savantes et contribua à fonder, notamment, le « Musée de Paris » de concert avec l'infortuné Pilâtre de Rozier. Saint-Méry aimait passionnément le travail; il avait aussi pour le plaisir, auquel le prédisposait l'ardeur de son tempérament de créole, le goût le plus vif; il

1. C'est Moreau de Saint-Méry qui a découvert à Saint-Domingue les restes de Christophe Colomb, transportés en 1795 à la Havane.

conciliait l'un avec l'autre et se mit au régime de ne dormir que de deux nuits l'une pour accroître la collection de ses documents qu'il copiait de sa main.

Moreau de Saint-Méry fut député des colonies à l'Assemblée constituante ; il prit fréquemment la parole dans les questions coloniales et sut faire apprécier sa compétence. Sous la Terreur, il se réfugia aux États-Unis. Privé de sa fortune et de tout moyen d'existence, il se procura quelques ressources et se rendit à Philadelphie où il établit un magasin de librairie et une imprimerie. C'est là qu'il imprima en peu de temps des livres dont il avait apporté les manuscrits. Il entreprit un « dictionnaire colonial », travail immense pour lequel il a laissé des notes volumineuses. Après cinq années de séjour en Amérique, Saint-Méry revint à Paris où l'amiral Bruix, son ami, le nomma historiographe du département et le chargea de la rédaction d'un code colonial. Sous le Consulat, il fut nommé conseiller d'État. Ce fut à cette époque qu'il publia une foule de Mémoires d'administration, de finance et de législation, etc. En 1801, nous retrouvons Saint-Méry auprès du duc de Parme, où il occupe des fonctions diplomatiques.

Il avait pris pour devise : « Il est toujours l'heure de faire le bien » ; et il l'avait fait graver sur ses montres pour ne la jamais perdre de vue. Il mourut le 28 janvier 1819 ; ses documents ont été achetés à ses héritiers par le département de la marine.

Outre cette collection et les papiers des archives,

nous avons fait usage d'un mémoire de Choiseul lui-même, où il passe en revue toute son administration, et qui a été publié par M. Ch. Giraud, de l'Institut, dans le « Journal des savants », année 1881. Ce mémoire, fort intéressant et sur l'authenticité duquel il n'est pas permis de douter, était en la possession de M. le chancelier Pasquier. Il fait partie de la collection du duc d'Audiffret-Pasquier qui avait permis à M. Thiers, fort curieux de documents de ce genre, et à M. Ch. Giraud d'en prendre des copies.

Nous tenons, en terminant, à rendre ici un hommage de reconnaissance à M. Boutmy, directeur de l'École des sciences politiques, et à nos excellents maîtres de cette école, MM. Albert Sorel et Pigeonneau, qui ont bien voulu encourager notre modeste travail et l'éclairer de leurs excellents conseils [1].

Enfin nous n'oublions pas MM. les archivistes qui, au cours de nos recherches, nous ont fait l'accueil le plus empressé et nous ont montré une obligeance qui a droit à toute notre gratitude.

1. Des extraits de cette étude ont été publiés dans les Annales de l'École, années 1888, 15 octobre, et 1890, 15 avril.

Paris, le 1er octobre 1889

CHOISEUL

ET

LA FRANCE D'OUTRE-MER

CHAPITRE I

LES RUINES DE NOTRE EMPIRE COLONIAL

Ce qui restait de notre empire colonial. — Les deux gouvernements généraux. — Situation de la Martinique. — Les *habitants*, les *petits blancs* et les *habitacos*. — L'île de Sainte-Lucie. — La Guadeloupe. — Iles qui dépendent du gouvernement de la Guadeloupe. — Marie-Galante, Saint-Martin, Saint-Barthélemy, la Désirade et les Saintes. — Triste situation de la Guyane. — Vices de l'administration. — Le droit d'*octroi* à Saint-Domingue. — Situation économique de Saint-Domingue. — Choiseul crée des chambres de commerce et d'agriculture dans nos îles; elles élisent un député au bureau du commerce à Paris. — Comptoirs de la côte d'Afrique. — Les îles de France et de Bourbon. — L'île Rodrigue. — Madagascar. — Les Indes.

Au lendemain de la paix désastreuse qui mit fin à la guerre de Sept Ans, nos colonies étaient ou perdues ou ruinées; mais les débris de nos possessions jouissaient encore d'une grande vitalité et pouvaient se ranimer sous l'influence d'un régime approprié.

Le Canada restait à l'Angleterre malgré l'héroïsme de ses défenseurs et l'Espagne, qui voulait recouvrer Cuba pour laquelle elle cédait la Floride aux Anglais, recevait de nos mains la Louisiane en échange de cette dernière possession. Notre alliée de la dernière heure balançait ainsi ses pertes par une convention qui pesait sur la France et qui demeura quelque temps secrète pour ne pas froisser le sentiment national.

Ces clauses nous privaient de nos deux plus vastes colonies de l'Amérique septentrionale; nous perdions également la Dominique, Saint-Vincent, Tabago, Grenade et les Grenadines, aux Antilles; mais la Martinique, la Guadeloupe et leurs dépendances [1] nous étaient restituées, ainsi que Gorée sur les côtes d'Afrique. Aux Indes il ne nous restait que quelques comptoirs [2]. Dans l'Amérique du Nord l'Angleterre cédait en toute propriété à la France les îles Saint-Pierre et Miquelon, en lui intimant la défense de les fortifier. Ces deux îles devaient servir de refuge à nos pêcheurs que l'Angleterre aurait voulu éloigner pour toujours du banc de Terre-Neuve.

Tels étaient, en 1763, avec Saint-Domingue, la Guyane et les îles de France et de Bourbon, les seules colonies françaises qui ne fussent pas tombées au pouvoir de l'ennemi, les débris de notre empire colonial et les éléments avec lesquels Choiseul essaya de le régénérer, de le consolider et même de l'étendre.

Avant les réformes de Choiseul, nos colonies d'Amérique comprenaient deux *gouvernements généraux* : le gouvernement des îles du Vent et celui de Saint-Domingue. Le gouvernement des îles du Vent se composait de

1. Sainte-Lucie, la Désirade, Marie-Galante, les Saintes et Saint-Martin.

2. Pondichéry et son district, Karikal et les aldées sous sa dépendance, les forts de Mahé, une loge à Calicut, une loge à Surate et, dans le Bengale, Chandernagor, que nous ne pouvions point fortifier.

toutes les Antilles demeurées françaises, à l'exception de l'île de Saint-Domingue, qui depuis 1714 formait un gouvernement indépendant. Cayenne relevait aussi du gouvernement général des îles du Vent; mais aussitôt après le traité de paix, la Guyane eut une administration distincte; nous verrons dans la suite de cette étude les motifs qui conduisirent le ministre de la marine à prendre cette décision.

La Martinique était la plus importante de nos petites Antilles par son étendue, sa fertilité, sa population et sa richesse; elle l'était aussi par sa position : « Située au vent des autres, elle semble placée par la nature pour les protéger toutes », disent les instructions données à ses administrateurs[1]. Cette île était le siège du gouvernement général. Le Fort-Royal, le port le plus beau et le plus sûr, est une ville qui ne manque pas d'élégance, le chef-lieu de l'île, la résidence du gouverneur général commandant, de M. le général, comme on dit alors; c'est aussi le lieu des séances du conseil souverain.

La ville du Fort-Saint-Pierre, qui a longtemps disputé la prééminence au Fort-Royal, est le centre du commerce, la *rade foraine*; mais cette rade est moins sûre que celle du Fort-Royal et les bâtiments sont obligés, pendant l'hivernage, c'est-à-dire pendant la saison des ouragans[2], de se retirer dans ce port. Le Fort-Saint-Pierre est la résidence de l'intendant. Tous les négociants habitent aux environs et cette ville fait à elle seule les trois quarts du commerce de la Martinique. « Saint-Pierre, ce bourg superbe et fort au-dessus de la capitale de Saint-

1. Collection Moreau de Saint-Méry. Archives coloniales.
2. Du 21 juillet au 21 octobre.

Domingue, écrivait d'Estaing à Choiseul, est la cassette de la Martinique; sa serrure est au Fort-Royal [1]. »

La Trinité occupe le troisième rang et commence à peine à s'établir; son port est peu fréquenté.

Dans nos îles, les colons sont divisés en deux classes : les *petits blancs* sont les commerçants des villes; les *habitants* ou planteurs sont les propriétaires, les colons proprement dits qui possèdent de riches exploitations; les petits planteurs sont qualifiés dans la campagne du nom d'*habitacos*. On désigne d'ailleurs, en général, sous le nom de *petits blancs* tous les citadins autres que les fonctionnaires et les habitants [2]. Avant la guerre il y avait environ 14 000 blancs à la Martinique; il n'y en a plus que 12 000 en 1763; de même, le nombre des esclaves s'est abaissé de 80 000 à 60 000; enfin il y a 2 000 hommes de couleur libres, presque tous mulâtres.

La culture principale est celle de la canne à sucre; puis viennent le café, l'indigo, le coton, le cacao importé, dès 1650, et les cultures alimentaires du maïs, du manioc, des bananes, etc. L'île entière, à l'exception de la plaine, qui entoure le *morne Calebasse* et qui va bientôt se peupler d'Acadiens émigrés, est en pleine exploitation. La colonie a d'ailleurs des routes excellentes, d'élégantes habitations et leurs riches propriétaires, bien qu'ayant souffert de la dernière guerre, trouvent là toutes les commodités de la vie, y demeurent volontiers et n'envient rien aux provinces les plus prospères de la métropole.

L'île de Sainte-Lucie fut pendant cent ans un sujet de

1. Correspondance avec les Ministres. Archives coloniales.
2. Notes et observations faites par ordre du ministre par La Touche Tréville, capitaine de vaisseau. Archives de la Marine.
Moreau de Saint-Méry, *Description de la Martinique*. Archives coloniales.

contestations entre la France et l'Angleterre; déclarée neutre en 1731, cédée à la France par le traité de Paris, elle n'est qu'à sept lieues du Fort-Royal. La proximité de la Martinique dont elle dépend, la sûreté de deux de ses ports, le *cul-de-sac des Roseaux* et surtout le *Carénage*, en rendent la possession très intéressante pour la France. Elle a environ treize lieues de long sur six à sept de large; son sol est montueux, médiocre sur les bords de la mer, il s'améliore en se rapprochant du centre. Le quartier de la Soufrière, assez proche d'un volcan éteint, est le plus fertile et celui qui va s'établir le plus vite[1]. Tout est à créer dans cette île, presque entièrement inculte et inhabitée lors de sa cession à la France.

La Guadeloupe a bien moins souffert de la guerre que la Martinique. Occupée dès 1759, elle a librement commercé pendant cinq années avec toutes les possessions anglaises. Les vainqueurs, la regardant déjà comme une de leurs possessions, y ont importé dix-huit à vingt mille nègres, et sa population s'est accrue. La guerre l'a enrichie. En 1755, on y comptait 9640 blancs et 41000 esclaves. En 1763, il y a plus de 10000 blancs et environ 60000 esclaves. La Guadeloupe, divisée en deux parties égales par la Rivière Salée qui la sépare de l'est à l'ouest, est un pays montueux comme la Martinique; elle a une belle plaine, celle de la *Capesterre*. La partie occidentale,

1. « L'île de Sainte-Lucie a deux ports magnifiques; le plus petit de ces deux ports est au cul-de-sac des Roseaux et contiendrait 40 à 50 vaisseaux de guerre à couvert de tous vents; son entrée qui est très étroite ne peut suffire qu'à un seul vaisseau à la fois, et deviendrait impraticable à l'ennemi au moyen d'une batterie qu'on établirait sur la langue de terre qui sépare le port de son entrée.... Le plus grand de ces deux ports s'appelle le Carénage : il consiste en une baie qui renferme plusieurs anses où les navires sont également à couvert de tous vents. » (*Id.*)

nommée la Basse-Terre, est la plus peuplée et la mieux cultivée; mais la partie orientale, la Grande-Terre, va faire de rapides progrès; la ville de la Pointre-à-Pitre est fondée. Le chef-lieu de l'île est à la Basse-Terre dans un bourg qui porte le même nom. C'est là que résident le commandant particulier de la colonie, l'officier d'administration qui y fait fonction d'ordonnateur, et que le conseil supérieur tient ses séances. Les cultures, les mêmes qu'à la Martinique, sont très prospères; enfin ses deux ports, la Basse-Terre et Pointe-à-Pitre, ont fait pendant la guerre des approvisionnements considérables. Lorsque, par le traité de paix, l'Anglais est forcé d'évacuer cette colonie, il réclame le payement des avances qu'il s'est hâté de faire. C'est avec les produits de leur sol que les colons doivent s'acquitter[1]; ces produits passent pour la plupart en Angleterre en 1763 et 1764. Aussi le commerce de la Guadeloupe avec la France est, pendant ce temps, à peu près nul.

La Martinique, la Guadeloupe et ses dépendances offrent la même constitution géologique. Le sol est peu profond; il se compose d'une mince couche de terre arable à la surface des rochers. Aussi, dans ce terrain montueux, les mornes sont facilement dégradés par les pluies; les arbres n'ont point de pivots; leurs racines rampent à la surface de la terre et les ouragans causent des dégâts immenses et détruisent les plantations. Ces colonies se relèvent à peine des désastres causés par l'ouragan de 1756 qu'un autre va fondre sur elles dix années plus tard.

1. La théorie qui fait de l'or la source de toute richesse exige que nos colons n'exportent point leur monnaie qui est limitée à l'usage intérieur de la colonie, et ils comptent non point par sous et deniers, mais par livres de sucre, de tabac, de café, etc.

Du gouvernement particulier de la Guadeloupe dépendent les îles de Marie-Galante, de Saint-Martin, de Saint-Barthélemy, de la Désirade et des Saintes.

De toutes ces îles, celle de Marie-Galante est la plus intéressante : il s'y fait annuellement un commerce de plus de deux millions et demi de livres. Cette île n'a point de port commode; ses côtes formées de falaises élevées et taillées à pic en rendent l'abord difficile. Elle n'a pas de rivières; mais seulement quelques sources que la chaleur dessèche souvent. Les habitants recueillent l'eau de pluie dans des réservoirs et des citernes. Néanmoins le terrain y est fertile et s'y prête à toutes les cultures tropicales; celles-ci ne font pas cependant de progrès bien sensibles parce que l'île n'est susceptible d'aucun système de défense et que les habitants sont obligés de l'évacuer en temps de guerre. Le roi y entretient un commandant, un aide-major, un détachement de cinquante hommes pour la police et un officier d'administration chargé de l'intendance. Il y a une juridiction qui relève du conseil supérieur de la Guadeloupe.

L'île de Saint-Martin a quinze ou seize lieues de circonférence; les Français n'en possèdent que la moitié, les Hollandais occupent l'autre; cette situation la rend incapable d'être aménagée comme station militaire. Le sol léger, pierreux, ne permet guère d'autre culture que celle de la canne à sucre. L'intérieur de l'île est hérissé de mornes dont quelques-uns atteignent 1 800 pieds de hauteur. Point de rivières, mais des sources abondantes. Les côtes coupées par des baies profondes offrent d'assez bons mouillages. Près de là se trouve l'îlot de *Tintamarre*.

L'île de Saint-Barthélemy est très petite — sa surface totale ne dépasse guère cinq à six lieues carrées; — mais elle a un excellent port où les vaisseaux de toute grandeur peuvent s'abriter. On y trouve des bois précieux pour l'ébénisterie et on y cultive le sucre et le coton.

La Désirade est sans eau, la terre n'y vaut rien; aussi les établissements qu'on va y tenter n'y réussiront pas et l'île sera à peu près abandonnée en 1767. Elle a d'ailleurs mauvaise réputation; c'est un lieu de dépôt pour les lépreux. Quant aux petites îles appelées les Saintes, *Terre-d'en-Haut* et *Terre-d'en-Bas*, situées à sept ou huit milles au sud-est de la Guadeloupe, elles ont une superficie totale d'environ trois lieues carrées. *Terre-d'en-Haut* est la plus grande et la plus fertile; mais l'eau y manque complètement. Ce qui donne de l'importance aux Saintes, ce sont les bons mouillages qu'elles offrent aux navires. Le *Petit-Ilet* ou *Ilet-à-cabris* forme avec la *Terre-d'en-Haut* une rade très vaste et très sûre qui peut abriter un grand nombre de vaisseaux.

La Guyane, que les Anglais ont négligé de prendre, est une assez pauvre colonie; elle ne s'est guère relevée des terribles épreuves qu'elle a eu à subir au XVIIe siècle. Les plantations ne s'y développent pas, faute de bras, car les négriers qui savent la colonie peu opulente s'y portent rarement [1]. Cayenne doit se contenter du rebut des cargaisons; la meilleure partie est vendue à Saint-Domingue, à la Martinique ou à la Guadeloupe; bien souvent même, les nègres importés sont atteints de maladies contagieuses et il a fallu de sages précautions

1. De 1744 à 1756, il n'était allé que cinq négriers à la Guyane.

pour en préserver le pays. Sur ses 10 000 habitants, on ne compte que 200 blancs, moins qu'au siècle précédent : il y a en plus un millier d'Indiens, le reste se compose de nègres. Cependant, depuis une vingtaine d'années, les jésuites y ont fondé plusieurs établissements sur les bords du Kourou et de l'Oyapock; ils sont les plus grands propriétaires du pays; comme au Paraguay, ils essaient de civiliser les Indiens. Cayenne est une petite ville bien bâtie où réside la population blanche. Jusqu'en 1763, nous l'avons dit, la Guyane forme avec les petites Antilles un seul gouvernement général. Cayenne a un gouverneur particulier et un intendant; cette ville est aussi le siège d'un conseil supérieur.

Il y a dans le gouvernement général de nos petites Antilles, trois conseils supérieurs, un au Fort-Saint-Pierre, un autre à la Basse-Terre, le troisième à Cayenne; ils dépendent du conseil souverain de la Martinique. Ils ont des attributions judiciaires administratives et d'autres encore qui sont à demi politiques. L'autorité du gouverneur, celle de l'intendant sont mal assises, et les représentants du pouvoir central sont dans une position gênée et indécise vis-à-vis de ces conseils qui croient représenter les intérêts des habitants, interviennent dans les questions d'impôts dont ils ont la répartition et dans les questions de police administrative. Les gouverneurs, sans cesse contredits par ces conseils qui ne songent vis-à-vis d'eux qu'à étendre leurs attributions, ne sont occupés qu'à les contenir. Si l'on ajoute à cela que les pouvoirs de l'intendant sont eux-mêmes mal définis vis-à-vis du gouverneur avec qui il a des attributions communes, avec qui il se trouve perpétuellement en conflit ou en rivalité, on aura la raison de l'état de malaise ou d'anarchie administrative dont souffrent perpétuellement nos colonies.

Mais c'est surtout à Saint-Domingue que les vices de cette organisation se font sentir, car le gouverneur et l'intendant sont aux prises avec deux conseils supérieurs, l'un au Cap, l'autre à Léogane, puis à Port-au-Prince. Bien plus encore qu'à la Martinique et à la Guadeloupe, ces conseils ont des attributions politiques : ils interviennent d'une façon permanente dans le vote des impôts qu'ils appellent des *octrois* [1], car Saint-Domingue depuis 1713 s'impose elle-même : l'*octroi* est annuellement de deux millions cinq cent mille livres avant la guerre. Cette colonie a plus de dix-huit mille *habitants* [2], deux cent quarante mille nègres et cinq mille mulâtres libres; son gouvernement général est divisé en trois provinces : celle du sud a Saint-Louis pour capitale, celle du nord, le Cap, et celle de l'ouest, Port-au-Prince. Le Cap est le chef-lieu de la colonie; c'est là que rési-

1. Voici quelle était l'origine de l'*octroi*. Le Roi désirant faire contribuer Saint-Domingue aux frais de la guerre de la succession d'Espagne et ayant remarqué que cette possession, « loin de contribuer aux pressantes nécessités de la guerre, avait été à charge à la Couronne par les dépenses faites pour la sûreté et la conservation des biens de ses habitants », leur ordonnait de conférer avec « les principaux d'entre eux pour trouver un moyen de fournir un *octroi* qui pût suffire à toutes ces dépenses — (le paiement des officiers, l'entretien des troupes, etc.), — *octroi* dont la levée serait faite par leurs soins pour être moins à charge à la colonie ». De son côté, le Roi assurait les habitants qu'il ne laisserait introduire dans l'île aucun fermier ni traitant, leur laissant la liberté de répartir eux-mêmes et de lever l'impôt. Les administrateurs de l'île s'étaient alors adressés aux officiers supérieurs et aux membres du conseil supérieur de Léogane, représentant les *meilleurs habitants*, pour aviser aux moyens de répondre au vœu du Roi. Le conseil de Léogane devait agir en son nom et au nom du conseil du Cap, que l'éloignement des lieux ne permettait pas de convoquer. C'est alors qu'intervinrent une délibération et un arrêté (le 17 juillet 1713) qui servit de règle pour la levée de nouveaux octrois.

2. Le lecteur est prié de ne pas perdre de vue qu'*habitant* a ici le sens de *planteur*.

dent le gouverneur et l'intendant; le Port-au-Prince lui dispute la prépondérance; cette dernière ville occupe une position plus centrale et les administrateurs y auraient des communications plus faciles avec le reste de la colonie; dix à onze jours leur suffiraient pour recevoir les nouvelles de la partie méridionale, tandis qu'au Cap il leur faut un mois au moins. Aussi est-il question de faire de Port-au-Prince la capitale de l'île. L'alliance des deux cours d'Espagne et de France scellée par le pacte de famille était favorable à Saint-Domingue; cette union politique facilitait la défense et le développement économique de l'île; la partie espagnole, très riche en pâturages et en bestiaux, en devait approvisionner la partie française qui, en échange, lui fournissait les cultures alimentaires et les denrées. Saint-Domingue est la plus étendue et la plus florissante de nos colonies; malgré de grandes savanes, des masses incultes, elle ne le cède à aucune des possessions étrangères. Elle fait à elle seule plus des trois quarts du commerce total de nos Antilles, qui s'élève à plus de cent millions, et entretient plus de cinq cents bâtiments marchands, sans y comprendre le cabotage.

Le nombre des sucreries de toutes nos colonies d'Amérique est environ de treize cents. Si l'on tient compte des vœux des conseils supérieurs, il faudrait cent cinquante mille nègres de plus pour porter les terres à leur plus haut point de culture.

Pour soutenir les efforts de nos colons, des Chambres mi-parties d'agriculture et de commerce viennent d'être créées à Saint-Domingue par arrêt du conseil d'État du 23 juillet 1759. Ces Chambres dont sont dotées les principales places de commerce de la métropole leur permettent d'envoyer un député à Paris qui représente leurs intérêts au *bureau du commerce*. Nos colonies vont participer aux mêmes avantages. Il y a deux Chambres à Saint-Domingue, l'une au Cap, l'autre à Port-au-Prince [1]; elles se composent chacune de quatre *habitants*, de quatre négociants et d'un secrétaire; elles élisent un député. En 1763, la Martinique et la Guadeloupe sont pourvues de la même institution.

Dans les parages de Terre-Neuve, au sud, Saint-Pierre et Miquelon n'ont guère d'importance que comme stations pour la pêche de la morue. L'île de Saint-Pierre n'a que quatre à cinq lieues de circonférence. Son sol volcanique est constitué par des rochers arides, couverts de mousses où végètent des arbres rabougris. Le bois de chauffage pour Saint-Pierre et Miquelon provient de Terre-Neuve, où les habitants de ces îles ont le privilège de s'approvisionner. A peine çà et là trouve-t-on de maigres pâturages pouvant nourrir pendant l'été quelques bœufs, chèvres et moutons. Le climat est sain, mais l'hiver y est très rigoureux. La population très faible, quelques centaines d'habitants, va s'augmenter considérablement, par suite de l'émigration des Acadiens fuyant la domination anglaise, et atteindra 1200 habitants en 1776.

L'île de Miquelon vient d'être séparée de Petit-Miquelon ou *l'Anglade* par un ouragan qui, en 1757, a détruit l'isthme de gravier et de sable qui leur servait

1. Cet arrêt du conseil d'État fut enregistré au conseil du Cap, le 15 décembre 1760, et à celui de Port-au-Prince, le 15 mars 1761. — Moreau de Saint-Méry, Lois et constitutions de l'Amérique Sous-le-Vent. Ordonnance du roi, touchant le gouvernement civil de Saint-Domingue, t. IV, p. 538.

de jonction[1]. Ces îles, situées à l'ouest et à une petite distance de Saint-Pierre, offrent le même aspect. *L'Anglade* est la partie la plus favorable aux opérations agricoles. La baie de Miquelon constitue une rade étendue mais peu sûre. Dans la partie protégée par l'*île aux Chiens*, elle forme un port ou *barrachois*, d'un accès difficile en raison de l'étroitesse de son goulet, trop peu profond, d'ailleurs, pour admettre des navires d'un fort tonnage. Ces îles n'ont que cent à cent cinquante habitants.

Le siège du gouvernement est à Saint-Pierre et les fonctions de l'agent royal consistent surtout à protéger les opérations de nos pêcheurs[2].

Si maintenant nous passons en revue nos possessions d'Afrique et des Indes, elles appartiennent encore, pas pour longtemps, du moins, à la compagnie des Indes. L'île de Gorée est un rocher de quatre cents toises de long sur cent cinquante de large; il est destiné à procurer aux armateurs qui vont faire la traite des noirs sur la côte d'Afrique, les secours et la protection dont ils ont besoin. Cette île est depuis la cession de Saint-Louis et de la vallée du Sénégal aux Anglais, le seul point d'appui sur la côte d'Afrique. Nous avons cependant encore quelques comptoirs dans l'intérieur des terres et sur la côte du Cayor. Ce sont le comptoir d'Albréda sur la rivière de Gambie, ceux de Rufisque, de Portudal, de Joal, les pointes de Dakar et de Bin, dont le roi ou damel du Cayor nous a cédé la propriété et qui sont alors connus sous le nom de cap Manuel et de cap Bernard.

1. En 1781, les courants ont reformé cet isthme.
2. Voir notre chapitre spécial sur Terre-Neuve (chap. xx).

De tous ces établissements celui d'Albréda est le plus intéressant pour la traite des nègres, et pour celle de l'or, de la cire et de l'ivoire; mais les Anglais empêchent les bâtiments français de remonter la rivière de Gambie et ont accaparé le commerce du pays.

Le comptoir de Joal, à vingt lieues de Gorée, est peu important pour la traite des noirs, il n'en exporte environ qu'une centaine par an; mais il fournit abondamment et à bon compte le riz et les bœufs nécessaires à la garnison de Gorée.

Le comptoir de Portudal est situé à égale distance de Joal et de Gorée; il n'exporte annuellement que cent à cent cinquante esclaves, mais il est aussi un centre d'approvisionnements. Le comptoir de Rufisque est presque inutile à cause du voisinage de Gorée; les villages de Dakar et de Bin, qui se trouvent sur le territoire cédé par le Damel à une demi-lieue de cette île, ne servent qu'à assurer la subsistance de ses habitants.

Dans l'océan Indien l'île de France et l'île de Bourbon n'ont pas été occupées par les Anglais. Nos colons ne s'y enrichissent guère; mais ils se suffisent à eux-mêmes, grâce au voisinage de l'île de Madagascar sur les côtes de laquelle ils vont faire la traite des noirs et où ils trouvent en abondance des bestiaux et surtout des bœufs, aux environs de Fort-Dauphin. Leur constitution est analogue à celle de nos Antilles et date des lettres patentes de 1723 qui créent le conseil supérieur de l'île de France et celui de Bourbon; ce dernier conseil est en réalité un conseil provincial subordonné à l'autre pour les appels. Ces conseils sont aussi bien des conseils d'administration que de justice et prétendent à une influence politique[1]. Le gouverneur général, nommé par le Roi sur la présentation de la compagnie, réside dans l'île de France, à Port-Louis. Il y a en outre un gouverneur particulier à Bourbon, résidant à Saint-Denis, qui depuis 1738 est le chef-lieu de la colonie. Les directeurs de la compagnie remplissent les fonctions d'ordonnateurs.

A une centaine de lieues à l'est de l'île de France se trouve l'île Rodrigue. C'est un rocher couvert d'un peu de terre, qui a sept lieues de long sur deux de large; il est regardé comme une dépendance de l'île de France; ses environs sont fort poissonneux et quelques petits bâtiments viennent y pêcher les tortues de mer qui s'y trouvent en abondance. Là, point de cultures; l'île n'a du reste pas de ports; mais seulement deux chenaux qui permettent de s'approcher des côtes.

Les créoles de Bourbon et de l'île de France n'ont pas cessé d'entretenir des relations avec Madagascar. Depuis le massacre des colons en 1672 et bien que l'île ait été réunie au domaine de la couronne, il n'y a pas eu de reprise de possession effective; néanmoins des officiers envoyés par les gouverneurs de l'île de France et de Bourbon demeurent une grande partie de l'année sur la côte orientale chargés dans le nord d'y protéger la traite des noirs et dans le sud celle des vivres. Le Fort-Dau-

1. Comme il n'existe pas de recueil des constitutions de ces îles, nous donnons la composition de ces conseils. Ils comprenaient les directeurs de la compagnie des Indes qui se trouvaient dans l'île, le gouverneur, six conseillers titulaires, un procureur général et un greffier. En cas d'absence ou d'empêchement des conseillers titulaires, le gouverneur appelait pour les remplacer les « Français capables et de probité », sans qu'ils aient besoin d'être gradués en droit. Lettres patentes de 1723. Les jugements en matière civile sont rendus par trois juges, par cinq en matière criminelle.

phin, ruiné comme établissement militaire, y subsiste comme comptoir de commerce et le chevalier de Valgny y commande; il s'y fait un trafic considérable de bœufs et de cuirs. Le roi de France se considère comme souverain de l'île entière et, bien loin de songer à abandonner nos droits, il laissera au comte de Maudave le soin d'y tenter une entreprise de colonisation et de conquête qui ne réussira pas, faute de secours suffisants. En 1750 on avait occupé Sainte-Marie de Madagascar; mais un soulèvement nous en a chassé en 1761; une partie de nos colons ont été massacrés, le reste a été embarqué.

Si maintenant, des parages de la grande île africaine, nous faisons voile vers les Indes, nous pouvons aborder à Mahé, le seul comptoir que nous possédions sur la côte de Malabar. Cette ville placée à l'embouchure d'une petite rivière était fortifiée. Elle fut prise en 1760 et les forts rasés et démantelés. Mahé est situé au centre des provinces où on récolte le plus d'épices. Ce poste nous permet en outre d'entretenir des relations avec Hayder-Ali (plus tard avec Tippou-Sultan, son fils et successeur), jaloux de la puissance des Anglais qui le haïssent et le redoutent.

A la côte de Coromandel, Pondichéry, près de la rivière d'Ariankoupan, est le chef-lieu de nos établissements dans l'Inde. Cette ville qui, avant la guerre, avait quatre-vingt mille habitants dont quatre mille Européens ou métis, n'est plus qu'un monceau de ruines; elle n'a pas de port, mais sa rade est très sûre. S'il n'est pas possible de la mettre à l'abri des entreprises des Anglais, il est permis de la fortifier pour qu'elle n'ait rien à redouter des révolutions perpétuelles auxquelles l'intérieur du pays est exposé par l'ambition des nababs qui se disputent la possession de ces contrées. C'est là que la compagnie des Indes va rétablir la direction de ses affaires pour le peu de temps qui lui reste encore à vivre.

Karikal est situé à trente lieues au sud. Plusieurs aldées en dépendent. C'est une possession précieuse par ses manufactures de toiles et aussi par l'abondance des vivres qu'elle peut procurer à Pondichéry. La ville de Karikal est dans un terroir fertile et bien arrosé près de l'embouchure d'une des branches du Kolroun; mais son port n'est pas accessible aux navires d'un fort tirant d'eau.

Tout le commerce que nous faisons dans les pays de Tandjaour, de Carnate, de Golconde, etc., à Mazulipatam, à Palicate et jusqu'au Bengale, a son centre à Pondichéry.

Le seul établissement que nous ayons au Bengale est Chandernagor, situé à huit lieues au-dessus de Calcutta sur le bras du Gange appelé l'Hougly. Cette ville déchue ne compte plus qu'une dizaine de mille âmes; elle est le seul entrepôt de notre commerce au Bengale; les cargaisons descendent sur des bateaux plats jusqu'à Mayapour où nos vaisseaux s'arrêtent ordinairement. Nous ne pouvons y entretenir de garnison au-dessus de 150 hommes et il ne nous est pas permis de nous y fortifier; toute tentative de ce genre serait bien inutile dans ce centre de la puissance des Anglais; il nous y faut un chef intelligent et habile qui oublie l'humiliation de notre position et prévienne ou lève toutes les difficultés capables d'entraver notre commerce.

Telle est la situation de nos colonies en 1763. Celles de

l'Amérique, les plus prospères, sont administrées directement par la métropole; celles d'Afrique et des Indes par une compagnie autrefois riche et puissante, mais qui a fait de grandes pertes pendant la guerre. Elle a des dettes auxquelles elle ne peut faire face et ses créanciers la poursuivent; les vices de son administration sont notoires. Cette situation ne peut durer; une question se pose que le gouvernement devra résoudre : relever la compagnie ou la laisser tomber?

Nous voyons par ce rapide coup d'œil jeté sur l'ensemble de nos possessions que la France, comme puissance coloniale, était descendue au-dessous de l'Angleterre, de la Hollande et même du Portugal. Cependant la nation ne cède ni à la fatigue ni au découragement et son patriotisme est toujours à l'épreuve des plus redoutables catastrophes; si le gouvernement sait soutenir ses efforts, il peut préparer notre relèvement maritime.

CHAPITRE II

LES DESSEINS POLITIQUES ET LES IDÉES NOUVELLES

Ignorance de Choiseul pour les questions maritimes et coloniales; il se fait instruire dans les bureaux. — Discrédit des compagnies commerciales privilégiées. — Rôle des économistes. — Idées qu'ils se faisaient de l'utilité des colonies. — Les théories nouvelles pénètrent dans les bureaux. — La colonisation officielle. — Choiseul prévoyait la Révolution américaine. — Il cherche à en tirer parti. — L'alliance espagnole.

Choiseul était ministre des affaires étrangères quand il fut officiellement chargé du département de la marine, le 6 avril 1761. Il le céda en 1766 à son cousin le duc de Praslin pour reprendre le département des relations extérieures; mais tout le temps qu'il fut aux affaires, il eut voix prépondérante dans les conseils du Roi et particulièrement dans le conseil du commerce où se traitaient les questions relatives aux colonies. C'est donc à juste titre que les contemporains et la postérité lui ont attribué la responsabilité de la politique qui fut alors suivie.

Dans un mémoire[1] qu'il adressa au Roi en 1765 et où

1. Nous en reparlerons ci-après.

il passe en revue tous les actes de son administration, guerre, marine, affaires étrangères, il insistait sur la nécessité de relever et de développer les colonies. Il avait été militaire avant d'être diplomate et était étranger aux questions coloniales. Il lui fallait, comme il le dit lui-même dans ce mémoire, « apprendre la marine qu'il ne savait pas ». Il s'entoura alors de tous les renseignements, de tous les conseils autorisés, se fit à l'exemple de Colbert adresser des mémoires par les voyageurs, les négociants, les gouverneurs des colonies. Le cardinal d'Ossun, notre ambassadeur à Madrid, reçut la mission de le renseigner sur l'état de la marine, des colonies et du commerce de l'Espagne [1]; enfin il s'entoura d'hommes spéciaux, de premiers commis compétents, tels que Rodier, Petit, et se fit instruire dans les bureaux par un « homme précieux », suivant sa propre expression, qui s'appelait Truguet [2]. Ce fut avec les notes de Rodier et de Truguet que Choiseul écrivit le mémoire de 1765.

Choiseul, comme Colbert, comme Richelieu, veut que la politique coloniale soit surtout commerciale; mais à la différence de ses illustres prédécesseurs, pour développer le commerce, il entend se passer du secours des grandes compagnies. Ces compagnies avaient été au

1. Archives des Affaires étrangères. Correspondance avec l'Espagne.

2. Jean-François Truguet était « un excellent officier rempli de zèle et de talents, dont les services furent tout entiers consacrés à la marine »; il s'était distingué dans maint combat contre les corsaires. Il était né à Toulon le 16 mai 1709; il entra au service en 1726 et mourut chef d'escadre honoraire le 1er avril 1788; il était le père de l'amiral du même nom, qui fit la campagne d'Amérique comme attaché à l'état-major du comte d'Estaing. Cet amiral fut ministre de la marine sous le Directoire, pair de France en 1819 et mourut en 1839. L'amiral Roussin lut son éloge à la Chambre des pairs en 1840. Archives de la Marine. Dossiers du personnel.

XVIIe siècle la base de notre système colonial. L'État intervenait pour en favoriser la formation, pour sanctionner leurs règlements, pour leur déléguer une part de sa souveraineté sur les territoires occupés, pour les protéger enfin contre les entreprises des nations rivales. Ce système avait été celui des Anglais, des Hollandais; Henri IV et Richelieu n'avaient fait que les imiter. Colbert, entraîné par cet exemple, avait organisé les deux grandes Compagnies à monopole des Indes orientales et des Indes occidentales [1]. Ces compagnies, établies pour « le bien général du royaume [2] », avaient fini par tourner contre leur objet; elles maintenaient le commerce et l'industrie dans une quasi-servitude pour s'en arroger les bénéfices exclusifs; leur mauvaise administration, leur négligence pour tout ce qui n'était pas leurs intérêts, leur désir de faire par tous les moyens possibles de gros bénéfices avaient souvent mis nos établissements dans une situation critique. Aussi les économistes du XVIIIe siècle les condamnaient. Choiseul subissait l'influence des économistes et surtout celle de Montesquieu dont les enseignements sur les rapports des colonies avec la mère patrie furent bientôt consacrés comme une doctrine officielle.

« La nature des grandes compagnies, écrit Montesquieu, est de donner aux richesses particulières la force des richesses publiques; cette force ne peut se trouver que dans les mains du Prince [3]. » Le Prince, c'est-à-dire

1. Voir, dans les Annales de l'École des sciences politiques du 15 octobre 1886, l'article de M. Pigeonneau sur la politique coloniale de Colbert; Pauliat, *Louis XIV et la Compagnie des Indes.*

2. Archives coloniales, Collection Moreau de Saint-Méry, Historique des colonies. Instructions aux gouverneurs.

3. Montesquieu, *Esprit des lois,* liv. XXI, chap. XXI.

l'État, doit donc prendre sur lui de réaliser tous les avantages résultant de l'emploi des compagnies; les compagnies offrent une foule d'inconvénients qu'il évite en se substituant à elles. Le plus grand de ces inconvénients, « c'est de gêner par des privilèges exclusifs la liberté du commerce ». — « C'est la concurrence, ajoute Montesquieu, qui met un prix juste aux marchandises et qui établit les vrais rapports entre elles. » Nous pourrions nous croire en pleine doctrine du libre-échange; mais attendons la fin. Voici venir les restrictions : Montesquieu ne permet la liberté du commerce qu'en ce qui concerne les rapports des colonies avec la métropole; pour le commerce étranger, il est et leur demeure interdit.

Quel est en effet pour Montesquieu l'objet des colonies? « C'est de faire le commerce à de meilleures conditions qu'on ne le fait avec des peuples voisins avec lesquels tous les avantages sont réciproques. » On a établi que la métropole seule pourrait négocier dans la colonie et cela avec grande raison, parce que le but de l'établissement a été l'extension du commerce, « non la fondation d'une ville ou d'un nouvel empire ». — « Le désavantage des colonies qui perdent la liberté du commerce, est visiblement compensé par la protection de la métropole qui les défend par ses armes ou les maintient par ses lois [1]. »

Après avoir ainsi légitimé le régime prohibitif, Montesquieu en montre l'utilité en ce qui concerne les îles Antilles, colonies qu'il trouve « les plus admirables de toutes », car « elles ont des objets de commerce que

1. Montesquieu, *Esprit des lois*, liv. XXI, chap. XXI.

nous n'avons ni ne pouvons avoir; et elles manquent de ce qui fait l'objet du nôtre ».

Ainsi les colonies sont créées exclusivement pour l'utilité de la métropole. Avec elles la France peut se passer du secours de l'étranger pour se procurer ces denrées que le sol national ne saurait produire et qui sont néanmoins indispensables à l'industrie et à l'alimentation : le sucre, les épices, l'indigo, les bois de teinture et l'ébénisterie, le coton, les pelleteries, la morue, etc. En échange la métropole fournit aux colonies les produits de notre sol et de notre industrie. Il y a donc des colonies de culture, des pêcheries et des entrepôts de commerce; enfin toutes sont des stations militaires destinées à rallier nos escadres. Le rôle des colonies se réduit donc à un échange de services entre elles et la mère patrie; elles ne sont point des parcelles plus ou moins lointaines du territoire national, ainsi que le veulent les conceptions modernes, mais seulement d'humbles servantes dévouées au pays de la domination et prêtes à tous les sacrifices [1]. Aussi « la liberté du commerce peut exister entre les métropoles sans que les colonies en jouissent; elles restent toujours en état de prohibition ». Ces idées ne sont autres que celles du *Pacte colonial* et découlent du faux axiome « qu'il faut, pour s'enrichir, vendre à l'étranger sans jamais lui rien acheter ». On voyait dans le numéraire la seule et véritable richesse; quand la balance du commerce se soldait en faveur de la France, c'est-à-dire quand l'étranger avait fourni en espèces plus que nous

1. « Il faut que le sort des colons soit très doux en compensation de leurs travaux et de leur fidélité », écrit Véron de Forbonnais dans ses *Éléments du commerce*. — Voir aussi l'*Encyclopédie* au mot COLONIES.

ne lui en avions donné nous-mêmes, il y avait chez nous accroissement de la fortune publique. Cette doctrine n'était pas particulière à notre pays; toutes les nations de l'Europe y croyaient, à part de légères différences; elle dérivait, donc, aux yeux de Montesquieu, de la *nature des choses*.

Les publicistes du XVIIIe siècle avaient adopté ces idées; ils les commentaient, les développaient, les mettaient en circulation. Ainsi fait Véron de Forbonnais qui publie en 1754 les *Éléments du commerce*. Il y montre : 1° que les colonies doivent être sous la dépendance de la métropole; 2° que le commerce doit en être exclusif aux fondateurs [1]. Une foule de mémoires du temps enfouis dans les cartons de nos archives et émanés, soit des fonctionnaires de nos colonies, soit des particuliers — négociants de Nantes, du Havre, de la Rochelle, de Bordeaux, etc., — citent ou copient des passages entiers de l'*Esprit des lois* ou des *Éléments du commerce* à l'appui de leurs projets.

Les employés d'administration, quelque incomplètes que soient leurs vues, ne s'occupent plus simplement des détails pratiques de leurs fonctions; ils ont des prétentions à philosopher, sont amoureux d'idées générales, de spéculations politiques et de systèmes. C'est un côté curieux de l'histoire des idées au XVIIIe siècle que de rencontrer l'*Esprit des lois* sur les bureaux de tous

1. L'article de l'*Encyclopédie* au mot COLONIES est de Véron de Forbonnais. Il est né au Mans en 1722; il mourut en 1800. En 1759, il devint le premier commis du contrôleur général Silhouette. On lui attribue tout le bien que parut faire le ministre. Ce fut Véron de Forbonnais qui conçut le projet de remplacer par une taxe unique la multitude des impôts qui existaient alors et de réduire par ce moyen les frais de perception. Les fermiers généraux et tout ce qui vivait des abus se liguèrent contre lui, et il fut exilé dans ses terres.

les écrivains de la marine et de constater une fois de plus l'influence débordante des économistes et des philosophes. Les instructions données par Choiseul à nos gouverneurs coloniaux le 25 janvier 1765 et attribuées au premier commis Dubuc sont elles-mêmes précédées de considérants et d'observations générales où se révèle la pensée qui inspira leur rédacteur préoccupé des théories économiques récemment émises. Dès lors s'ouvre l'ère de la *colonisation officielle*, c'est-à-dire de la colonisation entreprise directement par l'État et sous sa responsabilité. Le gouvernement se substitua désormais aux deux grandes compagnies. Il entreprit, à leur place, le commerce des nègres de la côte d'Afrique, se chargea des dépenses de construction et d'entretien de nos comptoirs de la côte de Guinée [1]. En 1767 il s'appropria les îles de France et de Bourbon, dont l'exploitation exclusive avait jusqu'alors été réservée à la compagnie des Indes.

C'est l'État qui va se charger de créer des colonies nouvelles à la Guyane, aux îles Malouines, à Madagascar; c'est lui qui fera les dépenses de premier établissement, lui qui fournira les vaisseaux de transport, les vivres, les habillements, les outils; c'est lui qui se chargera de régler par des dispositions législatives nouvelles l'exploitation des colonies déjà fondées; c'est lui enfin qui supportera la responsabilité des désordres et des fautes imputables aux agents qu'il aura choisis.

La colonisation officielle, il faut l'avouer, a été malheureuse à ses débuts et, dès lors, elle a été frappée d'un certain discrédit; les essais de Choiseul à la Guyane

1. Arrêt du conseil d'État, du 31 juillet 1767.

n'ont pas peu contribué à confirmer beaucoup de personnes dans la mauvaise opinion qu'elles ont de l'aptitude colonisatrice du gouvernement, et l'expédition du Kourou figure en tête de liste dans l'énumération de ses insuccès. Il est hors de doute que des fautes graves furent commises lors de cette expédition : ce n'est pas une raison pour condamner désormais toute initiative gouvernementale en la matière. Ces fautes eussent pu être évitées; il aurait suffi pour cela d'un peu moins d'enthousiasme et de légèreté de la part des colons, d'un peu plus de sagesse et de prudence du côté du gouvernement. Nous croyons devoir ajouter, pour défendre la colonisation officielle, que ceux qui lui opposent la *colonisation libre* et la colonisation par *grandes compagnies* oublient que l'une et l'autre ont leur martyrologe. Peut-être est-il, en apparence, moins long et moins éclatant pour la colonisation libre; mais c'est uniquement parce que les faits et gestes des individus échappent à l'historien bien plus que les actes des gouvernements. On connaît mal l'histoire des entreprises de Roberval en Canada, des Huguenots de Jean Ribaud dans la Floride, de Walter Raleigh en Virginie, toutes ayant un caractère absolument privé; on sait cependant leur fin déplorable. On ne connaît pas davantage l'histoire des soixante sociétés privilégiées pour le commerce ou la colonisation citées par Morellet en 1769, qui toutes ont fini d'une façon plus ou moins lugubre. D'ailleurs, en centralisant entre ses mains toute l'administration coloniale, Choiseul ne se proposait pas seulement de favoriser les entreprises du commerce, il avait des vues politiques et militaires.

Le sentiment public, justement froissé de l'insolence

britannique, se prononçait avec énergie pour une guerre de représailles. Choiseul la jugeait inévitable et prochaine et il la préparait de toutes ses forces [1]. Les premières difficultés de l'Angleterre avec ses colonies d'Amérique, signes précurseurs de l'orage qui allait bientôt éclater, lui faisaient prévoir la guerre de l'indépendance des États-Unis.

« L'Angleterre est l'ennemie déclarée de votre puissance et de votre État, écrivait-il au Roi, elle le sera toujours. Son avidité dans le commerce, le ton de hauteur qu'elle prend dans les affaires, sa jalousie de votre puissance, et plus que cela les particuliers des différentes cabales qui tour à tour la gouvernent, doivent nous faire présager qu'il se passera encore des siècles avant que de pouvoir établir une paix durable avec cet État qui vise à la suprématie dans les quatre parties du monde. *Il n'y aura que la révolution d'Amérique qui arrivera, mais que nous ne verrons vraisemblablement pas, qui remettra l'Angleterre dans l'état de faiblesse où elle ne sera plus à craindre en Europe.* Si Votre Majesté avait la guerre contre les Anglais [2], il serait instant au moment qu'on l'envisagerait de faire passer en Amérique vingt-quatre bataillons qui trouveraient dans les îles ce qui leur serait nécessaire, resteraient pendant toute la guerre en Amérique, et seraient alimentés, tant en vivres qu'en munitions, par les escadres de Votre Majesté. C'est d'après

1. On préparait de formidables moyens d'agression contre nos voisins. On dressait des plans de descente en Angleterre; ces projets et ces plans à la tête desquels était le duc de Broglie, nous ont été révélés par une quantité considérable de documents et de lettres réunis en volume et conservés dans les archives de la marine et du ministère des Affaires étrangères. — Voir le livre du duc de Broglie, *le Secret du Roi*, t. II, chap. VI.

2. *Mémoire au Roi*, 1765.

ce plan que nous préparons les possessions de Votre Majesté dans cette partie du monde. »

Régénérées et mises en état de défense, les colonies de France pourraient s'appuyer sur celles de l'Espagne. Le premier ministre de Louis XV se proposait d'unir étroitement les marines des deux pays récemment alliés par le *Pacte de famille*. Le continent une fois neutralisé par les efforts de sa diplomatie, il pourrait concentrer toutes nos forces dans la guerre maritime[1], et il se flattait de répondre avec succès aux provocations de notre éternelle rivale.

Il développe ce projet dans un mémoire remis à M. de Grimaldi, premier ministre de Charles III, par l'ambassadeur de France à Madrid, M. le marquis d'Ossun : « Vous devez insister, écrit-il, chaque fois que vous en trouverez l'occasion, sur la nécessité indispensable qu'il y a pour l'Espagne de travailler à augmenter sa puissance maritime et coloniale[2] ». Le marquis d'Ossun ne manquait pas d'insister, il le faisait même avec tant d'énergie qu'il finit un jour par impatienter le roi et provoquer cette réponse : « Chacun a ses plaies, monsieur; les miennes consistent, il est vrai, dans le mauvais état de mes possessions aux Indes et dans la faiblesse de la marine; mais la France a de son côté des dettes considérables et les parlements sont indociles; je pense

1. Choiseul avait vu la faute capitale commise en 1756, lors de cette révolution diplomatique à laquelle il avait cependant contribué et qui, contrairement à nos traditions nationales, faisait de l'Autriche notre alliée. « Cette nouvelle alliance, dit Choiseul, *fit négliger la guerre de mer et d'Amérique qui était la véritable guerre.* Tous les moyens se portèrent avec enthousiasme et sans réflexion à une guerre de terre dont le but était d'élever la maison d'Autriche. »

2. Archives des Affaires étrangères. Correspondance avec l'Espagne.

que le roi mon cousin fera très bien de porter remède à ces deux inconvénients[1]. »

Nous voyons, du reste, par les dépêches de notre ambassadeur, que le conseil des ministres, composé de MM. de Grimaldi, d'Ariaga et Squilace[2], se réunissait une fois toutes les semaines dans le but de discuter la réorganisation de la marine et des colonies espagnoles : « M. de Grimaldi, écrit le marquis d'Ossun, est bien résolu à ne pas se laisser rebuter par les difficultés; il m'a même protesté, en confiance, que le moment où il reconnaîtra qu'il ne sera possible en aucune manière de réussir, sera celui de sa retraite du ministère ». Choiseul répond que, avec de la bonne volonté, il croit que quatre années de travail et d'économies suffiront : « Alors, dit-il, nous reviendrons un peu avec messieurs les Anglais sur leurs prétentions; Dieu veuille qu'en même temps leurs divisions subsistent, et d'ici à ce temps-là il faut filer doux jusqu'aux coups de bâtons exclusivement ».

Les difficultés qui s'étaient élevées entre les colonies américaines et l'Angleterre s'accusaient de plus en plus; le ministre de la marine s'employait autant qu'il le pouvait à les mettre à profit. Une foule d'agents secrets qu'il commissionnait, parcouraient les côtes, visitaient les ports et correspondaient avec Choiseul par l'intermédiaire de Durand, premier secrétaire du comte de Guerchy, notre ambassadeur à Londres. L'un de ses émissaires, Pontleroy, devait « naviguer dans tous les

1. Archives des Affaires étrangères. Correspondance avec l'Espagne.
2. C'est ce même Squilace, d'origine italienne. d'humeur despotique, qui souleva l'émeute dite « des chapeaux et des manteaux »; il avait voulu prohiber ces pièces essentielles du costume national; il quitta le service de l'Espagne en mars 1766.

ports de l'Amérique, s'instruire des saisons auxquelles les Anglais ont coutume d'y arriver, de la force de leurs convois, des moyens dont on pourrait se servir pour troubler leur commerce en temps de guerre, du moment où on pourrait les attaquer avec plus de succès, soit à leur arrivée, soit à leur retour. De pareilles recherches faites dans la Baltique, ajoutait Durand, sur la côte de Barbarie, à la côte d'Afrique et aux Indes par ceux qui sont à portée des ports fréquentés par les Anglais, serviraient un jour à diriger nos armateurs et nos escadres. » Pendant que les Anglais se trouvaient ainsi aux prises avec des embarras que ne faisaient qu'aggraver d'impolitiques exigences, notre premier ministre, avec une ardeur qui touchait à l'emportement, poursuivait son œuvre de régénération [1].

1. Ministère des Affaires étrangères, *Mémoires et documents relatifs aux États-Unis*, 1765 à 1770, t. III. — Quelques-uns de ces documents ont été publiés par M. de Witt, à la fin de son étude sur Jefferson.
Voir également Henri Doniol : *Histoire de la participation de la France à l'établissement des États-Unis d'Amérique, correspondance diplomatique et documents*, in-4. Imprimerie nationale.

CHAPITRE III

LES PRÉPARATIFS DE L'EXPÉDITION DU KOUROU

La Guyane doit remplacer le Canada. — État de la Guyane en 1763. — Les mariages aux colonies. — Recrutement de la population. — Organisation de l'expédition de la Guyane. — De Préfontaine nommé commandant de la nouvelle colonie. — Turgot gouverneur. — Thibaut de Chanvalon intendant. — Choiseul vice-roi de la Guyane. — Projet de colonisation du baron de Bessner. — Projet de M. de Préfontaine. — Projet du bureau des colonies et du gouvernement; ils cherchent des émigrants en Allemagne.

Nos colonies d'Amérique attiraient surtout l'attention du ministre de la marine: nous venons de voir Montesquieu déclarer qu'elles étaient les plus admirables de toutes. La longue et glorieuse résistance du Canada, le rôle considérable qu'avaient joué les colonies anglaises dans cette partie du monde, lui indiquaient la nécessité de nous y reconstituer un empire.

La Martinique et la Guadeloupe qui étaient pour nous des avant-postes utiles, n'étaient ni assez vastes ni assez peuplées pour servir de base d'opération en cas d'une nouvelle guerre. Il fallait suppléer à la perte du Canada en colonisant un territoire qui le pût remplacer. N'était-il pas possible de reconquérir dans l'Amérique du Sud la situation que nous avions perdue dans l'Amérique du Nord? La Guyane sur laquelle quelques publicistes avaient appelé l'attention de Choiseul fixa ses vues. On pouvait douter un instant que ce pays, la *France équinoxiale*, comme on l'appelait, fût une possession assez importante pour offrir à nos colonies des Antilles un appui sur le continent, et une résistance suffisante aux plans d'envahissement que l'Angleterre poursuivait avec une obstination si acharnée. Quoi qu'il en soit, ce projet mûrit dans la pensée de Choiseul, fut agité dans les conseils du Roi, et ne tarda pas à recevoir son exécution.

Parmi les mémoires émanés de négociants de nos ports et adressés au ministre de la marine et ayant en vue le développement de nos colonies, l'un d'eux [1], rédigé par un armateur du Havre, Henry Pauillard, s'occupe plus spécialement de Cayenne et de la Louisiane. Il rappelle que la situation de la France en Europe est des plus avantageuses pour le commerce, car, « au moyen des deux mers, elle a la facilité de recevoir les productions de tout l'univers. Elle est à portée de les diviser partout dès que l'industrie de ses habitants les a mis en état de servir aux besoins de la vie ou au luxe. Elle peut ainsi rendre malgré eux tous les autres États tributaires. » Il ajoute que nos colonies d'Amérique ont été les plus négligées jusqu'ici; les tentatives de la compagnie des Indes pour y former des établissements ont

1. Adressé à Choiseul avec ces bouts-rimés flatteurs :

> D'un ministre parfait Choiseul est le modèle :
> Les intérêts du Roi, de l'État, des sujets,
> Vaincre nos ennemis, choisir les bons projets,
> Tout excite à la fois son zèle.

Henry Pauillard, Plan de population et d'augmentation du commerce à la Louisiane et à Cayenne. Arch. col., carton Guyane, 1763.

été infructueuses, bien qu'elle y ait consommé des sommes immenses. « L'insuccès vient de l'ignorance où l'on était du local, de l'enlèvement des filles de joie et des gens sans aveu et sans talents, et enfin, du choix des administrateurs. »

Pauillard démontre ensuite que la Louisiane et Cayenne sont les plus riches et les plus fertiles de nos colonies. Comme tout le monde, il ignorait la cession de la Louisiane à l'Espagne, car ce fut seulement en 1765 que le public apprit ce nouveau et douloureux sacrifice.

« Cayenne, continue l'auteur, commence par une petite île de sept lieues de circonférence, à l'embouchure d'une rivière de même nom sur laquelle on a bâti, au bord de la mer, une ville de figure octogone qui le porte aussi et qui n'est pas bien considérable pour sa grandeur et le nombre de ses habitants, n'ayant qu'environ cinq cents pas géométriques de contour. » Le premier établissement français y datait de 1626. En 1643, la *Compagnie normande du Cap-Nord* obtint la concession de tout le pays entre l'Orénoque et l'Amazone. L'expédition, se montant à trois cents hommes, partit de Dieppe le 1er septembre 1643. Les trois cents colons s'établirent dans l'île de Cayenne; mais Poncet de Brétigny, leur chef, un véritable fou, exaspéra ses compatriotes par ses exigences, les indigènes par ses cruautés, et se fit massacrer; une nouvelle association se forma bientôt. En 1652, douze associés appelés les douze seigneurs fondèrent à Rouen une compagnie de la France équinoxiale au capital de 8 000 écus, avec un personnel de huit cents hommes. Les associés conspirèrent contre leur chef, le poignardèrent en route et le jetèrent à la mer; ils n'en débarquèrent pas moins à Cayenne qu'ils durent évacuer en 1655, à la suite d'une guerre malheureuse contre les indigènes, les Galibis. En mai 1664, lors de la fondation de la compagnie des Indes occidentales[1], M. de la Barre, maître des requêtes, fut nommé gouverneur de nos possessions américaines. C'est de cette époque que date réellement la fondation de notre colonie de la Guyane; un millier de colons s'y établirent; ils y prospéraient quand, en septembre 1667, les Anglais la dévastèrent sans en prendre possession. Les Hollandais s'en emparèrent en 1676; mais d'Estrées la reprit l'année suivante. Une expédition des Cayennais contre Surinam où ceux-ci furent massacrés ou faits prisonniers ruina pour longtemps la colonie. Il est certain, toutefois, que la France équinoxiale aurait pu se relever de ce désastre et devenir plus florissante, tandis qu'à l'époque qui nous occupe, elle n'offrait que quelques quartiers défrichés, quelques colons éparpillés. Le commerce est égoïste et ne se porte que là où il trouve des débouchés; il désertait la Guyane où il n'y avait ni vendeurs ni acheteurs. Au milieu des projets d'améliorations qui encombrent les cartons de nos archives à l'article de Cayenne, on trouve plusieurs pétitions adressées par les habitants de cette colonie où ils implorent eux-mêmes un remède à leurs maux. L'une d'entre elles, rédigée sous le gouvernement de M. d'Orvilliers[2], est intéressante dans sa naïveté. « Les habitants de l'île et terre ferme de Cayenne, y est-il dit, prennent la liberté de représenter à Votre Grandeur que

1. Puissante association qui comprenait toutes nos colonies d'Amérique, les Antilles, l'Afrique occidentale, avec la faculté du monopole commercial pendant quarante années. Cette compagnie fut supprimée en 1674 et la Guyane avec les autres colonies passèrent sous la domination immédiate du Roi.

2. M. d'Orvilliers, gouverneur de la Guyane, venait de quitter cette colonie à l'époque où commence notre récit.

la colonie est en très mauvais état et ne rapporte que la moitié des droits qu'elle pourrait et devrait payer au Roi, faute d'être suffisamment peuplée et que le défaut vient de ce qu'elle manque d'ouvriers, de filles et de femmes blanches qui seules sont propres à avoir le soin convenable des enfants des suppliants et de leurs nègres, négresses, négrillons et négrites, lorsqu'ils sont malades, lesquels, faute d'être soignés, meurent, ce qui détruit l'espérance de la colonie, et la fortune des particuliers. Les suppliants ayant appris que le vaisseau du Roi le *Dromadaire*, commandé par M. Chevalier de Lasaussaye doit partir du port de Rochefort dans le mois de septembre prochain, ils se trouvent obligés de supplier très respectueusement Votre Grandeur, qui seule peut contribuer à remédier à ce malheur, de vouloir bien donner ses ordres pour leur faire envoyer par ledit vaisseau vingt-cinq ou trente filles depuis l'âge de quinze ans jusqu'à vingt, choisies dans l'hôpital général de Paris ou d'ailleurs, des plus sages et vertueuses, et qu'elles sachent lire, écrire, l'arithmétique, la cuisine et confitures, ce qui est fort aisé à leur apprendre dans leur retraite.

« Ils vous prient aussi, Monseigneur, qu'il n'y en ait point de débauchées parce qu'elles détruiraient la colonie. Feu M. d'Argenson eut la bonté de leur en envoyer vingt et une en 1716. Elles furent toutes pourvues et bien mariées à leur descente de vaisseau. Les suppliants se trouveront dans la suite, par ce rétablissement, plus utiles au Roi et à la France [1]. »

Les cérémonies usitées en pareil cas étaient fort expé-

1. Arch. col. Collection Moreau de Saint-Méry, Guyane.

ditives. Dès qu'un convoi de femmes était annoncé, les colons qui désiraient une épouse étaient invités à se rendre dans le port. Le lendemain du débarquement, une messe était dite à l'église de la colonie ou à la chapelle de la mission à laquelle assistaient les femmes d'un côté, les hommes de l'autre. A la sortie de l'office, chacun fixait son choix et la bénédiction nuptiale était donnée à l'instant même. « Un jour qu'il était arrivé un vaisseau avec un grand nombre de femmes, raconte Oexmelin[1], les colons en ayant eu avis se rendirent au port où chacun d'eux choisit celle qu'il trouva le plus à son gré. Un d'eux s'approche de celle qui lui avait agréé et se tenant debout devant elle, appuyé sur son fusil, lui parle en ces termes : « Je ne vous demande point compte du passé, vous n'étiez pas à moi. Répondez-moi seulement de l'avenir. » — Puis, frappant de la main sur le canon de son fusil : « Voilà, dit-il, ce qui me vengera de vos infidélités; si vous me manquez, il ne vous manquera pas ». Ensuite il l'emmena et les autres firent de même. Il n'en demeure point, ajoute Oexmelin, à moins qu'il ne se trouve plus de filles que d'aventuriers. »

Pour fournir des habitants à nos colonies, la coutume était de donner des concessions aux soldats licenciés et en général à tous ceux qui en faisaient la demande au ministre de la marine. Aucune de ces mesures n'avait accru d'une façon sensible le nombre des Cayennais. Le gouvernement chercha à tirer parti d'un courant d'émigration qui s'était établi de 1761 à 1770; il avait constaté, à cette époque, le départ de France d'un grand nombre de Normands et de paysans des Cévennes qui se

1. *Histoire des aventuriers flibustiers des deux Indes.*

rendaient à Londres et de là dans les colonies anglaises[1]. « Le mal, dit Malouet, ne provenait pas d'un excédent de population, mais de l'impossibilité où se trouvait une grande partie de celle-ci de supporter les lourdes charges des impôts qui s'étaient accrus depuis la dernière guerre. » Ces impôts étaient si mal répartis qu'ils ne laissaient plus aux simples journaliers, pas même aux petits propriétaires, une aisance suffisante[2]. Pour peupler la Guyane, il suffisait de diriger l'émigration de ce côté.

Le ministre s'attacha dès lors à organiser l'entreprise; il en choisit les chefs. Un des habitants les plus distingués de la colonie, Bruletout de Préfontaine venait de faire paraître et de dédier au duc de Choiseul *la Maison rustique de Cayenne.* C'était une sorte de manuel d'agriculture qui devait être un guide pour les futurs colons. « Ce ne sont point, disait l'auteur, de simples spéculations, ou des conjectures hasardées que j'offre; c'est le fruit de vingt ans de séjour à Cayenne; c'est le résultat de réflexions et d'épreuves confirmées par l'expérience[3]. » Ce livre, qui avait un intérêt d'actualité, fut bien accueilli et ne manqua pas d'attirer l'attention sur son auteur. De Préfontaine, une fois en relation avec les bureaux des colonies, devint bientôt l'homme nécessaire au succès; dans le partage des rôles et des attributions, il se trouva chargé de précéder les émigrants, de faire choix de l'emplacement qu'ils devaient occuper, et de tout disposer pour leur installation[4]. Nommé

1. Archives des Affaires étrangères. Correspondance avec l'Angleterre. Année 1763.
2. Malouet, *Mémoires*.
3. Ouvrage cité. Préface.
4. Instructions de M. de Préfontaine, Arch. col. Moreau de Saint-Méry.

commandant de la nouvelle colonie, il était sous les ordres de MM. Turgot et de Chanvalon.

Turgot était le futur gouverneur de la Guyane[1]. Frère du célèbre économiste, il avait d'abord suivi la carrière des armes; il avait servi pendant quelque temps sur les galères de l'ordre de Malte et, à son retour en France, avait été nommé brigadier des armées du Roi; il était colonel de dragons quand la faveur du ministre l'appela au poste de gouverneur. Turgot était, en outre, botaniste et agronome; c'est en cette qualité qu'il avait connu, dans la société de Buffon et de Jussieu, Thibault de Chanvalon qui à sa sollicitation lui fut adjoint comme intendant[2]. L'entente et l'union si nécessaires à leurs succès communs semblaient devoir régner entre les deux chefs principaux liés d'amitié. L'expérience de Chanvalon qui avait longtemps habité le climat des tropiques et en connaissait les exigences, pourrait venir en aide au gouverneur. Celui-ci, en effet, n'avait aucune notion pratique de ses nouvelles fonctions et ne connaissait la Guyane que de nom.

Après avoir choisi les principaux fonctionnaires chargés de fonder la nouvelle colonie, les ducs de Choiseul, sur les instances flatteuses de Turgot, adressèrent au Roi une requête tendant à obtenir que les territoires leur en fussent concédés.

Le Roi leur donna la Guyane *en toute propriété*, sei-

1. Né le 16 juin 1721, mort le 21 octobre 1789.

2. Thibault de Chanvalon, auteur d'un *Voyage à la Martinique*, sa patrie, avait été nommé conseiller au conseil souverain de cette colonie en 1754. Chanvalon avait su que Choiseul s'était adressé à Chauvelin et à Trudaine, leur demandant des candidats propres à remplir les fonctions d'intendants des colonies. Turgot le présenta à ces deux magistrats et il fut agréé. (Lettre de Turgot au ministre, 2 février 1764.) Arch. col.

gneurie et justice tant pour eux que pour leurs descendants, avec droit de pêche et de chasse dans toute l'étendue de la contrée. Ils avaient en outre l'administration de la colonie, nommaient les commandants, les officiers municipaux et de justice; ils pouvaient enfin donner leur nom et ceux de leur famille aux villes, bourgs et villages qui se formeraient [1].

La seule condition qui fut mise au don de cette propriété, était de veiller à sa prospérité et à sa défense. Des attributions aussi étendues faisaient de Choiseul une sorte de vice-roi de la Guyane. Il semble que l'acte de concession voulût constituer la nouvelle colonie suivant les règles du droit féodal [2]. Il n'est pas superflu de le remarquer, puisque ce mode d'organisation trouva de l'écho et que le baron de Bessner adressa dans ce sens à Turgot un projet que celui-ci prit en considération. Il en fit au Roi un rapport étendu.

De Bessner se chargeait de recruter en Allemagne et dans l'Alsace des émigrants qui posséderaient une certaine fortune et qui consentiraient à passer à Cayenne; ils emmèneraient avec eux plusieurs familles dont ils paieraient le passage. En revanche on devait leur accorder une concession de terre pour y former une seigneurie. Cette seigneurie se créerait par l'établissement en un même village des familles recrutées. L'étendue de terrain concédée par le gouvernement était de seize cents arpents. Le seigneur en possédait la moitié, les familles vassales obtenaient le reste.

Une famille de cinq personnes devait, d'après l'estima-

1. Requête adressée au Roi par les ducs de Choiseul et de Choiseul-Praslin (Archives coloniales).
2. *Idem.*

tion du baron de Bessner, coûter au seigneur 1 815 livres pour son établissement. Dès lors le lien de vassalité s'établissait par l'obligation pour le paysan de payer chaque année la rente de ce capital de 1 815 livres, soit 91 livres par an. Le prix de la journée de travail étant fixé, d'après les évaluations du baron de Bessner, à 17 sols et demi, il fallait un peu plus d'un jour de travail par semaine à un paysan pour acquitter sa redevance. Les paysans avaient d'ailleurs la faculté de se racheter en fournissant une prestation plus élevée : deux ou trois jours de travail par semaine au lieu d'un seul. Si, par exemple, une famille de cinq personnes donnait à son seigneur dans l'espace d'une année, deux cents journées de travail dont le prix pouvait être évalué à une livre, elle se trouvait avoir payé, outre les 91 livres d'intérêt, 109 livres environ sur le principal. De la sorte elle pouvait se libérer dans l'espace de sept à huit années[1].

Nous n'insisterons pas sur ce projet de colonisation qui peut nous sembler bien étrange à l'heure actuelle, mais qui n'était cependant pas dépourvu de tout esprit pratique à l'époque où il se produisit. Il avait le mérite, en donnant un appât à leur orgueil, d'intéresser à la colonisation les bourgeois enrichis et aventureux qui ne craindraient ni les ennuis ni les dangers de l'expatriation.

Plusieurs familles recrutées par de Bessner passèrent à la Guyane. Mais une fois là, les vassaux se jouèrent de l'autorité de leur seigneur sans prestige et ne songèrent qu'à se soustraire à l'obéissance et au travail ; ils refusèrent même de se fixer dans les villages qu'on leur avait assignés. Ils épuisaient les ressources du terrain sur

1. Précis sur la colonisation du Kourou. Paris, Imprimerie nationale, in-8. Arch. col.

lequel ils campaient et l'abandonnaient au bout de peu de temps pour en défricher de nouveaux sans aucun souci du domaine seigneurial. Telle fut l'issue de cette première et peu sérieuse tentative qui eut lieu au commencement de l'année 1763.

Cependant un comité avait été formé pour élaborer la constitution de la nouvelle colonie et délimiter les pouvoirs des différents fonctionnaires. Ce comité était composé de Acaron, directeur du bureau des colonies, Turgot, de Chanvalon et, au début, de Préfontaine. Choiseul se reposait presque entièrement sur ses auxiliaires du soin d'arrêter le programme de l'entreprise et d'en fixer les moyens d'exécution. Acaron, qui présidait la commission, était, au dire de Malouet, « un très pauvre homme » et doit avoir une grande part de responsabilité dans les désastres qui survinrent. Préfontaine proposait de commencer la colonisation avec cent habitants, ce qui faisait, avec les esclaves nécessaires pour le travail de la terre et le personnel accessoire, de quatre à cinq cents personnes. D'après l'avis de Préfontaine [1], qui possédait à Kourou une vaste exploitation et connaissait parfaitement les ressources du pays, les émigrants devaient tout d'abord se borner à l'élevage des bestiaux et à la culture des vivres et des fourrages; il demandait à Choiseul 300 000 livres comme fonds de premier établissement. Cette somme devait permettre de fournir à chaque famille à son arrivée une case et quatre esclaves.

1. « De Préfontaine était l'auteur du plan originaire. Dans l'ignorance où l'on était de ses idées, on le regarda comme un fou et comme l'auteur de la catastrophe du Kourou. Il n'était ni l'un ni l'autre et si ses vues avaient été suivies, il n'y a nul doute que l'expédition ait été couronnée de succès. » Malouet. Mémoires. Voir la *Gazette de Hollande* du 19 mars 1765.

Le ministre, Acaron et Turgot avaient conçu des desseins beaucoup plus vastes; leurs vues consistaient à établir sur le nouveau continent une population nombreuse dont le concours réuni à celui des colons qui déjà y vivaient pourrait procurer à la France les mêmes avantages que l'Angleterre avait retirés de ses colons de l'Amérique septentrionale. Ils eurent le tort de croire qu'il suffisait de décréter le départ d'une multitude d'hommes pour créer une colonie. Leur résolution était prise, à l'insu de Préfontaine, quand il s'embarqua pour préparer les baraquements destinés aux premiers arrivants; il espérait que ses idées allaient être mises en pratique et comptait sur un nombre d'émigrants restreint dans les proportions qu'il avait indiquées; il venait d'adresser au Ministre un nouveau manuscrit sous le titre de « Parallèle entre la partie du nord et la partie du sud de la Guyane », où il montrait tous les avantages que pouvait offrir l'établissement progressif d'une nouvelle colonie dans le nord; telle était sa confiance dans la réussite de l'entreprise qu'il offrait tous les biens qu'il possédait en Amérique comme garantie du succès.

Choiseul, ne voulant pas divulguer sa politique, avait ainsi laissé de Préfontaine dans l'ignorance de ses projets; les travaux du comité et les instructions du chevalier Turgot étaient demeurés secrets. Citons l'article 35 de ces instructions : « Le sieur Turgot ne doit point perdre de vue que l'intention de Sa Majesté est d'établir la nouvelle colonie en blancs, tant parce que cette population est plus compatible avec les vues de justice et d'humanité qui animent Sa Majesté, que parce qu'elle est plus propre à procurer à un État un degré de force capable d'en imposer. Ce système de population est d'autant plus nécessaire que les Anglais n'ont fait leurs conquêtes dans la dernière guerre que par le moyen de leurs colonies septentrionales qui sont presque uniquement peuplées de blancs et que, formant actuellement à la Dominique une colonie dont les noirs sont exclus, il est aisé de voir qu'ils méditent de faire par son moyen la conquête de la Martinique et de la Guadeloupe à la première occasion de guerre. Sa Majesté ne peut donc leur opposer des forces capables de balancer les leurs, qu'en peuplant aussi de blancs la colonie de la Guyane, laquelle étant au vent des îles françaises du golfe du Mexique est très favorablement placée pour leur porter des secours et même pour agir offensivement contre les îles anglaises. En conséquence, elle charge le sieur chevalier Turgot de s'occuper avec soin de reconnaître les divers genres de culture qui conviennent spécialement aux blancs, de les encourager et d'inspirer les mêmes vues à ceux qui seront chargés de commander en son absence. »

Turgot devait aussi veiller particulièrement à la culture des terres de la zone frontière du Nord. Il convenait de les peupler pour que la population nouvelle servît de barrière à une invasion possible des Hollandais de Surinam [1].

1. Quant à la frontière du Sud, elle était en litige depuis le traité d'Utrecht. Un traité du 4 mars 1700 avec le Portugal désignait l'Amazone comme limite de nos possessions. En 1713, l'article 18 du traité d'Utrecht vint modifier cette situation en faveur du Portugal qui désirait posséder les deux rives de l'Amazone. La France « se désistait de la propriété des territoires appelés « du cap du Nord » et situés entre la rivière des Amazones et celle de Yapoc ou de Vincent-Pinçon ». Or le Yapoc et le Vincent-Pinçon sont deux rivières différentes que le négociateur français semble avoir confondues; le Yapoc beaucoup plus au nord et à 50 lieues de l'embouchure du Vincent-Pinçon au sud, de sorte que le Portugal revendiquait contre la France la possession du territoire situé entre le Vincent-Pinçon et le Yapoc que

Le gouvernement cherchait des émigrants en Allemagne; des prospectus y étaient distribués; des cartes avec quelques esquisses des « maisons rustiques » de Cayenne y étaient répandues, accompagnées de la réclame suivante : « Les Européens qui passent dans ce beau pays qui donne deux récoltes par an, y obtiennent un terrain en propriété en arrivant; ils y sont nourris, logés, bien habillés, et fournis de tout ce qui leur est nécessaire pour eux, leurs femmes et leurs enfants, pendant deux ans et demi; on ne les inquiète point sur leurs croyances; on leur paye leur voyage pour se rendre à Rochefort d'où on les transporte gratis à la Guyane ». Le gouvernement s'engageait en outre à leur fournir de quoi subsister pendant leur temps de séjour dans le port. Chaque famille composée de trois personnes (le père, la mère et un enfant) recevait une somme de 50 livres comme provision pour la traversée et 10 livres par tête d'enfant supplémentaire.

Ces promesses et ces offres tentèrent beaucoup de malheureux qui affluèrent bientôt aux ports d'embarquement, à Rochefort et à la Rochelle. Presque tous espéraient trouver à la Guyane, l'abondance, et ne prévoyaient pas que les plus rudes fatigues pourraient à peine les garantir de la misère, sous ce climat dangereux, sur cette terre vierge où tout était à créer et dont ils ne devaient rien attendre que de leurs propres efforts.

celle-ci prétendait se réserver. Des négociations n'ont cessé d'avoir lieu depuis 1715; elles ont continué de nos jours avec le Brésil sans qu'un accord soit jamais intervenu. Un fait récent ramène les yeux sur cette question; il a occupé la presse et est dans toutes les mémoires : les habitants du territoire resté en litige et qui sont en partie d'anciens nègres marrons qui s'y étaient réfugiés, ont eu l'idée de se constituer en république de la Guyane indépendante; mais ils n'ont pas réussi à faire prendre au sérieux leur tentative.

D'autres allaient chercher dans la colonie moins une patrie adoptive qu'une fortune qu'ils pourraient rapporter pour en jouir dans leur pays natal. Personne ne paraissait comprendre les difficultés de l'entreprise et le bureau des colonies qui l'organisait était le premier à s'y méprendre.

CHAPITRE IV

LES PREMIERS TRAVAUX DE LA COLONISATION

Retards éprouvés par le départ de De Préfontaine. — Mésintelligence à Cayenne entre celui-ci et de Béhague. — De Préfontaine s'entend avec les jésuites de la colonie pour commencer ses travaux. — Naufrage à l'entrée de la rivière de Kourou. — Premiers essais de plantations. — Ardeur des colons. — Des maladies se déclarent parmi eux. — Premiers établissements sur la rivière de Sinamary et sur celle de Kourou. — La saison des pluies amène la suspension des travaux. — Désertion des noirs fournis par les Jésuites.

Thibault de Chanvalon avait demandé au bureau des colonies de faire partir de Préfontaine pour qu'il arrivât à la Guyane vers la fin de la saison des pluies — c'est-à-dire vers le mois de mai; — il devait employer les mois de juin et juillet à tracer des concessions, à y disposer des abris; il lui fallait des instruments de travail, des auxiliaires et de l'argent. Les bureaux ne se pressaient pas de lui accorder ce qu'il demandait, si bien que son départ fixé au premier jour de mars 1763 fut ajourné au 17 mai; ce furent trois mois de longue attente pour les colons déjà enrôlés et à qui leur inaction commençait à peser. Enfin, le 17 mai 1763, 127 d'entre eux s'embarquaient sur le *Jason*, l'*Américain* et la *Comtesse de*

Grammont ; ces bâtiments emportaient en outre du matériel, des vivres, des outils à l'usage de la nouvelle colonie [1].

Un deuxième convoi devait partir le 1er juin 1763 sous la conduite de M. de Chanvalon ; c'était lui qui emmenait le gros de la colonie : plus de 2 000 personnes.

Une troisième expédition serait dirigée par le gouverneur général en personne.

Les crédits destinés à parer aux nécessités de premier établissement avaient été extraordinairement portés à 1 500 000 livres pour la première année ; ils se répartissaient entre les trois expéditions successives dont nous venons de parler et devaient suffire aux achats de bestiaux, aux défrichements, aux cultures.

Turgot et de Chanvalon recevaient 200 000 livres pour les couvrir de leurs frais de déplacement et leur « permettre de faire plusieurs dépenses utiles au bien de la colonie [2] ».

L'administration de la colonie nouvelle qui avait triomphé, non sans peine, des résistances qui, dès qu'il s'agissait des moyens d'exécution, semblaient lui venir de tous côtés, n'était cependant qu'au début de ses tribulations et de ses malheurs. Le gouvernement eut le tort de ne pas prévenir de ses nouveaux desseins les autorités qu'il avait chargées jusque-là d'administrer l'ancienne colonie. De Béhague [3], commandant des forces

1. Note au ministre, 23 mars 1763. Coll. Moreau de Saint-Méry.

2. Instructions aux administrateurs (Arch. col., collection Moreau de Saint-Méry). Rapport au ministre, 2 mai 1763.

3. Lettre du ministre à M. de Béhague, 24 avril 1762. — De Béhague avait été envoyé à la Guyane vers la fin de la guerre de Sept Ans, pour y prendre le commandement des troupes et des milices sous les ordres de D'Orvilliers, qui était gouverneur général ; il avait le rang après lui sur tous les officiers de la colonie avec un traitement de 12 000 livres. Après

militaires, était gouverneur provisoire depuis le départ de D'Orvilliers en 1762; il ne pouvait, sans instructions, consentir à se subordonner au nouveau gouverneur, et Morisse, commissaire ordonnateur, placé sous son autorité, était intéressé à soutenir le supérieur qu'il avait servi jusque-là.

La résistance ne devait pas seulement provenir des administrateurs, mais encore des habitants. Les projets mal connus du ministre inquiétèrent les intérêts locaux et blessèrent les anciens colons qui se considéraient, non sans quelque apparence de raison, comme négligés et oubliés au profit d'étrangers immigrants. Cette sourde irritation ne fit que grandir, dans la suite, quand les notables furent gagnés à cet esprit d'opposition, et elle ne tarda pas à se montrer dès l'arrivée de De Préfontaine qui débarqua à Cayenne le 14 juillet 1763.

La mésintelligence éclata aussitôt entre le chef de l'ancienne colonie et celui qui arrivait de la métropole pour organiser la nouvelle.

De Préfontaine se rendit, dès son arrivée, chez de Béhague et lui fit part de la mission dont le ministre l'avait chargé. De Béhague déclara que jusqu'au reçu de nouvelles instructions, il se renfermerait dans le rôle qu'il avait joué jusque-là.

les désastres de l'expédition, il quitta Cayenne et il y revint en 1765 comme gouverneur. Rentré en France en 1766, il eut divers commandements et, en 1791, lorsqu'il fut nommé gouverneur de la Martinique, il était lieutenent général. A la nouvelle du 10 août, les troupes s'étant insurgées, Béhague quitta définitivement le service colonial. Pendant l'émigration il joua un rôle assez important et s'employa dans les entreprises du comte d'Artois. Il mourut à Londres au commencement de notre siècle. C'est son frère, le chevalier Béhague d'Hartincourt, que Malouet rencontra dans le quartier de Macouria lors de son voyage à la Guyane; il était officier dans les troupes de la colonie et il y resta jusqu'à la Révolution.

Voici ce qu'écrivait de Préfontaine au ministre à la fin de décembre 1763 : « J'avais fait parvenir à M. de Béhague, avant de partir de la Rochelle, une lettre polie dans laquelle, après m'être félicité de le trouver commandant à Cayenne, je le priais de faire sonder la côte et les embouchures des rivières de la partie du nord de la Guyane, précaution que le changement annuel de ces embouchures me peignait nécessaire. Je le priais, en outre, de faire préparer pour le transport des effets deux pirogues de Para que je savais être sur les vases depuis longtemps négligées, d'acheter des pirogues indiennes et de commander aux Indiens de la partie du Sud de se trouver à Cayenne pour mon arrivée dont je lui fixai à peu près le terme. Ma lettre était dictée par le sentiment qui peut affecter un homme prévenu favorablement en faveur d'un autre. Elle déplut à M. de Béhague qui la rendit publique et ajouta à cette indiscrétion l'attache du ridicule sur ma personne.... De pareilles dispositions dans un homme sur les secours duquel je devais absolument compter n'étaient guère favorables à ma besogne. J'arrive et ne trouve rien de ce que j'avais prié de faire exécuter. La côte n'avait pas été sondée; la rivière de Sinamary paraissait n'être pas même connue de nom (le sieur Lavaud, capitaine de port, me dit, en présence de M. de Béhague, qu'il n'avait aucune connaissance de cette rivière...). Je fus reçu de M. de Béhague aussi froidement qu'il est possible; nul honneur, nulle distinction militaire, nulle communication; ma présence, celle de quelques honnêtes gens qui m'avaient suivi paraissait odieuse aux habitants de Cayenne, auxquels on avait insinué que ce nouvel établissement deviendrait à charge. »

Les habitants, en effet, craignaient qu'on exigeât d'eux des corvées de noirs; dans ce cas, on prélevait par voie d'autorité la dixième partie de leurs esclaves; ces corvées dont on avait abusé pendant la guerre de Sept Ans et auxquelles les habitants avaient dû se prêter dans l'intérêt de la sûreté générale, avaient déjà servi, depuis la guerre, à relever les palissades et à rebâtir les fortifications. Le gouvernement de Cayenne avait d'ailleurs été obligé de suspendre ces travaux, dans l'impossibilité où il se trouvait de pouvoir subvenir à la nourriture des noirs. Vers le commencement de l'année 1763, la caisse de l'administration n'avait plus un sou à sa disposition et ne pouvait plus même payer les troupes que le découragement et la maladie avaient commencé à décimer [1].

Aussi était-ce en vain que de Préfontaine s'adressait aux habitants du nord de la colonie, leur demandant de lui fournir des travailleurs pour le compte de l'État; tous méconnaissaient une autorité que le gouverneur n'avait pas reconnue et refusaient de s'y soumettre; de Préfontaine résolut de remplir l'objet de sa mission sans avoir recours à son entremise.

A la suite du procès du trop fameux père La Valette, les jésuites se trouvaient dans une situation délicate par suite de l'édit qui abolissait leur société; ils avaient intérêt à ménager toute autorité qui pouvait, dans ces circonstances difficiles, leur fournir quelque appui et faire tolérer leur présence. Ils craignaient de Béhague qui semblait, par sa manière de vivre avec eux, leur annoncer l'exécution prochaine des arrêts des parle-

1. Le gouverneur d'Orvilliers attendait des secours promis de France qui n'arrivaient pas; il s'était adressé aux Hollandais qui, à des prix excessifs, avaient consenti à ravitailler Cayenne.

ments de France. De Préfontaine se lia avec le père Ruelle, supérieur de la mission des jésuites du Kourou, qui, sur sa demande, mit quelque temps après une centaine d'ouvriers à sa disposition : « J'avais besoin d'eux (des jésuites), écrit-il. Je les rassurai.... L'intérêt personnel entrait sans doute beaucoup dans ce sacrifice de leur part; mais le père Ruelle en sauva les apparences en affichant que l'amour du bien public et son amitié pour moi en étaient les motifs; je fis semblant de le croire, et le rassurai sur toutes les terreurs que leur occasionnait la conduite de M. de Béhague à leur égard. Je m'avançai même jusqu'à leur promettre un traitement favorable pour détourner le coup qu'ils pouvaient frapper impunément si on ne leur eût offert un avenir gracieux. Ils pouvaient, d'un seul mot, envoyer huit cents nègres marrons dans les bois; ils pouvaient éloigner tous les Indiens de la partie du Sud et du Nord; ces objets me parurent assez intéressants pour faire briller à leurs yeux un rayon d'espoir [1]. » Les secours fournis par la mission permirent d'avancer quelque peu l'ouvrage; de Préfontaine acheta des barques pour transporter les passagers sur les rives du Kourou choisies pour l'établissement du camp et il demanda un pilote qu'on ne put lui trouver; à défaut, on lui donna un nègre qui ne connaissait pas la passe et fit échouer l'un des bateaux à l'entrée de la rivière : « Cet accident, écrit-il, entraîna la perte de six jours de temps qu'on employa au transport des effets du Roi au lieu du campement ». Une goélette du port dont il se servit quel-

1. De Préfontaine au ministre. (Datée de Kourou, campement de la nouvelle colonie de Cayenne, le 1er janvier 1764.)

ques jours après eut le même sort et sombra dans la passe. Dès que les émigrants furent, malgré ces difficultés, installés au camp de Kourou, le commandant de la nouvelle colonie les organisa militairement; il les répartit en quatre compagnies et procéda à la nomination des officiers devant tous les Indiens convertis et la mission assemblés. Un nommé Mellercou, créole de Cayenne, issu de parents indiens, reçut le titre de capitaine général des Indiens de la Guyane et, pour lui attirer l'amitié de ses subordonnés, de Préfontaine fit distribuer par ses mains à trois autres officiers indigènes des présents qui leur étaient destinés. « Le nombre de mes travailleurs, écrit de Préfontaine, montait, en tout, tant officiers que simples colons, au nombre de 128, ce qui avec les 80 nègres des Pères, qui arrivèrent quelque temps après, faisait plus de 200 ouvriers; je leur mis la hache à la main;... bientôt le camp ressembla à une fourmilière; blancs, nègres, tous étaient occupés à charroyer, à faire des trous, à planter les fourches qui supportaient la toiture de cases couvertes en feuilles de palmier qu'on allait chercher à une lieue de distance. » Les hautes herbes d'une savane spacieuse, desséchées par le soleil, furent brûlées et quinze jours plus tard la savane était plantée de riz et de mil. Ce premier essai de culture ne réussit pas; l'été fut trop sec et la récolte peu abondante servit de nourriture aux moutons et aux chèvres qui étaient arrivés d'Europe presque mourants. Des chemins furent tracés conduisant à la mer et vers les grands bois et les immenses savanes de Passoura et de Karouabo. Enfin un abatis pratiqué sur une colline environnante du nom de Pariacabo mit à découvert une source d'eau fraîche et limpide, précieuse ressource pour la nouvelle colonie : « L'excès du travail, écrit de Préfontaine, épuisait les forces et non le courage de mes Européens;... l'ardeur excessive du soleil réverbéré sur un sable aride, la continuité des viandes salées, la mauvaise qualité des eaux pendant la sécheresse de l'été occasionnèrent beaucoup de maladies. J'eus en septembre jusqu'à trente-cinq malades à l'hôpital, sans compter les nègres et les Indiens qui consommaient beaucoup de remèdes [1]. »

Tandis qu'on s'occupait à Kourou de la construction des cases propres à recevoir les colons que de Chanvalon devait amener, le chevalier Devillers, et Detugni, ingénieur géographe, faisaient construire sur les rives du Sinamary six grandes cases, un magasin, un hôpital; le camp de Sinamary pouvait servir à l'établissement d'une cinquantaine de familles; un chemin était tracé qui devait relier Kourou à Sinamary, quand des pluies torrentielles noyèrent les savanes et obligèrent de suspendre les travaux. Faute de chemin, on allait de Kourou à Sinamary en huit heures d'une navigation qui n'était pas sans dangers. L'hiver est une saison peu favorable pour remonter les rivières de la Guyane; la quantité de brisants et de bancs de sable que le vent du nord accumule à leurs embouchures les rend presque impraticables, et le camp de Sinamary se trouvait comme celui de Kourou à environ une lieue dans l'intérieur des terres.

Après avoir constaté le succès de ses premiers efforts, de Préfontaine, accompagné de ses auxiliaires, tenta un voyage de reconnaissance du Coumana et de l'Yracoubo

1. De Préfontaine au ministre. (Du camp de Kourou, le 1er janvier 1764.)

à huit lieues de Sinamary, et leva chemin faisant le relief de la côte [1]. Pendant son absence, un fait regrettable vint empêcher la continuation des travaux au camp de Kourou. Le père Ruelle, voyant les intérêts de la mission compromis faute du personnel d'esclaves noirs employés par de Préfontaine, avait profité de son absence pour les rappeler. On était au commencement de novembre, le canon annonçait l'arrivée de l'expédition de l'intendant de Chanvalon, qui se montait à plus de deux mille personnes.

1. « Ces deux rivières qui se jettent dans la même baie sont dans le cas de toutes celles de la Guyane : assez profondes dans l'intérieur, elles ont très peu d'eau à l'embouchure, hors Amanabo, rivière à une journée d'Yracoubo, qui, selon les Indiens, reçoit des navires à trois mâts. » (De Préfontaine à Choiseul, décembre 1763.)

CHAPITRE V

MÉSINTELLIGENCE ENTRE TURGOT ET CHANVALON

Difficultés entre Turgot, de Chanvalon et le bureau des colonies. — Avantages accordés aux colons par les *Lettres patentes.* — Projet de fonder à la Guyane une commanderie de l'ordre de Malte et une colonie maltaise; ce projet échoue. — Difficultés financières. — De Chanvalon se fait attribuer les pleins pouvoirs pour gouverner la colonie en l'absence de Turgot. — Mésintelligence entre le gouverneur et l'intendant à la suite d'un dîner chez M. de Vaudésir. — Désordres à la Rochelle et à Rochefort. — Malouet nommé inspecteur des embarquements. — Anecdote.

Quittons un instant la colonie et revenons à Paris où Turgot et de Chanvalon se consumaient dans une activité stérile; toutes leurs combinaisons étaient traversées par l'insouciance des bureaux. Les administrateurs venaient de recevoir leurs instructions et réclamaient le règlement d'une foule d'intérêts secondaires qui avaient échappé à toutes les prévisions. Les promesses faites n'étaient pas tenues et rien n'avançait. On préparait bien un arrêté pour régler le sort des colons et leur concéder certains avantages; mais on ne fournissait pas les fonds nécessaires à leur départ et à leur installation.

Les « Lettres patentes à faire enregistrer au conseil

supérieur de Cayenne [1] » assimilaient aux Français les étrangers qui se rendaient dans la colonie et y fondaient des établissements. La liberté des cultes était garantie. Le Roi renonçait à tout droit d'aubaine et de bâtardise et les successions des étrangers et des bâtards étaient réglées suivant le droit commun. Les étrangers qui avaient pendant dix ans travaillé ou fondé des habitations dans la nouvelle colonie étaient naturalisés de droit. Les ouvriers et artisans pouvaient également, au bout de dix années d'exercice de leur profession, être reçus maîtres dans leur art, sans être assujettis à aucun « apprentissage, compagnonnage, chef-d'œuvre ». Ces dispositions et beaucoup d'autres privilèges de même nature, dans le détail desquels il est inutile d'entrer, le prestige dont jouissait encore la France, malgré ses récentes défaites, attiraient des émigrants du fond des derniers villages de la Suisse, de l'Alsace, de l'Allemagne, de la Bavière et de l'Italie.

Turgot espérait accroître encore le nombre des recrues en fondant à la Guyane une colonie maltaise [2]. La commanderie devait y établir 10 000 habitants de tout âge et de tout sexe et les personnes d'Église nécessaires à la desserte de ses paroisses. Toutefois le commandeur, les autres officiers, les prêtres, les Maltais, devenaient sujets du Roi et ne devaient avoir d'autres relations avec le grand maître de l'ordre et ne jouir d'autres droits et privilèges que ceux dont ils jouissaient en France. Le futur gouverneur proposait, en outre, pour flatter le grand

1. Arch. col., collection Moreau de Saint-Méry, 1763.

2. « Sa Majesté agréera qu'il soit établi dans sa colonie de Cayenne un nombre indéfini de Maltais de tout âge et de tout sexe, pour lesquels elle concédera un terrain assez étendu pour en recevoir jusqu'au nombre de dix mille et plus s'il le faut. » (Arch. col., Turgot au ministre.)

maître de l'ordre et obtenir son concours, de faire bâtir dans la concession une ville qui porterait son nom. La proposition de Turgot fut approuvée; il fit commencer aussitôt les négociations et chargea le chevalier de Manon de se rendre à Malte. Le grand maître déclina ses offres. « L'île de Malte, disait-il, ne renferme que 15000 hommes en état de porter les armes; le défaut de population laissant le pays à moitié inhabité, on ne pouvait songer à favoriser l'émigration. » D'ailleurs les Maltais paraissaient peu propres à la culture des terres qu'ils négligeaient dans leur propre pays pour se livrer à la navigation, au cabotage ou à la pêche; « d'un autre côté, ajouta-t-il, quand des Maltais s'expatrient, ce n'est jamais sans espoir de retour, leur naturel ne leur permettant pas de se fixer nulle part [1] ». Éconduit de ce côté, Turgot forma une autre combinaison qui consistait à déporter au Kourou les militaires déserteurs; cette nouvelle proposition fut repoussée par Choiseul [2], et l'on se décida à faire partir de Chanvalon et le deuxième convoi.

De nouvelles difficultés financières surgirent; l'argent destiné à cette expédition n'était point versé; les bureaux prétendaient même abaisser le montant du crédit qui y était affecté de 300 000 livres à 200 000; l'intendant et le gouverneur réclamèrent. Choiseul fit verser les 300 000 livres et s'engagea, en outre, à fournir chaque année pareille somme en plus des 200 000 livres destinées aux appointements du commandant, du gouverneur et de l'intendant; enfin, il créa pour faire face aux événements

1. Mor. de Saint-Méry, Guyane.

2. « Il serait possible, écrivait Turgot au ministre, de les faire condamner par les conseils de guerre aux travaux publics de la nouvelle colonie. » (*Id.*)

imprévus; un budget extraordinaire dont les fonds furent, dans la suite, gaspillés par les bureaux. Un de nos anciens ministres de la marine mêlé, dès le début de sa carrière, aux affaires de la Guyane comme inspecteur des embarquements, affirme dans ses *Mémoires* que l'expédition du Kourou nous coûta plus de 30 millions.

De Chanvalon, avant son départ, avait reçu la délégation de tous les pouvoirs du gouverneur, en l'absence de ce dernier [1]. Malgré leurs protestations d'amitié et de concorde [2], des dissentiments avaient éclaté entre Turgot et l'intendant. De Chanvalon avait toutes les connaissances spéciales que nécessitait son emploi; il donnait un libre cours à son activité, prenait toutes les mesures qu'il croyait utiles, accablait et incommodait Turgot de ses conseils. Il avait contesté l'opportunité de certaines décisions prises par le gouverneur et celui-ci, de son côté, avait pris ombrage des observations de son subordonné. « Turgot, écrit de Chanvalon au ministre, comparait toujours la place de gouverneur des colonies à celle d'un général d'armée; il voulait pouvoir seul décider de tout et que ses ordres fussent des lois. Je ne pus jamais lui faire convenir qu'il commandait, mais qu'il ne gouvernait pas seul. » — « M. le chevalier Turgot, ajoute-t-il dans une autre missive, n'est pas fait pour gouverner.... Ses connaissances sont étrangères à l'ad-

1. Requête au Roi, 15 mars 1763. (Arch. col., M. de S.-M.)

2. « Ce ne sont point les places dont nous venons d'être honorés qui ont rapproché M. le chevalier Turgot et M. de Chanvalon. L'union intime qui règne entre nous n'est pas nouvelle, elle est établie sur une réciprocité d'estime et de sentiments. Elle a été, à cette occasion, affirmée par la conformité de nos vues, de notre zèle et de notre amour pour le bien. Dans de pareilles circonstances, nous pouvons vous répondre qu'il régnera toujours entre nous la plus parfaite intelligence. » (*Id.*)

ministration.... Inconstant par son naturel et parce qu'il n'a point en cela de principes fixes, ne s'attachant qu'aux détails accessoires, il ne peut embrasser l'ensemble d'un total un peu compliqué. »

Ce jugement se trouve confirmé par celui de Préfontaine qui lors de son départ avait déjà perdu la confiance de Turgot. « Il se plaignait, écrit de Préfontaine au ministre, que je travaillais assidûment avec l'intendant, et rarement avec lui. Pouvais-je donc le suivre en Normandie où il était tous les mois quinze jours? de plus, je l'avouerai, il était si décousu que j'augurais mal des affaires si elles venaient à dépendre entièrement de sa volonté. »

De son côté, Turgot ne ménageait guère de Chanvalon, et dans une lettre qu'il écrivit plus tard à Choiseul il lui expose l'origine de leurs dissentiments.

Tous deux s'étaient rendus à Compiègne pour exposer au ministre les résultats de leurs travaux. Avant son départ, de Chanvalon demanda l'autorisation de faire le commerce pour son propre compte, autorisation qui lui fut accordée. Turgot n'y fit aucune opposition, craignant, disait-il, que les représentations qu'il aurait pu faire fussent considérées par son intendant comme un soupçon ou une injure [1].

Quelques jours après leur retour de Compiègne, le 13 août, les deux fonctionnaires étaient à dîner chez le banquier de Vaudésir, leur ami commun. En sortant de table, de Chanvalon prit Turgot à l'écart et lui proposa d'entreprendre le commerce des noirs dans l'ancienne colonie en tiers avec lui et un monsieur Thuyghe, arma-

1. Lettre de Turgot au ministre du 2 février 1764. Archives coloniales.

teur de Dunkerque; il lui raconta que ce négociant l'avait visité, le matin même, et que c'était d'après ses propositions qu'il lui faisait ces ouvertures. Turgot étonné répondit « qu'il ne pouvait ni ne devait accepter une pareille offre : que, comme négociant, son intérêt serait de vendre les nègres le plus cher possible; que, comme gouverneur, il n'avait et ne devait avoir d'autre intérêt que celui des colons. Ceux-ci devaient désirer que les nègres fussent vendus à bon marché et il ne lui conviendrait jamais de mettre son intérêt particulier en conflit avec celui de la colonie. »

En quittant de Chanvalon, Turgot rencontre, par hasard, M. Thuyghe, l'aborde et lui communique les propositions de l'intendant en l'assurant qu'il était décidé à ne prendre aucun intérêt dans le commerce des nègres. Mais quelle ne fut pas la surprise de Turgot d'apprendre de la bouche de Thuyghe que c'était de Chanvalon lui-même qui était l'auteur du projet; il en avait causé le matin en particulier à Thuyghe qui, de son côté, aurait cru faire injure aux chefs de la colonie en leur proposant une pareille affaire.

Repoussé une première fois, l'intendant, à son retour de Rochefort où il était allé veiller aux embarquements, revint à la charge pour se heurter une seconde fois contre l'énergique probité du gouverneur. Leur mésintelligence daterait de là [1]. « M. de Chanvalon, écrit Turgot, en me dévoilant ses vues secrètes, m'avait ouvert « les yeux et je n'en sentis que plus fortement la nécessité de le mettre dans l'impuissance d'abuser de la « permission de commercer. Il m'en témoigna son mécon-

1. Lettre de Turgot au ministre du 2 février 1764. (Archives coloniales.)

« tentement de la manière la plus vive. Il vint chez moi, « à son retour de Rochefort, et se plaignit amèrement de « ce qu'au lieu de demander carte blanche pour lui et « pour moi sur la permission de faire le commerce, je « n'avais au contraire cherché qu'à la restreindre par « des gênes injurieuses. Ces précautions, disait-il, annon- « çaient des soupçons déshonorants et il insista sur la « suppression de l'article 39 des instructions (article qui « interdisait au gouverneur et à l'intendant de faire le « commerce). — Il serait inutile de vous rapporter les « discours qui furent tenus entre M. de Chanvalon et « moi; il suffit de vous dire que l'intendant y démasqua « de la manière la plus indécente, l'avidité qui l'ani- « mait. Je me contentai de lui répondre que les précau- « tions que j'avais prises n'étaient pas plus injurieuses « pour lui que pour moi et que je les croyais plus hono- « rables qu'une liberté trop grande qui laisserait place « aux soupçons.... Je ne le persuadai pas, il rédigea de « nouvelles instructions différentes de celles que vous « aviez signées et voulut m'engager à y mettre mon nom « pour vous les présenter; je refusai.... M. de Chanvalon « cessa alors de garder avec moi le concert qu'il avait « paru vouloir mettre dans toutes ses démarches. Il « m'annonça même assez ouvertement qu'il comptait dis- « poser souverainement de tout et ne me laisser que « les simples honneurs du gouvernement. Sa conduite a « été conforme à cette prétention; il s'est cru seul en « droit de disposer de tous les emplois.... Il a fait plus : « en partant pour la colonie, il a affecté de laisser à « terre toutes les personnes que j'avois nommées. La « négligence peut avoir eu autant de part à ce dernier « article que la mauvaise volonté. De toutes parts, j'ai

« reçu des plaintes du peu de soin que l'intendant a pris « de pourvoir à l'embarquement qui s'est fait à Roche« fort et du désordre extrême avec lequel tout s'y est « passé[1]. »

Les enrôlements se faisaient en effet avec quelque difficulté à la Rochelle et à Rochefort, et Turgot fut obligé de requérir la force armée pour maintenir l'ordre parmi tous les aventuriers qui se rendaient dans ces ports[2]. Toutefois, dans une lettre postérieure à celle que nous venons de citer, le gouverneur, moins animé contre l'intendant, rejette une part de responsabilité sur les fonctionnaires des ports d'embarquement. « M. de Chanvalon, écrit-il, fait beaucoup de plaintes contre les officiers qui ont présidé à l'embarquement de Rochefort. Quoiqu'on puisse reprocher à M. de Chanvalon de n'avoir pas veillé par lui-même aux détails de cette opération, et d'avoir employé à la Rochelle tout son temps à suivre d'autres objets,... il n'est guère possible de douter qu'une grande partie du désordre ne doive être rejetée sur les employés du port[3]. »

Acaron imagina pour remédier à ce désordre de faire nommer un inspecteur des embarquements et proposa pour cette place un employé principal de ses bureaux qui avait toute sa confiance : « C'était, dit Malouet, un homme de soixante ans, qui s'appelait Malherbe. La triste figure du vieux commis déplut à Choiseul; il dit à M. Acaron qu'au lieu d'un inspecteur il en voulait deux et qu'il voulait un jeune homme. »

1. Lettre de Turgot au ministre, 2 février 1764. (Archives coloniales.)
2. Correspondance avec les ministres, mai 1763.
3. 7 juin 1764, bibl. Mazarine, Compte du résultat de la vérification des faits imputés à M. de Chanvalon par M. le chevalier Turgot, manuscrit in-fol., 1160. (*Mémoires de Malouet.*)

C'est alors que Malouet fut présenté, agréé et pourvu de la commission d'inspecteur des embarquements pour la Guyane[1].

« J'étais chargé, raconte Malouet, de passer en revue les hommes et les approvisionnements destinés à cette expédition.... M. Malherbe était déjà parti; je le suivis à huit jours de distance : nos instructions et nos pouvoirs étaient aussi ridicules que toute l'opération qui en était l'objet.... C'était un spectacle déplorable, même pour mon inexpérience, que celui de cette multitude d'insensés de toutes les classes qui comptaient sur une fortune rapide : artisans, bourgeois, paysans, filles de joie, comédiens, gentilshommes ruinés, cadets de famille, pacotilleurs affluaient à Rochefort avec les quelques capitalistes qui partageaient leur délire et les honnêtes gens assez aveugles pour adopter leur roman.... On sollicitait les engagements presque comme une faveur;... j'étais loin de penser alors que j'irais, jeune encore, visiter les tombeaux de ces infortunés. »

Le gouvernement était si pressé d'arriver à de prompts résultats qu'il dérogea, par exception, en faveur des émigrants, aux formalités requises pour contracter mariage. Ceux qui désiraient se marier avant leur départ pour la France équinoxiale étaient dispensés des publications, des bancs, etc. Pitou, dans son *Voyage à Cayenne*, nous a transmis à ce sujet une anecdote que lui raconta un des survivants de l'expédition de 1763[2].

« Un homme entre deux âges, écrit Pitou, marié ou

1. *Mémoires de Malouet*, chapitre sur la Guyane et l'expédition du Kourou.

2. Pitou (Louis-Ange), *Voyage à Cayenne, dans les deux Amériques et chez les anthropophages*, t. I, p. 174.

non, vend son bien, arrive à Rochefort pour s'embarquer et veut choisir une compagne de voyage; il rôde dans la ville en attendant que le bâtiment mette à la voile. A onze heures, une jeune cuisinière vient remplir sa cruche à la fontaine de l'hôpital. Notre homme la lorgne, l'accoste, lui fait sa déclaration :

« — Ma fille, vous êtes aimable, vous me plaisez, nous « ne nous connaissons ni l'un ni l'autre, ça n'y fait rien; « j'ai quelque argent, je pars pour Cayenne, venez avec « moi, je ferai votre bonheur. »

« Il lui détaille les avantages promis et se résume ainsi :

« — Donnez-moi la main, nous vivrons ensemble.

« — Non, monsieur, je veux me marier.

« — Qu'à cela ne tienne, venez.

« — Je le voudrais bien, monsieur, mais mon maître « va m'attendre.

« — Eh bien! ma fille, mettez là votre cruche, et « entrons dans la première église; vous savez que nous « n'avons pas besoin de bans, les prêtres ont ordre de « marier au plus vite tous ceux qui se présentent pour « le nouvel établissement de Cayenne. »

« Ils vont à Saint-Louis, un des vicaires achevait la messe; les futurs se prennent par la main, marchent au sanctuaire, donnent leur nom au prêtre, sont mariés à l'issue de la messe, et s'en retournent faire leurs dispositions pour le voyage. La cuisinière revient un peu tard chez son maître. et lui dit en posant sa cruche :

« — Monsieur, donnez-moi, s'il vous plaît, mon « compte.

« — Le voilà, ma fille, mais pourquoi veux-tu t'en « aller?

« — Monsieur, c'est que je suis mariée.

« — Mariée! et depuis quand?

« — Tout à l'heure, monsieur, et je pars pour « Cayenne.

« — Qu'est-ce que ce pays-là?

« — Oh! monsieur, c'est une nouvelle découverte; on « y trouve des mines d'or et d'argent, des diamants, des « pierres précieuses, du sucre, du café, du coton; dans « deux ans on y fait sa fortune!

« — C'est fort bien, ma fille; mais d'où est ton mari?

« — De la Flandre autrichienne, à ce que je crois.

« — Depuis quel temps avez-vous fait connaissance?

« — Ce matin, à la fontaine. Il m'a parlé de mariage, « nous avons été à Saint-Louis, M. le vicaire a bâclé « l'affaire, et voilà mon extrait de mariage.

« — Bien, ma fille, soyez heureux; c'est la misère « qui épouse la pauvreté! »

Cette rencontre ne fut pas aussi fâcheuse que le maître semblait le prophétiser. Les deux époux survécurent aux malheurs qui enlevèrent tant d'émigrants; ils restèrent dix ans à la Guyane, y ramassèrent une modeste fortune et revinrent en France où ils en jouirent paisiblement.

CHAPITRE VI

ARRIVÉE DE CHANVALON A KOUROU

Départ de Chanvalon. — Mauvais accueil des administrateurs de l'ancienne colonie. — Ils refusent toute aide à l'intendant. — Accueil enthousiaste que reçoit de Chanvalon à Kourou. — Aspect de la nouvelle colonie à son arrivée. — Division des colons en deux classes. — La saison des pluies empêche la dispersion des émigrants. — Troubles et désordres. — Caractère des émigrants. — Mesures de rigueurs prises par l'intendant.

Les préparatifs du départ de Chanvalon avaient lieu vers la fin d'octobre et il put mettre à voile le 14 novembre. Le convoi se composait de onze bâtiments portant quatorze cent vingt-neuf passagers[1]. Deux vaisseaux frétés au Havre transportaient des chevaux et des génisses pour peupler les savanes; deux autres bâtiments armés à Bayonne et à Toulon étaient chargés de volailles, de brebis et d'autres animaux destinés tant à faire souche qu'à alimenter la nouvelle colonie.

D'après le plan arrêté, de Chanvalon aurait dû partir

1. Le convoi se composait de la frégate la *Comète*, du *Danube*, de la *Normande* et de la *Fortune* armées en flûte; l'*Artibonite* servait de ménagerie; la *Gloire* était employée comme hôpital; la *Nanette*, l'*Aimable Thérèse*, le *Jupiter*, le *Boute-en-Train* convoyaient les passagers.

dans les premiers jours de juin; l'expédition avait plus de quatre mois de retard, et les émigrants arrivant dans la saison des pluies se trouvaient exposés à mille dangers.

Pendant la saison sèche, il est possible d'entreprendre des travaux dans l'intérieur des terres; le sol fécondé par l'humus n'est plus couvert d'eaux stagnantes; enfin il est facile d'abattre et de transporter les arbres propres à des constructions de tout genre, qui peuplent d'immenses forêts.

Durant la saison des pluies, au contraire, l'aspect du pays change totalement; les eaux des rivières débordent; les chaleurs deviennent insupportables et dangereuses; les travaux languissent. A cette époque, les Européens ne peuvent aller s'établir dans l'intérieur; ils se voient obligés de stationner sur la côte, là où les eaux croupissent, où les roseaux des terrains inondés remplacent les arbres forestiers des hautes terres, au milieu d'insectes particuliers à ces marécages dont la piqûre devient un supplice de tous les instants. En outre, les maladies épidémiques sont plus fréquentes que pendant la saison sèche.

Le convoi de Chanvalon entra en rade de Cayenne le 22 décembre : « Le génie heureux qui préside à l'établissement de notre colonie — écrivait-il au ministre le 18 février de l'année suivante — semble avoir guidé notre navigation; elle a été surtout remarquable par sa brièveté, bien que la frégate fût obligée d'arrêter sans cesse sa marche pour attendre les vaisseaux qu'elle convoyait. Partis le 14 novembre à midi, le trente-quatrième jour, à la même heure, nous jetâmes l'ancre dans la rade en dehors du port de

Cayenne à environ deux lieues. Quoique la mer ne fût pas agitée, elle était si houleuse, que nous n'avions pas eu dans la traversée de roulis aussi considérables. Je présumais de là que cette rade en dehors n'était pas aussi bonne et aussi sûre qu'on le disait[1]. »

De Chanvalon était, en sa qualité d'intendant général, en droit d'attendre quelques attentions flatteuses, soit de la part du gouverneur, soit de celle des habitants. On ne parut pas prêter la moindre attention à son arrivée. De Béhague et Morisse l'accueillirent avec cette indifférence calculée qui avait blessé de Préfontaine et cette mauvaise volonté qui avait rendu sa tâche si difficile. Comme celui-ci, l'intendant se plaignit au ministre. « J'avais écrit de France à M. de Béhague les signaux que je ferais aux approches de terre pour annoncer mon arrivée; ils furent reconnus. Ayant pris avec lui les mesures d'avance et de si loin, nous aurions dû nous flatter qu'on nous aurait envoyé aussitôt un pilote pour nous entrer dans le port le même jour; nous ne le vîmes arriver à bord qu'à onze heures du soir. Jusqu'alors nous n'avions reçu aucune nouvelle de terre; ce ne fut qu'à cette heure-là et par l'occasion du pilote que M. de Béhague m'envoya un officier de la colonie porteur d'une lettre de lui et de M. Morisse par laquelle ils me demandaient les honneurs qu'on devait me rendre. Je répondis verbalement à cette lettre et à cet officier que je n'étais pas venu pour recevoir des honneurs, mais pour exécuter vos ordres[2]. »

Le lendemain, de Chanvalon eut à essuyer de nouvelles vexations. Il avait appris qu'un paquebot porteur des dépêches de Cayenne pour la France était dans le

1. Correspondance générale, février 1764. Arch. col., coll. M. de S.-M.
2. Coll. M. de S.-M.

port et à la veille de son départ. Il fit prier de Béhague par l'officier envoyé à son bord de retarder la sortie du paquebot jusqu'à l'après-midi, afin de pouvoir écrire à Paris et annoncer au ministre l'heureuse issue de son voyage; quel ne fut pas son désappointement de le voir, le lendemain matin, gagner la haute mer! « Nous nous trouvions, dit-il, ma frégate et lui, en même temps dans la passe quand nous nous rencontrâmes; il n'y avait pas moyen de s'y arrêter. Nous crûmes qu'après la prière que j'avais faite à M. de Béhague, ce paquebot allait seulement mouiller au dehors et y attendre nos paquets; il n'en avait pas reçu l'ordre; il partit pour la Martinique sans s'arrêter. Je m'en plaignis à M. de Béhague; il me dit que l'officier qu'il avait envoyé à notre bord avait oublié de le lui dire; mais quand j'aurais oublié moi-même de le lui demander ou que j'eusse ignoré que le paquebot était dans le port, M. de Béhague ne devait-il pas, monseigneur, par respect et par attention pour vous, le différer de quelques heures afin que je puisse avoir l'honneur de vous écrire? Tout le reste de sa conduite prouve que cette inattention partait d'un autre principe et qu'elle était réfléchie. »

Comme de Préfontaine, Chanvalon se vit abandonner à ses seules forces et ce fut en vain qu'il demanda des pilotes pour remonter la rivière et gagner le camp de Kourou; les vents du Nord qui régnaient dans cette saison (décembre 1763) venaient accroître les difficultés et rendaient impossible le secours de la voile; il fallut songer à faire le trajet à bras d'homme et en chaloupe; l'intendant resta trois jours à Cayenne et les perdit en préparatifs. Toute l'expédition était dans le trouble; le débarquement ne s'effectuait pas sans danger; les ras de marée étaient fréquents et plusieurs embarcations furent coulées. « Si j'eusse pu me décourager, mandait de Chanvalon au ministre, c'eût été dans ce moment. J'avais à faire décharger les trois flûtes du roi et sept bâtiments marchands, à faire transporter à la nouvelle colonie quinze cents hommes, leurs propres bagages et ce qui était nécessaire pour les recevoir; je ne voyais autour de moi aucune ressource. Point de matelots, aucun homme attaché au port pour le déchargement des effets, ni blancs, ni noirs. Point de marine, deux ou trois petits bateaux seulement propres à transporter trente ou quarante personnes chacun; point de canots même;... je demandai les chaloupes envoyées à M. de Préfontaine, que je devais trouver montées à mon arrivée; on m'en fit voir tous les membres dispersés sur le bord de la mer. Enfin, point de magasins; les effets du Roi étaient répandus de tous côtés sur le port et dans les rues. Pour combler mon embarras, M. de Béhague ne me facilita rien, me renvoyant sans cesse à M. de Préfontaine;... je vis bien qu'il fallait se décider à tout faire par moi-même, et, pour sortir de ce pas, ne compter que sur moi seul. »

De Chanvalon réquisitionna dans le port les chaloupes et barques de pêche qu'il put trouver, embarqua les colons qui s'étaient rendus à terre, et après quatre jours d'attente et d'efforts infructueux se décida à remonter le cours de la rivière, conduit par des matelots italiens qui n'avaient jamais manié un aviron. Il fallut plusieurs heures d'un travail pénible, pour aborder sans encombre au camp de Kourou.

L'intendant fut acclamé; on lui fit une réception enthousiaste. La colonie entière s'était rassemblée en armes pour fêter son arrivée; elle se composait de la mission des jésuites du Kourou, de tous les émigrants venus de France avec de Préfontaine et des trois cents passagers de la frégate la *Fortune* arrivés à Cayenne huit jours avant le gros de l'expédition. De Chanvalon répondit par un discours aux marques de sympathie qui lui étaient prodiguées : « Vous avez souffert, mes amis, leur dit-il; mais le mal est fini, perdons-en le souvenir.... Vous voilà arrivés à cette Terre Promise que vous désiriez depuis longtemps. Ces plaines, ces champs, ces forêts, tout ce que vous voyez est à vous, il ne vous a coûté pour l'acquérir que de venir en prendre possession. Allons, mes amis, l'honneur et la fortune nous attendent. Hâtons-nous d'acquérir des richesses que nous partagerons avec nos familles; elles viendront se réunir à nous quand elles sauront que nous sommes heureux. Notre amour et notre fidélité pour le meilleur des princes est le seul tribut que puisse lui offrir notre reconnaissance; que son nom soit sans cesse dans notre bouche et que notre cri de bonheur, de courage et d'espérance répété chaque jour soit celui de : Vive le Roi[1] ! » Aussitôt toute la colonie répéta : Vive le Roi! Les missionnaires entonnèrent le *Te Deum* et on entra dans l'église.

Après le *Te Deum* on fit le tour du camp. De Préfontaine avait fait défricher le terrain sur une étendue d'environ 400 toises le long de la rivière; le défrichement ne dépassait pas 200 toises en profondeur et atteignait la ceinture des grands bois qui croissent au nord du Kourou.

1. Corresp., coll. M. de S.-M.

De Préfontaine, en arrivant sur cette plage, avait trouvé une église entourée de quelques hangars : c'était la mission des jésuites. C'est autour de cette église que les ingénieurs avaient tracé la ville nouvelle et que s'élevaient les premières constructions. A droite de l'église, en face de la rivière, il y avait quatre rangées de carbets[1]; on avait ménagé entre elles l'espace de cinq rues transversales qui portaient les noms de Choiseul et de divers officiers de la colonie. Un puits était creusé au centre. A la gauche de l'église, des hangars placés sur le terrain antérieurement à l'arrivée de Préfontaine avaient été utilisés pour former le logement du gouverneur. En arrière on avait tracé l'enceinte d'un jardin potager dont les produits devaient être affectés aux besoins des colons, à l'extrémité de ce jardin s'élevait la demeure du commandant; les casernes bornaient le camp. La statue du Roi avait été élevée sur la place, en face de l'église, statue primitive faite de planches découpées sur lesquelles on avait peint grossièrement l'image royale. Telle était la configuration générale de la nouvelle colonie à l'arrivée de l'intendant.

Les abris construits par de Préfontaine étaient en état de contenir environ quarante familles. De Chauvalon mit aussitôt tout son monde à l'œuvre pour élever, au nord de la première enceinte, dix nouvelles rangées de carbets formant autant de rues qui reçurent les noms des administrateurs; il y eut la rue Turgot, la rue de

1. « Les carbets sont des espèces de cases; elles sont construites sur des troncs d'arbres sciés à la hauteur voulue et qu'on laisse fichés en terre; la couverture est faite de feuilles de palmiers. Il y a trois séparations : une sert au logement des esclaves, une autre de salle à manger et la troisième de résidence » (De Préfontaine, *la Maison rustique de Cayenne*.)

Préfontaine, la rue d'Haugwitz [1], etc. L'intendant trouvait excellent l'emplacement choisi; il vante la qualité du sol, les immenses savanes entrecoupées de bouquets de bois, admirables prairies naturelles où il suffisait de jeter des bestiaux.

Cependant l'impossibilité où se trouvait de Chanvalon de donner aucun salaire avait découragé quelques-uns des travailleurs les plus déterminés; leur désillusion augmenta quand ils virent que les concessions de terrains n'étaient point faites gratuitement. A la vérité, les sommes d'argent exigées des concessionnaires n'étaient qu'une sorte de cautionnement dont l'intendant était le dépositaire et qu'il devait restituer dès que les terres auraient été mises en état de culture. Dans l'esprit du gouvernement, ces sommes d'argent étaient une garantie que les concessions seraient confiées seulement à des émigrants ayant les moyens de les faire valoir. Ce système créa deux classes de colons : les *concessionnaires* et les émigrants dépourvus de ressources qui devaient travailler comme *salariés* : situation d'inégalité qui fit des jaloux et indisposa les salariés, la classe la plus nombreuse.

Le total des sommes versées par les concessionnaires, s'élevait à 172 247 livres que Chanvalon encaissa. Boulongue, ingénieur géographe, délimita les parts qui

1. Le baron d'Haugwitz, d'origine allemande, fils de ce contrôleur général des finances de Marie-Thérèse mentionné dans les Mémoires de Frédéric II, avait pris du service militaire en France pendant la guerre de Sept Ans. Adjoint au baron de Bessner, il partit avec lui comme lieutenant du Roi dans la nouvelle colonie. Ce fut lui qui, en 1766, ramena en France les débris de l'expédition. Quelques années après, il revint dans le quartier de Macouria, à l'île de Cayenne, en qualité de commandant. Plus tard, il quitta le service pour s'adonner aux soins de son habitation où il demeura jusqu'à la Révolution. Il mourut à la Martinique en 1810.

furent disposées le long de la rivière. La nécessité où l'on était de l'endiguer ou de choisir des terrains à l'abri des inondations fit traîner ce travail qui dura trois mois. Beaucoup de bras demeurèrent inoccupés et une grande partie des nouveaux venus se virent obligés, vu l'insuffisance des cases, de demeurer à Cayenne et de loger dans la ville. D'ailleurs, la saison des pluies (du mois de février au mois de juin) ne permettait pas aux colons de se répandre dans les concessions. « J'ai vu ces déserts aussi fréquentés que le jardin du Palais-Royal, raconte un témoin oculaire; des dames en robes traînantes, des messieurs à plumets se promenaient jusqu'à l'anse, et Kourou offrit pendant un mois le coup d'œil le plus galant et le plus magnifique. »

De Chanvalon cherchait pendant ce temps de repos forcé à distraire la foule des désœuvrés. Il écrivait le 18 février 1764 : « J'ai cru qu'il fallait tout tenter et tout faire pour des personnes qui n'ont rien, qui sont sans ressources et dont il fallait entretenir la confiance. J'étais persuadé qu'ils me tiendraient compte de ma bonne volonté; je ne me suis pas trompé; j'ai donc eu la hardiesse d'y donner à manger tous les jours à deux tables; c'est aux colons eux-mêmes que j'ai emprunté tous les ustensiles en les rassemblant de chez les uns et de chez les autres. Des chasseurs et des pêcheurs que j'avais faisaient le reste avec tout ce que je pouvais acheter de provisions de côté et d'autre; c'est avec la même hardiesse et le même défaut de moyens que j'ai osé faire chez moi la noce des premières personnes honnêtes qui se sont mariées dans la colonie;... je conduisis la mariée à l'autel, les propos, les distinctions, tout fut employé; je réussis, l'exemple prit; je saisis le moment où les têtes et les cœurs s'échauffaient à ce sujet et, en huit jours, tous les mariages qui pouvaient mériter quelque considération furent arrêtés; nous n'en avons plus que deux ou trois encore de cette espèce qui vraisemblablement ne passeront pas le carnaval. »

C'est aussi à ce moment que l'intendant essaya de donner quelques représentations théâtrales; un abri fut construit sur un vaste emplacement avec des troncs d'arbres et une couverture de feuilles de palmiers; on y chanta, on y dansa; puis, sur la demande d'un prêtre de la colonie, ce théâtre ou plutôt cette grange servit de logement au clergé qui jusque-là avait été réduit à coucher dans l'église. Les idées de Chanvalon étaient partagées par le bureau des colonies qui ne voulait pas que la colonisation fût une œuvre trop monotone. Dès février 1763, Acaron avait fait écrire à M. de Fraignes, commissaire de la marine, à Marseille, cette lettre curieuse : « Le Roi étant dans l'intention de peupler la colonie de Cayenne, Sa Majesté se propose d'y faire passer incessamment un grand nombre de familles pour le défrichement et la culture des terres : la colonie étant dénuée de tout objet de dissipation, et les familles étant dispersées et livrées à elles-mêmes, surtout dans les moments où elles ne seront pas occupées, il m'a paru nécessaire, pour prévenir la mélancolie dont elles pourraient être attaquées à la suite d'un travail pénible et des réflexions sur l'éloignement de leur pays natal — ce qui pourrait occasionner beaucoup de maladies parmi les nouveaux habitants, — de leur procurer quelques joueurs de tambourin qui n'auraient d'autre occupation que de les divertir dans les moments où ils en voudraient faire usage. Cette attention pour ces familles, indépendamment des secours qui leur seront donnés sur les lieux, ne pourra produire qu'un bon effet. Je vous prie de vous procurer six joueurs de cet instrument, avec lesquels vous passerez un engagement pour trois ans[1].... »

Il est contestable que ce fût là un bon moyen pour préparer les colons aux rudes labeurs qui les attendaient. Toujours est-il que, dès les premiers temps de leur établissement, les émigrants charmèrent leurs loisirs par des simulacres de banquet, des noces, un semblant de comédie, des spectacles chorégraphiques qui n'étaient pas de haut goût. Les scandales se mêlèrent à ces stériles frivolités. L'abbé Brouet, que nous avons vu réclamer le hangar servant de théâtre, pour y loger le

1. Nous transcrivons toujours à titre de curiosité l'un de ces engagements passé à Marseille le 17 mars 1763, c'est-à-dire au début même de l'expédition.

Engagement du tambourineur.

Nous, commissaire de la marine, chargé du département de Marseille, certifions qu'en conséquence des ordres de monseigneur le duc de Choiseul, ministre et secrétaire d'État de la guerre et de la marine, à nous adressés le 13 de ce mois de février dernier, nous avons engagé le nommé Jacques-Blaise Baisson, âgé de dix-neuf ans, taille moyenne, cheveux châtains, visage ovale et effilé, creusé de petite vérole, les yeux gris, barbe légère, le nez épaté, les épaules et les jambes minces, natif de Marseille, paroisse Saint-Ferréol, fils de Blaize-Marc Bourgeois, habitant à la Bourgade, hors la porte de Rome, maison au sieur Robert, fabricant de fayences, et de Catherine Arnaud, pour aller habiter la colonie de Cayenne pendant l'espace de trois années consécutives et y être occupé à jouer du tambourin pour l'amusement des habitants de la dite colonie, moyennant la somme de cinquante livres que nous lui avons payée pour son engagement, et aux conditions qu'il sera porté dans la dite colonie aux frais du Roi et que, lorsqu'il sera arrivé, il lui sera fourni par Sa Majesté une ration pour sa subsistance et six sols par jour, en conséquence des ordres qui seront donnés à cet effet par le commissaire ordonnateur de la dite colonie; le dit Jacques-Blaise Baisson, ayant consenti aux conditions ci-dessus, a signé avec nous.

A Marseille, le 17 mars 1763.

Signé : De Fraignes, Jacques-Blaise Baisson.

clergé de la colonie, fut accusé d'irrégularité dans sa conduite et de légèretés par la malignité publique.

« Les désordres naissent de l'oisiveté, écrivait de Chanvalon[1]; j'avais eu l'honneur de vous prévenir, avant mon départ, combien je craignais l'inaction où seraient les colons par l'impossibilité de tracer et de leur livrer des concessions pendant la saison pluvieuse où j'arriverais. Ils ont été occupés dans les premiers jours à arranger leurs cases ou baraques, à s'y procurer quelques commodités; alors tout était tranquille dans le camp; chacun s'occupait de sa besogne; bientôt après, les vices se sont laissé voir à découvert. Pendant le dernier voyage que je fus obligé de faire à Cayenne pour remettre mes paquets, il semble qu'une influence maligne se fût répandue dans le camp. Les esprits s'échauffèrent parmi les concessionnaires ou colons de la première classe. Il y eut sept à huit combats particuliers qu'on ne saurait appeler des affaires d'honneur par le motif qui les a fait naître et par leurs circonstances. Chacun s'en mêla. Le mal avait tellement gagné que des jeunes gens sortis du collège voulurent se signaler. Enfin des apprentis chirurgiens, même, ont cru que leurs querelles de jeu devaient se vider à la pointe de l'épée. Les fonctionnaires de la colonie s'étaient interdit le port de l'épée pour prêcher d'exemple; mais malgré cela des duels à l'épée, au pistolet, avaient lieu et on fut obligé de renvoyer de la colonie les principaux perturbateurs[2]. »

L'intendant se plaignait, avec raison, de la qualité des émigrants. Il avait trouvé, à son arrivée à Cayenne, la

1. Lettre au ministre, 17 mars 1764.
2. Collection Moreau de Saint-Méry.

frégate la *Fortune*. Il s'en était réjoui tout d'abord parce qu'il la croyait chargée, comme on l'avait décidé à Paris, de bestiaux et d'approvisionnements. Sa joie s'était vite changée en déception quand, au lieu de bestiaux et d'approvisionnements, il vit débarquer 300 bouches nouvelles, 300 passagers. Et quels passagers! « Ils étaient attaqués de maladies honteuses dont ils avaient déjà infecté le camp. » A l'exception de quelques Provençaux qui pouvaient être utiles, le reste était composé de matelots maltais, génois, vénitiens, écume de la Méditerranée, qui s'étaient soulevés plusieurs fois dans la traversée au point d'obliger les gens de l'équipage à faire usage de leurs armes. « Ici, des criminels échappés au gibet traînaient avec eux; là des filles prostituées qu'ils faisaient passer pour leurs femmes. Exposés chaque jour à se couper la gorge ensemble, ils se décelaient réciproquement et nous apprenaient que l'un avait assassiné le mari de sa concubine, que l'autre avait poignardé ailleurs et que plusieurs cherchaient à se dérober à la justice; jetant l'alarme sans cesse dans le camp, menaçant d'y porter la sédition, ne voulant reconnaître aucune autorité ni supérieurs. J'étais parvenu à les calmer, ajoute l'intendant, et à les soumettre à une certaine obéissance; mais chaque fois qu'il fallait faire marcher un canot, on venait me chercher pour les faire obéir et envoyer des fusiliers [1]. »

Plusieurs ouvriers qu'une barque conduisait aux *îles du Diable* [2], situées en face de Cayenne, se soulevèrent contre le capitaine, le forcèrent de revenir à Kourou,

1. Rapport au ministre, février 1764.
2. Plus tard dénommées îles du Salut. On travaillait à les aménager pour recevoir des émigrants.

puis abandonnèrent et noyèrent l'embarcation sur la côte. De Chanvalon les fit arrêter et emprisonner. « Je découvris, rapporte l'intendant, que le plus grand nombre, pour se venger, avait formé le complot de mettre le feu dans le camp et, tandis qu'on serait occupé à l'éteindre, de forcer la garde pour les délivrer, de s'emparer d'un des bateaux qui étaient dans la rivière pour s'évader à Surinam ou ailleurs. Cela leur aurait été d'autant plus aisé que, faute d'autres matelots, ce sont des gens de cette espèce qui composent tout l'équipage de nos bateaux. »

Chanvalon saisit cette occasion pour faire un triage. Il offrit aux mécontents de les faire repasser en France. Dix-huit se détachèrent de la bande; il les fit embarquer sur-le-champ pour Cayenne sous bonne escorte, et les expédia sur différents vaisseaux qui avaient perdu des matelots par mort ou par désertion.

« Voilà, monseigneur, écrivait-il avec amertume, ceux à qui j'ai eu affaire, jusqu'à présent, pour faire aller notre faible marine et l'espèce d'hommes qu'a portés ici la *Fortune* de Toulon. Ce n'est pas le seul tort qu'elle ait fait à notre établissement. M. de Préfontaine ne s'attendait qu'à l'arrivée de quinze cents hommes avec moi et travaillait en conséquence; ces trois cents sont venus d'augmentation et sont arrivés dans un temps où ils n'étaient pas attendus; les logements n'étaient pas couverts ni fixés. Il a fallu tout quitter, changer les dispositions et la suite des travaux.... Il faut tous les jours construire de nouvelles cases, et les pluies ne permettent pas de faire grand'chose, quelquefois rien du tout [1]. »

1. Rapport au ministre, février 1764.

On n'attendait plus de nouveaux émigrants à Cayenne avant la fin de l'année (14 février 1764). — Il était du reste convenu avec le ministère de la marine qu'aucun bâtiment ne serait expédié avant que des dépêches envoyées de la colonie aient donné le signal de ces envois. Ces engagements ne furent pas tenus.

CHAPITRE VII

NOMBREUX CONVOIS D'ÉMIGRANTS

Troisième expédition sous la conduite de M. d'Amblimont. — Secours pécuniaires à l'ancienne colonie. — Établissement aux îles du Diable. — D'Amblimont annonce l'arrivée de deux mille colons. — Impossibilité de les loger. — Perplexité de l'intendant qui cherche à les isoler. — Extension de la colonie sur le haut Kourou. — Projet d'établissement d'une ville nouvelle.

Dès les premiers jours de février (1764), la nouvelle d'une troisième expédition se répandit à Cayenne. La frégate la *Ferme*, commandée par le capitaine d'Amblimont, était en route pour la Guyane et amenait 413 passagers. L'intendant venait d'écrire à Paris dans le but de prévenir ce déluge d'émigrants; mais sa correspondance n'était pas arrivée à temps. « J'apprends, écrit de Chanvalon, que la *Ferme*, commandée par M. d'Amblimont, est arrivée avant-hier;... j'ignore sa destination et ses ordres; je n'ai reçu par ce vaisseau aucune lettre de vous ni de personne sans exception. » Toutefois d'Amblimont apportait cinquante mille livres qui arrivaient bien à propos pour soutenir le crédit de l'ancienne colonie, oubliée au profit de la nouvelle, car Morisse venait de répandre l'alarme en suspendant les payements du trésor de Cayenne. « Ces cinquante mille livres sont les bienvenues, écrit l'intendant, mais il y a quatre cents passagers dont nous sommes plus embarrassés; il serait impossible de les loger ici, Cayenne offre encore moins de ressources; on n'a pas même pu y loger encore les officiers du régiment de Saintonge.... » Ce régiment arrivé par le précédent convoi était campé à Kourou. Il était destiné à remplacer la milice qu'une ordonnance royale venait de supprimer[1]. Dans l'impossibilité d'établir les passagers de la *Ferme* dans la colonie aménagée par de Préfontaine, Chanvalon songea à tirer parti du groupe d'îles qui se trouvent à l'embouchure du Kourou et qu'on avait dénommées les *îles du Diable*[2]. Des abris y

1. Elle devait être rétablie bientôt après. Voir notre chapitre sur la réforme administrative.

2. « Ces îles au nombre de trois, dit l'intendant dans sa correspondance, forment une espèce de triangle. Elles sont situées à environ trois lieues et demie ou quatre lieues au nord-est de l'embouchure de la rivière de Kourou.... Elles sont à peu près de même étendue; la plus considérable peut avoir un tiers de lieue de circonférence, les autres à proportion. C'est à celle-là que les travaux ont commencé. Elles sont séparées par des bras de mer très étroits. Du côté de la mer ou du côté opposé du continent, on peut les regarder comme inabordables, parce que le rivage et la mer qui le baigne sont exactement couverts de masses de rochers considérables. Du côté qui regarde Kourou et le continent, elles sont, au contraires, entourées d'une mer calme et tranquille comme dans un étang; elle est profonde, on y trouve de cinq à six brasses d'eau jusqu'à terre, car les bâtiments pourraient s'attacher au quai s'il y en avait un.

« On aperçoit et on reconnait de loin ces iles parce qu'elles sont élevées; les deux surtout du côté du continent sont en forme de pain de sucre irrégulier. Cette forme annonce la facilité qu'on aura à les défendre et à les fortifier. Elles se défendent même réciproquement et pourront protéger facilement les bâtiments qui sont en rade et en fermer l'entrée aux ennemis par le feu croisé des batteries de bas et d'en haut, qui seraient établies dans les trois îles.... Elles offrent un port et un déchargement qui sera très commode et très prompt. De là on envoie à Kourou dans deux ou trois heures de temps, soit par bateau, soit par chaloupe, si les vaisseaux tirent trop d'eau pour entrer dans la rivière de Kourou; s'ils ne tirent pas trop, ils peuvent mouiller

furent dressés, des vivres y furent transportés. Duluc, ingénieur-géographe, découvrit au sommet d'une de ces îles[1] un étang d'eau douce avec une fontaine, sonda avec attention tout le littoral et en leva une carte. Le résultat de ces travaux permettait d'affirmer que les navires trouveraient là un mouillage excellent[2]. Aussi, Chanvalon jugea-t-il à propos de changer leur nom : c'étaient autrefois les *îles du Diable*; puisqu'elles étaient le salut de la nouvelle colonie, on devait les appeler désormais les *îles du Salut*. La plus septentrionale porte encore aujourd'hui ce nom[3].

aux ilets et y attendre en sûreté la crue des eaux dans ces grande marées de la nouvelle lune et encore mieux de la pleine lune.

« C'est encore un grand avantage que ces ilets ne tiennent point au continent. Les Anglais et tous les étrangers que nous recevrons ne seront admis que dans ce port. Par là, ils n'apprendront point à connaître nos côtes, malgré leur commerce avec nous, et ne verront point l'intérieur du pays.

« Enfin, en occupant ces îles, nous privons les ennemis d'un asile dont ils se servaient en temps de guerre pour être à portée de faire des incursions et d'intercepter les bâtiments. » (Correspondance avec les ministres, lettre n° 12, 1764.)

1. Celle qui se trouve le plus au nord.

2. « On peut faire aux islets du Salut un port très accessible aux navires de fort tonnage. » Correspondance avec les ministres (lettre de Chanvalon du 18 février 1764).

3. « Ces isles ont porté jusqu'ici le nom d'isles du Diable. Ce nom ne servait qu'à entretenir l'espèce d'effroi qu'on en avait, et aux méchants esprits à s'en servir pour appuyer les mauvais propos qu'ils en tenaient. Je vis en effet que cela prenait sur les têtes faibles et sur l'esprit même des matelots. Comme il ne faut quelquefois dans notre nature qu'une misère ou une mauvaise plaisanterie pour arrêter les plus grandes choses, je crus devoir en faire une moi-même pour rompre et prévenir tout. Je dis à mon retour *qu'elles n'étaient plus au diable* depuis que nous en avions pris possession, et que comme il fallait les baptiser et qu'elles étaient le salut de la colonie et surtout de la nouvelle, on pouvait avec plus de raison les nommer isles du Salut. » (Correspondance avec les ministres. Lettre de M. de Chanvalon du 18 février 1864.)

« On avait proposé de donner aux trois islets du Salut les noms de M. le chevalier Turgot, de M. de Préfontaine et de moi. Je n'ai pas cru devoir y déférer. Je leur aurais donné le vôtre, si j'avais osé prendre cette liberté sans votre permission. J'attendrai sur cela vos ordres. » (*Id.* Lettre du 29 mars 1764. Coll. Mor. de St-Méry).

La correspondance de l'intendant ne tarit pas sur l'excellence du port que formeront les îles du Salut. « Le succès de ce nouveau port est actuellement plus décidé que jamais, écrit-il. J'espère que les avis partagés par la jalousie et par mille intérêts personnels, vont enfin être réunis par la force de la vérité. M. de Beauregard, M. de Fontange, officiers de la marine du Roi, sont allés aux *islets du Salut.* Tous, d'un commun accord, ont été satisfaits de la bonté et de la sûreté de ce port. Ces messieurs ont dit qu'ils se faisaient forts d'y conduire un vaisseau de quatre-vingts, même de cent canons. Enfin ils n'ont pu s'empêcher de faire éclater haut et avec la plus grande joye, la satisfaction qu'ils ont d'avoir vu une entreprise aussi intéressante pour la marine que pour la colonie[1]. »

Les travaux étaient menés avec beaucoup d'activité, malgré le peu de bras et de moyens dont on disposait. Un officier nommé de Fiedmont avait été chargé de les diriger et il ne manquait ni d'ardeur ni de zèle.

La *Ferme* toucha aux îles du Salut le 19 mars et le débarquement de ses 413 passagers commença aussitôt. Ils devaient être logés provisoirement sous des tentes. « C'est le seul moyen que nous ayons de les recevoir, écrivait l'intendant, malgré les difficultés et les inconvénients de rester sous la toile dans cette saison pluvieuse. Ils s'occuperont des travaux du nouveau port[2]. »

Six jours plus tard, le 25 mars, la *Ferme* était en état de retourner en France[3].

1. Correspondance. Lettre de M. de Chanvalon, 28 février 1764.
2. Lettre du 19 mars. Chanvalon au ministre.
3. Ce n'est pas sans raison que l'intendant s'était empressé de débarquer les passagers de la *Ferme*. La mauvaise saison rendait la mer très difficile; ce navire avait été obligé, à cause de son tirant d'eau, de

Mais, qui peindra l'étonnement et les légitimes appréhensions de l'intendant, quand il aperçut en vue de Cayenne quatre autres vaisseaux et quand d'Amblimont lui annonça l'arrivée prochaine de deux mille autres colons. « Il nous faudra faire des miracles, écrit Chanvalon au ministre;... je me propose, néanmoins, de me mettre en campagne, dès cette semaine, afin de pouvoir disperser sur les terres le monde que nous avons ici ou, du moins, la plus grande partie, pour faire place à ceux qui doivent arriver incessamment. Cependant rien de plus difficile et de plus équivoque que de mesurer des terres actuellement; elles sont noyées par les pluies; on y trouve de l'eau jusqu'à la ceinture[1]. »

La qualité de ces recrues ne différait guère de celle des précédents convois : « Des Allemands qui se sont soulevés à Saintes et à Saint-Jean-d'Angély, qui ont attaqué les commissaires préposés à leur direction, parmi lesquels il a été si difficile de mettre quelque ordre et quelque discipline aux *isles du Salut*, que les vaisseaux du Roi qui y sont mouillés ont été obligés de mettre une garde à terre pour leur imposer! Je ne suis nullement alarmé par ce que nous avons à craindre de cette multitude indisciplinée et décidée; mais que puis-je en espérer pour les premiers moments de cet établissement? Cependant, toutes nos forces pour les contenir

mouiller dans la rade du dehors de Cayenne; là sa chaloupe avait été brisée par le flot, ses amarres cassées, une ancre perdue;... bref le capitaine avait prévu le moment où, ne pouvant tenir plus longtemps, il aurait été obligé de prendre le large et de relâcher à la Martinique. « Cette rade de Cayenne, écrivait l'intendant au ministre, qu'on disait être sûre et de bonne tenue, n'a rien moins que ces avantages. Je l'ai déjà éprouvé avec la frégate la *Fortune*, qui n'a pu résister aux fatigues du roulis et de la vase. »

1. Correspondance avec les ministres. Lettre du 19 mars.

consistent en deux compagnies de troupes, qui ont été refondues, et qu'il a fallu renouveler en engageant quelques-uns de ces mêmes nouveaux venus! »

La partie de la colonie située sur les bords du Kourou était encombrée. Le nombre des logements, des tentes, des carbets était insuffisant. Si des maladies contagieuses atteignaient quelques-uns des nouveaux habitants, elles auraient bientôt gagné la colonie entière. Chanvalon chercha à isoler les émigrants. Un ingénieur-géographe, Boulongue, qui avait levé le plan de la colonie, avait exploré la rivière jusqu'à dix-neuf lieues dans les terres. C'est sur cet espace qu'il était possible d'étendre le campement primitif. Mais les préparatifs faits à la hâte étaient insuffisants. Quatre pieux fichés en terre, une couverture en feuilles de palmiers et aux environs les grands bois à défricher, les palétuviers[1] à dessécher et le désert : telle était la nature des concessions accordées. On déposait les colons sous ces abris précaires et insuffisants avec quelques outils et de maigres provisions.

Toutes ces concessions étaient disposées le long de la rivière, voie de communication la plus naturelle et la plus rapide. De cette manière tous les points de la colonie pouvaient être reliés par un service de bateaux sur le Kourou. La rivière débordait pendant la saison des pluies; mais les cases avaient été disposées sur des terrains assez élevés pour être à l'abri des inondations. Préfontaine et Chanvalon s'étaient fait guider dans leurs explorations par des Indiens et des noirs de l'habitation des jésuites, qui connaissaient le pays.

1. Marécages des bords de la mer où pousse cette plante.

Comme les explorations avaient eu lieu dans les mois de janvier, février, mars et avril, c'est-à-dire à l'époque des plus grandes crues, le choix des emplacements offrait toutes les garanties de sécurité désirables.

A l'arrivée de d'Amblimont, le développement donné au camp ne s'étendait pas jusqu'à la limite extrême des voyages de Boulongue, mais s'arrêtait à la première barre du Kourou en un endroit dénommé le *Château-vert* et situé à sept ou huit lieues de l'embouchure. C'est en parcourant cette partie de la colonie que Chanvalon pouvait entrevoir pour elle l'avenir le plus brillant. Les terres étaient de bonne qualité, les forêts riches en bois de toute essence, et il lui était permis de regretter le défaut de prévoyance et l'ardeur mal entendue du gouvernement. « Quelle immense et riche colonie pour l'État j'entrevois, écrivait-il, si nous continuons de lui accorder une protection constante; jamais depuis la découverte de l'Amérique on n'a vu une entreprise aussi considérable, aussi soutenue, aussi encouragée de secours, embrassée avec une aussi grande ardeur par les étrangers mêmes à l'envi des nationaux et exécutée avec plus de zèle, de fatigue et de constance de la part des chefs à qui elle est confiée! Il se pourrait que tant d'avantages fussent inutiles;... je le crains cependant, tout sera perdu par cette même abondance d'hommes si les envois n'en sont pas ménagés successivement. Oui, monseigneur, j'ose le répéter, je le dois et je vous supplie d'y donner la plus grande attention, tout sera perdu si les vaisseaux et les hommes arrivent ici par flottes et en aussi grand nombre à la fois[1]. »

1. Lettre de M. de Chanvalon à Choiseul, 19 mars 1764.

Débordé par les émigrants, l'intendant rêvait de fonder une ville nouvelle dont il ferait le chef-lieu des établissements du Kourou. Cette ville, située à cinq lieues en amont, au delà de la zone marécageuse des palétuviers serait, disait-il, couverte par les collines environnantes et rendue du plus difficile accès à l'ennemi. Les navires qui ne tireraient pas plus de dix à onze pieds d'eau pourraient facilement y aborder puisqu'il leur serait possible de remonter la rivière à sept lieues au delà jusqu'à la première barre, c'est-à-dire jusqu'au *Château-vert*. Une crique arrosait l'endroit choisi et pouvait fournir une eau douce et potable. D'autres établissements déjà florissants [1] et situés à une lieue de l'embouchure du Kourou semblaient légitimer ces espérances. Mais l'épidémie tant redoutée venait de faire ses premières victimes.

1. C'étaient les deux colonies de la Liberté et de la Franchise, situées sur la rive gauche du Kourou, sur deux hauteurs appelées Condouel et Pariacabo. Elles étaient limitées au sud par la rivière et paraissaient devoir s'étendre au nord dans une immense savane appelée savane de Passoura. Cette savane, vaste prairie naturelle, épargnait les travaux de défrichement pour les endroits qu'on voudrait mettre en culture et fournissait en outre d'excellents pâturages. (Précis publié par le ministère de la marine sur la colonisation de la Guyane.)

CHAPITRE VIII

LA COLONIE EST DÉTRUITE PAR UNE ÉPIDÉMIE

L'épidémie se déclare. — Nouvelle arrivée de 1 216 passagers. — Désespoir de Chanvalon. — Pénurie de remèdes. — La famine menace la colonie. — Doléances de Chanvalon au ministre. — Gravité de la situation. — L'intendant tombe malade. — Accusations injustement formulées contre lui. — Conduite du gouverneur demeuré à Paris. — Sa présence est réclamée à Cayenne. — Mesures d'ordre prises par l'intendant et considérées comme vexatoires par les colons. — — Nouveau convoi de 1 127 personnes. — Sort des plantations et des bestiaux.

C'est aux îles du Salut encombrées par les passagers de la *Ferme* que le mal fit son apparition. Ceux-ci avaient été logés, comme nous l'avons dit, sous des tentes construites avec des voiles de vaisseau. La pluie, le vent et un soleil meurtrier pénétraient de toutes parts sous ces abris insuffisants, et il mourut bientôt jusqu'à quinze ou vingt individus par jour.

Il n'y avait point de magasins pour conserver les denrées; les approvisionnements qui gisaient sur les sables n'avaient pas tardé à s'altérer, et à l'épidémie menaçait de se joindre la disette [1].

1. Barbé-Marbois, *Journal d'un déporté*. Il cite le récit d'un des survivants de l'expédition.

Telle était la situation, dès qu'arriva le nouveau convoi annoncé par d'Amblimont. Il était composé de la *Corisante*, la *Légère*, la *Garonne*, la *Baleine*, l'*Actif*, le *Saint-Esprit* et le *Saint-Antoine*[1]. C'était le convoi que devait diriger le gouverneur Turgot; mais il avait préféré se soustraire aux dangers de la traversée et aux ennuis qui l'attendaient et il était resté à Paris. Cette expédition ne comprenait pas moins de 1216 personnes, hommes et femmes. — Les débarquer aux îles du Salut qui regorgeaient de malades, c'était vouer les nouveaux arrivants à une mort certaine. D'un autre côté, Cayenne leur fermait son port. — Mal vêtus, sans outils et sans vivres ne pouvant atterrir ni aux îles du Salut, ni à Cayenne, ils furent contraints de rester à bord. La contagion gagna plusieurs bâtiments. En vain les commandants exigeaient qu'on les débarrassât de leurs passagers, ceux-ci ne pouvaient quitter le foyer du mal. « Entassés dans un entrepont infect, ils ne recevaient qu'une nourriture insuffisante. Qu'on se représente l'angoisse de ces malheureux manquant des aliments les plus indispensables, tordus par la fièvre ou terrassés par une chaleur insupportable[2]. » L'espoir si tenace de Chanvalon s'était évanoui. « Il est visiblement démontré, écrivait-il au ministre, qu'on a tout employé pour faire échouer cette entreprise[3].... Daignez soutenir avec force et vigueur le plan d'opérations que vous avez arrêté. Vous avez décidé que chaque homme apporterait avec lui sa nourriture pour six mois. La *Garonne*, qui a près de deux cent cinquante passagers, n'a que cinquante

1. État des bâtiments expédiés du port de Rochefort.
2. Malouet, *Mémoires*.
3. Lettre du 29 mars 1764. Coll. Mor. de St-Méry.

barils de farine, ce qui ne fait pas pour chacun six semaines de nourriture. Nous devions recevoir du vin de Provence et de Bordeaux; la *Ferme* n'en a apporté que vingt barils; j'apprends de tous côtés qu'il n'y en a dans aucun autre vaisseau du convoi, cependant nous sommes près de trois mille personnes dans le camp et bientôt cinq mille. Depuis plusieurs jours nous n'avons plus de vin et on n'en trouve pas à Cayenne; on y supplée en donnant de l'eau-de-vie et du sucre, mais les estomacs ne s'en accommodent point. Les concessionnaires surtout et autres gens qui ont été dans l'habitude du bien-être s'en trouvent gênés; aussi le nombre des malades a augmenté du quart au tiers et augmente tous les jours. »

Point de boissons, aucuns remèdes, point de vivres frais, la situation devenait de plus en plus critique; on était au 1er avril : « Nous n'avons ici pour nourriture que des viandes salées; il y a déjà plus de cent malades débarqués aux îles du Salut; je vais faire transporter ici (l'intendant écrivait du camp de Kourou) ceux qui pourront supporter le trajet. Mais quelle difficulté de rétablir des malades sans viandes fraîches et sans boissons.... Au lieu de faire examiner par les chirurgiens-majors du port ceux que l'on embarque, on a envoyé ici un si grand nombre de gens attaqués du scorbut et d'autres maladies aussi mauvaises et contagieuses que le camp est à même d'en être entièrement infecté[1]. »

Chanvalon faisait acheter tout ce qu'il pouvait dans les colonies voisines; mais le peu de rapidité des communications ne permettait pas d'apporter au fléau un

1. Correspondance avec les ministres.

remède assez prompt [1]. De plus il était impossible de distribuer des soins particuliers à chacun de ces malheureux, et la mortalité augmenta de jour en jour.

Contrairement aux ordres donnés précédemment et à la volonté de Chanvalon, les commandants des divers bâtiments débarquèrent leurs passagers et profitèrent de l'absence de toute autorité pour les abandonner aux îles du Salut. Deux mille trois cents hommes furent entassés sur ces rochers arides qui pouvaient à peine suffire aux quatre cents personnes amenées par la *Ferme* [2].

En vain Chanvalon réclame auprès du ministre et lui envoie doléances sur doléances; elles n'arrivent pas à temps; les émigrants affluent à Saint-Jean-d'Angély, à Rochefort et les commissaires des ports empressés de s'en débarrasser les embarquent pour la Guyane : la plus grande partie de ceux qui allèrent y mourir furent expédiés avant l'arrivée des dépêches de l'intendant [3]. D'ailleurs tout rapport était devenu impossible entre celui-ci et les fonctionnaires de l'ancienne colonie qui rejetaient sur lui la responsabilité du désastre. De Béhague avait demandé à repasser en France et Morisse, de son côté, écrit à Turgot le 15 avril pour lui remettre sa démission : « Vous avez dû recevoir ma lettre du 1er février; je vous l'ai adressée par quadruplicata, ce qui vous fera juger combien j'avais envie qu'elle vous parvînt. Depuis ce temps-là, je me suis confirmé de plus en plus dans la résolution que j'avais prise de me retirer. J'ai eu deux explications avec M. de Chanvalon

1. Défense de M. de Chanvalon. Précis du Ministère de la Marine.
2. Correspondance de M. de Chanvalon et défense de l'intendant. Précis du Ministère de la Marine.
3. Défense de M. de Chanvalon.

qui m'ont donné lieu de connaître que je ne suis pas son homme[1]. » Le reste de la lettre est dicté par la haine. Sans toujours calculer avec la vraisemblance, Morisse entasse accusations sur accusations, et cherche à se ménager le crédit du gouverneur qui reste à Paris et ne semble pas s'émouvoir.

Les événements se précipitent, et la plus énorme confusion, le plus grand désarroi règnent à Cayenne et à Kourou. L'épidémie est partout; elle se déclare à bord de la plupart des vaisseaux dès qu'ils touchent à la colonie; des concessionnaires périssent sans qu'il soit possible de savoir ce que deviennent leurs héritages. Aucun recensement n'est plus possible et l'intendant cesse de connaître le nombre des individus confiés à ses soins; ses secrétaires Nermant et de Rique sont atteints par la maladie; de Chanvalon lui-même se voit forcé de dérober, au profit de sa santé compromise, les instants qu'il voudrait employer à circonscrire le mal. L'attitude de l'administration de Cayenne ne lui laissait aucun espoir d'aide ou de secours; toutes ses réclamations y étaient écartées sans réponse et ce n'était plus entre Chanvalon, d'un côté, de Béhague et Morisse de l'autre, qu'une suite d'altercations stériles dont le seul résultat était d'envenimer chaque jour leur désaccord. Cette situation et les graves évenements dont la colonie était le théâtre avaient décidé de Béhague à s'embarquer pour la France, où il arriva dans les premiers jours de juin.

Choiseul, au reçu de la correspondance de l'intendant et des désastreuses nouvelles qu'elle contenait, crut bon de faire appeler Turgot dont la conduite était étrange;

1. Coll. Mor. de St-Méry.

nommé gouverneur de la colonie, il était resté à Paris depuis le début de l'entreprise et, dans les circonstances difficiles qu'elle traversait, ne paraissait pas décidé à se rendre au poste qui lui avait été assigné. A la lecture des lettres de Chanvalon, Turgot simule l'étonnement, répond que les dépêches qui lui sont communiquées paraissent susceptibles de bien des observations. Chanvalon, affirme-t-il, avait blessé ses légitimes susceptibilités en le laissant dans l'ignorance de l'état de la colonie, de ses besoins, de ses ressources, de ce qu'il avait fait et de ce qu'il se proposait de faire, de sorte qu'il était seul responsable de son peu d'habileté, de son inexpérience et des malheurs qui étaient survenus.

« M. de Chanvalon, écrivait Turgot à Choiseul, à la date du 9 juin 1764, fait beaucoup de plaintes contre les officiers de l'ancienne colonie;... il est absolument nécessaire de vérifier exactement ces plaintes... Il fait au contraire les plus grands éloges de M. de Préfontaine; mais il n'entre dans aucun détail qui puisse mettre à portée d'en juger et, par son propre récit, il y a lieu de craindre que la position du camp de la nouvelle colonie n'ait été mal choisie puisqu'il annonce que l'emplacement est trop resserré, qu'il est impossible de l'étendre parce qu'il forme une presqu'île entourée de marais [1]. »

Puis un soupçon lui traverse l'esprit : « J'ai, affirmait Turgot, plusieurs employés qui me sont personnellement attachés, et qui devaient me donner de leurs nouvelles; d'où vient que je n'ai rien reçu? D'autres personnes sont dans le même cas que moi et s'étonnent du silence de leurs amis. Faut-il donc croire que M. de Chanvalon

1. Voir aux pièces justificatives.

ait voulu supprimer toutes les lettres de la colonie pour empêcher les plaintes des particuliers de parvenir jusqu'à vous? M. de Béhague arrivé après M. d'Amblimont m'a apporté plusieurs lettres et j'ai déjà eu avec lui quelques heures de conversation; ses récits sont bien différents de ceux de M. de Chanvalon et tendent à accuser celui-ci de fautes très graves. Plusieurs circonstances ne s'accordent que trop avec les soupçons que j'avais déjà sur les vues de M. de Chanvalon, relativement à ses projets de commerce et à l'emploi des fonds des concessionnaires qui lui avaient confié leurs fortunes [1]. »

Ces allégations du gouverneur tendaient à accuser l'intendant de malversations; Turgot se reposait de leur gravité sur la foi de De Béhague et proposait d'aller lui-même à la Guyane en vérifier l'exactitude.

De Chanvalon n'avait pas songé à intercepter la correspondance privée de la Guyane, qui n'accusait que l'absence du gouverneur, et elle arriva bientôt par un autre convoi apportant l'écho des souffrances et du légitime désespoir des malheureux colons. Tous réclamaient l'arrivée de Turgot. Comment prétendait-il gouverner à plus de mille lieues de distance un pays qu'il ne connaissait pas? « Nos maux sont grands, lui écrivait un médecin de la marine, M. Chambon, le 14 juin [2], et nous vous attendons comme le Messie pour les adoucir. Je vous ferais le détail de ceux qui nous affligent plus particulièrement si je ne craignais que vous ne fussiez déjà parti. Nous avons trois sortes de maladies régnantes ici : la fièvre, le scorbut et la dysenterie. Ces maladies conduisent la plupart des malheureux qui en sont atteints à l'épuise-

1. Lettre à Choiseul du 9 juin 1764.
2. Archives coloniales.

ment et de là à une mort certaine. Nos remèdes, après un certain temps d'usage, sont absolument sans effet parce qu'ils ne sont secondés par aucun aliment convenable; nous n'avons pour toutes ressources que des bouillons de viandes salées et la viande elle-même. Nous avons quelquefois des tortues de mer de 150 à 200 livres pour 700 malades. » Le docteur Chambon terminait en invitant le gouverneur à faire provision de lunettes, besicles ou conserves pour parer aux dangers d'une ophtalmie épidémique dont il pourrait se voir atteint sans ces précautions [1]. « L'air vif de la nuit en est la cause », disait le docteur Chambon; au surplus, ajoutait-il, « elles vous serviront pour aller au bord de la mer quand il fait du vent, à cause du sable ».

Cependant Chanvalon avait appris indirectement les soupçons déshonorants qui planaient sur son administration. « J'apprends, quoique d'une manière vague et générale, qu'en mon absence on cherche à me noircir à vos yeux; on me charge surtout d'imputations dont il est humiliant même d'avoir à se justifier. Il me revient qu'on m'accuse d'avoir profité de l'argent des concessionnaires qui avait été déposé entre mes mains à Paris. Quelle infamie après la conduite authentique que j'ai tenue à cet égard! Ces divers dépôts ne formaient qu'une somme de 200 000 livres; j'aurai l'honneur de vous en envoyer le détail [2]. »

L'indignation de l'intendant paraissait légitime. Il avait remis à son départ de Paris les 200 000 livres au banquier Vaudésir en le priant de les lui faire passer à

1. Lettre de Chambon à Turgot, 14 juin 1764.
2. Lettre à Choiseul, 22 juin 1764. Arch. col. Collection Moreau de Saint-Méry.

Rochefort. Vaudésir lui donna une lettre de change sur Poitiers; des officiers de la marine se rendirent dans cette ville et y touchèrent la somme qui fut ensuite répartie sur les trois flûtes du Roi. De Chanvalon avait voulu par là prévenir les inquiétudes des concessionnaires en plaçant leur argent sur les bâtiments mêmes où ils avaient pris passage. Il avait tenu à assurer les droits des concessionnaires vis-à-vis de sa succession, en cas d'accident, et avait fait inscrire les 200 000 livres dans le connaissement sous le nom des concessionnaires. A la vérité, il avait été obligé de prendre sur cette somme pour fournir quelques avances à plusieurs d'entre eux qui s'étaient trouvés dans la gène lors de leur séjour à Saint-Jean-d'Angély; il avait aussi, dans le même but, entamé les fonds qui lui étaient réservés et, à son arrivée à Cayenne, il était, non pas débiteur, mais créancier des concessionnaires qu'on l'accusait de spolier. Enfin toutes les valeurs avaient été déposées, sans même passer par ses mains, entre celles de la Rivière, trésorier de Cayenne [1]. En même temps que l'intendant s'efforçait de rendre compte au ministre de sa conduite et de la légitimer, il lui annonçait l'accroissement des ravages que faisait l'épidémie, la mort de ses amis, celle de ses domestiques : « Sur plusieurs milliers de personnes, il n'y en a, dit-il, que trente à quarante en état de travailler. Les chirurgiens, les apothicaires, les sœurs de charité, les prêtres, tous les gens les plus utiles sont atteints; que faire? qu'entreprendre? L'été approche; si ces maladies ne s'apaisent pas auparavant, tout le monde craint que la peste ne s'introduise dans le

1. Lettre au Ministre de la Marine du 22 juin 1764. *Idem*.

camp. » Les survivants demandaient à être rapatriés; « il m'est impossible de trouver même un écrivain de la marine »; il ajoute qu'il ne lui reste pour tout auxiliaire que son ennemi, l'ordonnateur Morisse, « si indolent qu'il ne peut aller ni par eau ni par terre, hors d'état de monter à cheval et de se transporter s'il n'est bercé dans un hamac[1] ». Morisse, de son côté, ne cessait d'appeler Turgot à son secours : « On dit que vous ne viendrez pas ici sitôt, lui écrivait-il, le 5 juillet; on prétend même que vous n'y viendrez pas du tout; ce serait bien fâcheux, tant pour l'intérêt public que pour celui de beaucoup de particuliers qui soupirent après votre arrivée.... Je vous demande, en grâce, de me marquer si vous avez fait ou si vous comptez faire quelque chose. » Suivait un réquisitoire contre de Chanvalon, « hautain, insupportable dans ses rapports avec ses subordonnés »; l'ordonnateur avait eu tellement à en souffrir, affirmait-il, que son caractère en était aigri.

Un ami du gouverneur nommé Arthur, doyen du conseil supérieur de Cayenne, lui annonçait[2], par le même

1. Lettre du 23 juin.

2. M. Arthur à Turgot, 12 juillet 1764. « Tous les cavaliers de la maréchaussée sont malades; de tous les chirurgiens de Cayenne, il ne s'en trouve qu'un en état de marcher, faible secours pour les huit cents malades qui sont dans la ville.... Des six sœurs de charité, la moitié a presque constamment été hors de service; de deux sages-femmes, l'une est morte, l'autre est aveugle. M. Guidon, le seul médecin-accoucheur qui nous reste, est arrivé dans le plus triste état. A Kourou, il meurt chaque jour douze à quinze malades; des personnes dignes de foi m'ont même assuré qu'on en avait enlevé trente-deux le jeudi saint. Il en est de même à proportion aux îles du Salut où ils sont encore plus mal à tous égards, logés sous de mauvaises tentes où ils ont passé tout l'hiver, qui a été cette année plus rude et plus long que de coutume et qui dure même encore. Enfin, M. Lahaye m'assurait, le 8 du courant, qu'étant à dîner chez M. Morisse, l'ordonnateur, il avait reçu une lettre d'un officier de Kourou, à la lecture de laquelle il n'avait pu retenir ses larmes. Vous serez à portée de vérifier sur les

courrier, qu'il avait rédigé, sur les misères dont il était le témoin, un long mémoire destiné à l'éclairer; mais il n'avait osé le confier à personne pour la traversée; il craignait que la sincérité de son langage ne lui attirât des ennemis : « je sais trop, disait-il, qu'il est dangereux de lire et d'écrire des vérités ».

M. Arthur, comme beaucoup de colons, redoutait l'intendant qui, dans la situation désespérée où il se trouvait, avait plus d'une fois abusé de son autorité sous prétexte de maintenir l'ordre. Chanvalon ne ménageait pas ceux qui lui résistaient, et plus d'un avait eu à se repentir de n'avoir point cédé à ses injonctions. Il était d'ailleurs impossible que, dans ce désarroi universel, des injustices ne fussent pas commises. Pour éviter le gaspillage des vivres, l'intendant avait mis tout le monde à la ration; une jalousie inquiète suivait la distribution faite chaque jour à la porte de sa demeure; on évaluait les portions avec la partialité du besoin. Des haines, des rixes violentes naissaient de la préférence obtenue par l'un ou par l'autre; on l'accusait de se réserver la meilleure part. Ces dires n'étaient pas seulement le résultat de la malveillance. Certains festins organisés et présidés par lui au début de la disette et dont le luxe contrastait trop avec la misère publique, confirmaient les émigrants dans leurs soupçons. On l'accusait, avec quelque apparence de justice, d'avoir manqué de prévoyance et gaspillé des ressources qui étaient devenues si précieuses. On citait même des cas désespérés où il avait refusé de la tortue et de la viande

lieux ce que j'ai l'honneur de vous dire et ce que j'avance dans un de mes mémoires que je vous destine et dont je vous enverrais copie dès à présent, si j'avais osé le confier à quelqu'un pour la traversée. »

fraîche à certains malades dont il était censé avoir causé la mort. Il avait pris d'autres mesures pour la distribution de l'eau qui paraissaient aussi vexatoires.

Nous avons déjà parlé de la source de Pariacabo qui coulait à une demi-lieue du camp et que Chanvalon avait fait aménager; il y faisait d'ordinaire sa provision. Aussitôt tous les colons s'y portèrent en foule, au lieu de tirer l'eau, soit au puits de l'intendance, soit à ceux qui se trouvaient dans leurs concessions respectives. Pour éviter l'épuisement de la source de Pariacabo, un gardien y fut placé; on accusa aussitôt l'intendant de se réserver tous les avantages au détriment des colons et de vouloir accaparer l'eau de Pariacabo pour son propre usage.

En outre, les quelques concessionnaires qui avaient pris possession de leurs propriétés respectives s'étaient vu, au début de l'épidémie, interdire l'approche du camp de Kourou et des distractions qu'ils croyaient y trouver. Un bateau chargé d'approvisionnements, d'outils, de vêtements, servait de magasin ambulant sur la rivière; des chaloupes et des pirogues partaient régulièrement du magasin central établi au camp pour distribuer des vivres. Ainsi isolés, les différents colons que le mal n'avait pas atteints, pouvaient espérer échapper aux maladies qui sévissaient dans le camp. Mais, loin de se féliciter des mesures qu'avait prises de Chanvalon et de l'arrêté qu'il avait rendu, ils regardaient leur séparation comme un exil et n'aspiraient qu'à retourner au camp. Ils s'y rendaient sous prétexte de renouveler leurs provisions. Leur absence, qui ne devait durer que quelques jours, s'était souvent prolongée pendant plusieurs semaines. Les « salariés », pendant l'absence de leurs maîtres, restaient oisifs, s'adonnaient à tous les excès, et il leur était arrivé de consommer en un jour les provisions d'une semaine; alors, quelques-uns se sentant abandonnés au milieu des bois, découragés, désespérés, s'étaient couchés sous leurs carbets et avaient attendu la mort. Beaucoup avaient attenté à leur propre existence et, ne voulant pas continuer une vie misérable, s'étaient pendus ou noyés. D'autres s'étaient mutinés, et leur soulèvement était d'autant plus dangereux que les maladies avaient décimé les troupes dès l'abord insuffisantes à les contenir. Les mutins avaient été exilés; expédiés sur une rive du Kourou où rien n'avait été disposé pour les recevoir, abandonnés là sans secours, sans vivres, ils n'avaient pas tardé à y mourir de faim.

On voit que bien des griefs s'étaient accumulés sur la tête de l'intendant qui paraissait devoir supporter seul la responsabilité de tous les malheurs de l'expédition, de toutes les fautes commises, dont les plus graves n'étaient, en réalité, que le résultat de l'imprévoyance du bureau des colonies. Une sourde irritation n'en régnait pas moins contre Chanvalon, qui se trouvait dans l'impuissance d'apporter aucun remède à tant de maux. « Je ne dois pas hésiter à le dire, écrit-il au ministre, tout est perdu sans ressource. » Personne n'espérait plus en lui et les lettres, les pétitions au gouverneur qui n'arrivait pas, se multipliaient de jour en jour et se faisaient plus pressantes; voici ce que Arthur écrivait à Turgot le 12 juillet : « Permettez-moi, monsieur, de vous dire que tout ce que l'on a fait jusqu'à présent et tout ce qu'on pourra faire par la suite sur le même plan, n'est et ne sera que temps perdu, argent perdu et hommes perdus. Vous ne m'en croirez pas, sans doute. Permettez-moi donc de vous prier de venir voir par vous-même ce qui en est. Votre présence, très utile à Paris, est très nécessaire à Cayenne. » Une autre lettre du 13 juillet, d'un concessionnaire depuis longtemps établi à la Guyane, annonce le débarquement de cinq cents nouveaux émigrants. « Qu'en fera-t-on, s'écrie l'auteur de cette lettre; les éparpillera-t-on par dix ou par vingt chez chaque habitant de l'ancienne colonie? Mais ces habitants n'ont pas même leurs aises.... On nous demande de nouvelles corvées de nègres; pourquoi s'être chargé de l'établissement nouveau sans ce secours indispensable? Est-il possible de croire que des gens qui, comme M. de Chanvalon, ont vécu vingt ans dans les îles, n'aient pas compris plus tôt que les noirs sont absolument nécessaires pour les travaux manuels sous le climat des tropiques [1]. »

Tous ceux qui échappaient à l'épidémie demandaient leur rapatriement. Au 17 juillet, le nombre des personnes débarquées s'élevait à huit mille, celui des morts à trois mille, celui des malades, tant à Kourou qu'aux îles du Salut, à près de neuf cents. « Ces malades, écrit l'un des habitants nommé Lair, n'ont que du bouillon fait avec du bœuf salé et de la tortue. A la vérité, il n'est pas possible de leur en donner d'autre; un canard vaut six livres, une poule trois à quatre livres.

1. L'auteur de cette lettre compare l'ancienne colonie de Cayenne à l'enfant de cent ans — *puer centum annorum* — qui n'est pas encore établi et a besoin d'aides et de secours. Loin de pouvoir en donner à la nouvelle, l'ancienne se trouve sacrifiée. « Oui, monsieur, ajoutait-il en s'adressant à Turgot, il est temps et plus que temps que vous veniez enfin au secours de votre malheureuse colonie. Le Ministre a en vous la confiance que vous méritez. Venez prendre sur les lieux de véritables informations pour lui donner ensuite les conseils et les avis que vos connaissances, votre honneur et votre amour pour la patrie vous suggéreront. » Coll. Moreau de Saint-Méry. Arch. col.

La nouvelle colonie est remplie de deuil et de désolation; les maladies font toujours des progrès de plus en plus, nous sommes entourés de morts et de mourants. » Et de nouveaux embarras survenaient chaque jour par l'arrivée ininterrompue d'émigrants qu'il était impossible de loger, d'abriter et qui ne portaient pas même de hamacs pour se coucher. Un vaisseau, le *Superbe*, commandé par le marquis de Roux, venait de débarquer mille cent vingt-sept personnes et n'avait que soixante hamacs.

Des plantations, il ne restait que les figuiers, les orangers et quelques pieds d'olivier, le reste avait péri [1].

Quant aux bestiaux, ils étaient entassés avec les chevaux de la maréchaussée, aux environs du camp de Kourou, dans la savane publique, où ils ne trouvaient pas la moitié de leur subsistance et où les approvisionnements d'orge et d'avoine qui leur étaient destinés, exposés aux pluies continuelles, se pourrissaient faute de magasins.

On avait d'autres soucis que d'acclimater la volaille; elle était sacrifiée à la disette. Les pigeons débarqués aux îles du Salut avaient été tirés par les officiers des vaisseaux, qui affectaient de les prendre pour des ramiers.

1. Lettre du 12 juillet. Un concessionnaire à Turgot. Coll. Mor. de Saint-Méry.

CHAPITRE IX

DÉPART DE TURGOT ET ARRESTATION DE CHANVALON

Les nouvelles du désastre de la Guyane arrivent en France. — Le départ de Turgot est résolu. — Des pouvoirs illimités lui sont accordés. — Dispositions de Turgot à l'égard de Chanvalon. — Instructions de Turgot. — Projets d'établissement sur la rivière d'Aprouague. — Nouveaux atermoiements du gouverneur. — Son départ. — Sa conduite à la Guyane. — Arrestation de l'intendant. — Retour de Turgot en France.

Le bruit des désastres de la Guyane s'était répandu en France. Les nouvelles qui arrivaient, sans laisser entrevoir toute l'étendue du mal, étaient assez tristes pour émouvoir l'opinion et la *Gazette de Hollande* les enregistrait avec fidélité [1].

Le gouvernement sentit la nécessité de prendre des mesures propres à enrayer le mal. Il donna enfin l'ordre aux commissaires d'embarquement de suspendre l'envoi des hommes jusqu'à l'arrivée de Turgot à Cayenne. Le gouverneur reçut de nouvelles instructions; il devait se

1. Voir les gazettes du 21 août 1764, du 18 septembre, du 6 novembre 1764; celles des 29 janvier, 12 février, 19 mars, 20 avril, 12 et 19 juillet, 10 septembre 1765, etc.

rendre à son poste pour « tout examiner par lui-même, vérifier l'exactitude des récits, la conduite des personnes, le degré de confiance dont elles paraissaient dignes, reconnaître enfin la nature et les causes du désordre, puis y apporter les remèdes provisoires qu'il jugerait les meilleurs ». Il reviendrait ensuite rendre compte de ce qu'il avait vu et se proposait de présenter un plan de colonisation plus fixe et mieux combiné. « Dans ce moment-ci, écrivait Turgot au ministre, il ne faut s'occuper que de l'armement de la frégate qui doit me transporter. Il ne saurait être fait trop promptement [1]. »

Turgot demandait des pouvoirs illimités, alléguant que dans les circonstances où il se trouvait d'avoir à rétablir un désordre qu'on représentait comme extrême et dont il avouait ne connaître ni l'étendue ni les causes, l'initiative la plus large devait lui être réservée; « d'autant plus qu'il ne pouvait donner aucune confiance à des chefs qui s'accusaient les uns les autres, dont l'un lui était entièrement suspect, dont les autres lui étaient inconnus ». Il proposait de remplacer Chanvalon par Morisse; mais croyait prudent de ne rien précipiter [2]. « Je dois en particulier, ajoutait-il, être autorisé à faire rendre compte à l'intendant des fonds des concessionnaires dont il s'est chargé; je crains beaucoup que ces fonds n'aient été employés dans un commerce dont les succès sont toujours incertains, et que l'intendant ne se trouve dans l'impossibilité de les rendre. »

Comme il était prouvé que l'établissement du Kourou

1. Lettre du gouverneur Turgot à Choiseul, du 9 juin 1764.
2. Lettre précitée du 9 juin.

n'était pas suffisant pour le nombre d'émigrants qui était déjà passé dans la colonie, une partie de ceux-ci devaient être établis sur la rivière d'Aprouague, qui était au vent de Cayenne. Cette rivière était navigable pour les plus gros bâtiments et paraissait présenter des avantages particuliers. Pour empêcher la dégradation des bois, aucun abatis ne devait être fait, hors ceux reconnus nécessaires. Une commission composée du gouverneur, des commandants particuliers, des ingénieurs, des « habitants les plus intelligents », devait fixer la position des villes, bourgs ou autres lieux d'habitations principales à établir dans chaque canton. Des plans figuratifs devaient être envoyés au duc de Choiseul, etc.

Les instructions primitivement remises à Turgot et à Chanvalon avaient été considérablement modifiées en bien des points. Le gouverneur devait considérer en première ligne, les moyens de subsistance, l'agriculture, les défrichements, la population, sauf à s'occuper ensuite de ce qui aurait rapport à la défense, à la commodité et au commerce de la colonie. « *Après avoir solidement établi les colons qui se trouvaient déjà à la Guyane,* Turgot devait s'assurer du nombre de ceux qu'il serait possible d'y envoyer, eu égard aux subsistances que la colonie était en état de fournir. Il visiterait lui-même les principales parties de la colonie et ferait ses observations sur la nature du sol, sur la situation et la profondeur des principales rivières, sonderait les courants, dresserait un relevé exact du gisement des côtes ainsi que de l'embouchure et de la position des principaux cours d'eau. » L'établissement des « ménageries » ne devait pas non plus être négligé pour l'acclimatation et la multiplication des bestiaux. Il n'était plus question de les expédier de la métropole. En conséquence il était utile d'ouvrir un commerce capable d'en fournir la colonie, soit avec les Espagnols, soit avec les Portugais de Para.

Le gouverneur devait faire tous ses efforts pour gagner à la nation française le cœur des Indiens, en attirer le plus possible dans nos établissements et favoriser les mariages des colons avec les filles des Indiens. Il devait éviter les conflits avec eux en cas de guerre et s'efforcer de les ramener à la paix par tous les moyens de conciliation qui étaient en son pouvoir.

Il demeurait formellement interdit aux employés et fonctionnaires de se livrer directement ou indirectement à aucune espèce de négoce.

D'autres articles des instructions réglaient les attributions du gouverneur concernant l'administration, les cours de justice, la police, les affaires ecclésiastiques, l'organisation militaire et le commerce de la colonie [1]. Arrivons aux dispositions qui visaient de Chanvalon et son personnel.

Turgot était chargé d'examiner la gestion de l'intendant; de visiter tous les registres, états des recettes et des dépenses, d'examiner la conduite des employés et même celle des officiers appelés à commander dans les différentes parties de la Guyane. Il était autorisé à suspendre les uns et les autres de leurs fonctions et, en cas de besoin, à pourvoir à leur remplacement.

1. La Guyane devait être divisée en un certain nombre de communautés ou paroisses — le gouverneur avait une entière liberté à ce sujet, — qui auraient chacune une administration municipale dont elles nommeraient les officiers. Provisoirement, le gouverneur nommerait un juge municipal chargé de la police. — Moreau de Saint-Méry.

Cependant, et bien que tout fût prêt pour son départ, le gouverneur n'y mettait point l'empressement qu'accusait son langage [1]. Il s'était promis d'attendre que l'épidémie s'apaisât. Les lettres qui lui arrivaient de Cayenne, non seulement lui faisaient peur, mais encore l'importunaient par leurs sombres peintures [2]; il avait invité Morisse à voiler l'horreur de ses récits et lancé plusieurs de ses correspondants qui réclamaient sa présence en termes trop pressants. Tel était le cas de M. du Rosel de Beaumanoir, qui écrivait à Turgot le 24 juillet : « Vous vous plaignez de n'avoir pas reçu de lettres de cette colonie ; nous jugeons bien que vous n'avez reçu de détail circonstancié qu'à la fin de mai ; il faudrait un volume pour tout cela, et il n'y a que votre présence qui puisse remédier à bien des choses. Je ne sais si je ne vous en dis pas trop, pour un particulier ; je suis d'autant plus réservé que vous m'avez blâmé sur une lettre que j'ai écrite à un ami indiscret où certainement je ne lui disais pas la moitié de ce que je pensais.... Je hasarde le départ de cette lettre et désire en même temps qu'elle vous trouve parti ; ce sont certainement les vœux de tout ce qui respire ici ; en mon particulier,

1. Il insistait en juin sur la nécessité de partir au plus vite, et il était encore à Paris au commencement de novembre.

2. « Je suis arrivé le 1er juin, lui écrivait M. Lair, un des officiers de la maréchaussée ; le 14, M. de Rigny est mort ; il ne me reste que huit cavaliers en état de faire le service ; tous les autres sont à l'hôpital ;... on a mis nos chevaux dans la savane publique, qui est couverte de bestiaux et où ils ne trouvent pas la moitié de leur subsistance ;... nous avons débarqué quelques barils d'avoine et d'orge qui se pourrissent étant exposés aux pluies continuelles faute de magasins.... M. Macaye me demande une brigade pour contenir les nègres dans le quartier de Régnier.... Il s'est répandu que vous ne viendriez pas, ce qui afflige tous les honnêtes gens ; on vous attend, monsieur, avec beaucoup d'impatience ;... votre menuisier Bouling est mort ; votre vacher est très mal ; votre charpentier, sa femme et ses enfants sont tous malades. »

je vous invite à achever le sacrifice. » — « Il ne reste à Kourou que cinquante personnes en bonne santé, lui écrivait de nouveau Lair, tout le monde y meurt et crève comme des mouches;... il y a soi-disant plus de 2 000 malades à Cayenne au 15 juillet[1]. »

La perspective d'être moissonné par la peste comme un simple moustique avait de quoi faire réfléchir les plus braves et le gouverneur n'était pas de ceux-là. Loin de communiquer au ministre les nouvelles qui lui parvenaient, Turgot feignait de n'en recevoir aucune; l'ignorance dans laquelle le laissait Chanvalon lui servait de prétexte pour ajourner son départ. De son côté, l'intendant, comme nous l'avons vu, avait longtemps espéré un retour de fortune et atténué dans ses dépêches au ministre la gravité du mal. Ce fut seulement pendant le courant du mois d'octobre que celui-ci en connut toute l'étendue de la bouche même des malheureux qui avaient échappé au désastre. Turgot reçut l'ordre de ne pas différer plus longtemps; il partit en novembre et arriva à Cayenne le 19 décembre.

La mer était houleuse; sa violence rendait difficiles les approches de la terre et le débarquement. Le gouverneur effrayé se mit à genoux, invoqua la Providence et fit un vœu pour obtenir un heureux trajet du navire au port : « ce fut le premier symptôme des accès de terreur de Turgot; il redoutait si fort la contagion qu'il ne put se décider à visiter le camp du Kourou qui en était considéré comme le foyer[2]. »

Le gouverneur était chargé de remettre une lettre du

1. M. Lair, officier de la maréchaussée, à Turgot. Lettre du 17 juillet.
2. Défense de Chanvalon. Archives des colonies, 30 ter. C. 14.

ministre à Chanvalon, lui annonçant son rappel et la mission qu'avait Turgot d'examiner sa conduite. Si l'intendant était reconnu innocent, il pouvait être autorisé à passer à la Martinique ; Turgot garda la lettre [1] et, sans en donner connaissance à son subordonné, le fit arrêter avec Nermant, de Rique et Vayret, ses secrétaires, enfermer dans une prison de Cayenne, garder à vue et tenir au secret (25 décembre). Puis il fit enlever leurs papiers sur lesquels les scellés furent apposés et s'occupa de vérifier les imputations relevées contre Chanvalon [2]. Pour acquérir un plus grand nombre de preuves, il employa des moyens dont l'illégalité n'était pas douteuse ; il fit annoncer dans la colonie par des affiches publiques et par un tambour, que les personnes qui auraient à se plaindre de l'intendant, pouvaient se présenter ; qu'il leur serait rendu justice, que de l'argent serait donné à ceux à qui il pouvait en être dû [3]. Les gens de l'entourage de Turgot tentèrent même de suborner quelques témoins ; Patrice, son médecin, offrit cent pistoles de gratification à Mahouy, ancien officier des brigades irlandaises, pour l'engager à déposer contre Chanvalon [4]. Durant les trois mois employés à exercer

1. Il objecta plus tard dans sa défense que ses instructions ne portaient point qu'il remettrait à l'intendant la lettre du ministre, et qu'attendu ses prévarications, il l'avait cru destitué de droit. — *Résumé de toute l'administration de M. Turgot avec l'avis du rapporteur et des commissaires.* (Dossier de la défense de Chanvalon. Arch. col.)

2. Compte rendu par M. de Vaudueil, en 1779, de l'affaire du sieur de Chanvalon. Archives coloniales.

3. *Idem.*

4. « Je soussigné déclare avoir connaissance de la proposition qui fut faite en ma présence à M. Mahouy, ancien officier des brigades irlandaises, par les gens de M. le chevalier Turgot dont M. Patris, son médecin, fut le proposant qui offrit cent pistoles de gratification au dit sieur de Mahouy pour déposer contre M. de Chanvalon.

« Fait à Paris, le 21 avril 1760.

Signé : « DE VILLEFORT. »

cette inquisition, l'intendant subissait une détention rigoureuse qui avait fini par altérer sa santé; « on fit murer quelques-unes de ses portes; on en arracha d'autres pour y substituer des guichets; ses fenêtres furent grillées; on le priva de la circulation de l'air, dans un pays où cette ressource est la seule pour se garantir des dangers d'une chaleur extrême [1] ». Il fallut l'intervention de Macaye, le nouvel intendant, et des chirurgiens du Roi, pour que le gouverneur se relâchât de ses sévérités [2].

Dans la lettre que Turgot [3] écrivit au ministre le 31 décembre 1764, il formulait contre Chanvalon cinq chefs d'accusation : 1° de s'être chargé des fonds des concessionnaires et de les avoir employés à « l'arrangement de ses propres affaires »; 2° de s'être emparé des successions vacantes et d'en avoir fait un emploi illicite; 3° d'avoir fait le commerce; 4° d'avoir introduit le désordre dans son administration; 5° d'avoir abusé de son autorité et de s'être livré, à l'égard des colons, à des vexations inutiles. Il citait des témoignages et des faits à l'appui. Au reçu de cette lettre, Choiseul donna de nouveau à Turgot l'ordre de rapatrier Chanvalon et de le faire passer à bord de la flûte la *Nourrice* avec sa famille [4]. Turgot, qui, une fois l'intendant arrêté, ne croyait plus

1. Défense de Chanvalon, p. 153.

2. « Nous, chirurgiens-majors, aides-majors des hôpitaux et province de Guyane, et chirurgiens-majors des vaisseaux du Roi, suivant les ordres que nous avons reçus de M. de Macaye faisant fonction d'intendant, de nous transporter chez M. de Chanvalon pour constater son état; après l'exposé que nous a fait M. d'Asile de sa maladie, et l'avoir vérifié nous-mêmes, lui avons trouvé une ébullition à toute l'habitude du corps, laquelle n'est produite que par défaut d'air de sa chambre. Signé : « Noyer, Bossé, d'Asile », etc.

3. Archives coloniales. Correspondance générale.

4. Lettre de Choiseul à de Chanvalon, 23 avril 1765.

avoir rien à faire à Cayenne, écrivait à Choiseul, le 12 janvier 1765, qu'il avait retenu la flûte la *Bricole* pour le repasser en France [1]. Il lui importait que Chanvalon n'arrivât pas avant lui et, malgré les ordres de Choiseul, ordonna de ne le faire embarquer que deux mois après son départ. Il excusait son prompt retour par l'état de délabrement de sa santé, la nécessité où il se trouvait de ramener un des principaux témoins, l'ordonnateur Morisse, et de « détruire la cabale que les amis de Chanvalon seraient tentés de lui susciter » [2].

Ainsi Turgot était arrivé à Cayenne le 19 décembre et moins d'un mois après, dès le 12 janvier, il annonçait à Choiseul son intention d'en repartir. Le ministre lui répondit aussitôt de rester à son poste pour y ramasser les débris de la colonie et réparer le mal, autant qu'il était en son pouvoir : « Ce n'aurait pas été la peine d'entreprendre le voyage que vous avez fait à la Guyane, s'il se bornait à faire arrêter Chanvalon et vous à revenir sur-le-champ avec lui [3] ». Mais la lettre ministérielle était à Rochefort quand le gouverneur y débarqua : c'est là qu'elle lui fut remise. Il avait quitté Cayenne le 5 avril 1765 emmenant avec lui l'ordonnateur Morisse. Il avait laissé à la tête de la colonie de Béhague, qui y était retourné en même temps que lui ; mais si dangereusement malade, qu'on craignait pour sa vie ; de Fiedmont était gouverneur en second et de Macaye procureur général du conseil supérieur chargé des fonctions d'intendant [4].

1. Lettres de Turgot au ministre, 8 et 12 janvier 1765.
2. *Résumé de toute l'administration de M. Turgot avec l'avis du rapporteur et des commissaires.* — Compte rendu de M. de Vaudueil, p. 5.
3. Choiseul à Turgot, 23 avril 1765.
4. Le chevalier Turgot et Morisse à Choiseul, 9 juin 1765.

Qu'avait fait Turgot, en dehors de l'arrestation de Chanvalon, pendant ses trois mois de séjour à Cayenne où, affirme Préfontaine, il n'avait pas osé sortir de sa chambre par crainte de la contagion? Il n'avait pas quitté la ville et n'était allé ni à Kourou ni dans aucun autre endroit de la Guyane [1]. Un grand nombre de malades distribués par Chanvalon sur les hauteurs de nos établissements furent, durant sa détention, privés de secours et de vivres. Les employés chargés des approvisionnements et de leur distribution, atteints par la disgrâce de leur chef et craignant les menaces du gouverneur, avaient déserté leurs postes et des centaines d'habitants mouraient de faim dans le haut de la rivière où ils étaient oubliés [2]. Du 25 décembre 1764, date de l'arrestation de Chanvalon, au 10 janvier 1765 où commencèrent les opérations du recensement, opération que conduisit de Balzac, aide de camp du gouverneur, la mortalité fut plus considérable que dans les six mois qui avaient précédé.

Chanvalon n'avait point laissé de registre ni de notes indiquant le nombre exact des colons venus de France, ni celui des cultivateurs établis tant aux îlots du Salut qu'au camp de Kourou et sur les concessions le long de la rivière. L'enquête de Balzac mentionne 918 survivants et 1 143 morts; ce qui porterait à 2 061 personnes le chiffre de la population débarquée à la nouvelle colonie. Le relevé de Balzac est incomplet. L'aide de camp du gouverneur s'était contenté pour évaluer le nombre des morts du témoignage des concessionnaires survi-

1. Compte rendu de Vaudueil, p. 26. Résumé de l'administration de Turgot. M. de Préfontaine à Turgot, 31 décembre 1764, 4 janvier 1765.
2. De Préfontaine à Turgot, 31 décembre 1764 et 4 janvier 1765.

vants; or, un grand nombre d'habitations avaient été désertées par leurs propriétaires.

Le précis publié par le ministère de la marine en 1842[1] évalue à 5 000 le nombre des colons transportés à Kourou. Chanvalon estimait à 9 000 individus des deux sexes le nombre des émigrants; le chiffre de Malouet[2] est beaucoup plus élevé et porte à 14 000 le nombre des personnes conduites à la Guyane. L'évaluation de l'intendant est celle qui se rapproche le plus de la vérité; les documents officiels nous ont permis d'en faire la preuve; le total des embarquements successifs donne 10 446 individus des deux sexes[3] expédiés du 16 mars 1763 au 1er juin 1764. Il restait encore à Saint-Jean-d'Angély et à Rochefort plus de 6 000 Allemands qui devaient partir à la fin de l'année 1764.

Tous les nouveaux venus qui, à Cayenne, avaient échappé au désastre, demandaient à grands cris à regagner l'Europe; Turgot accueillit leurs sollicitations; près de 3 000 d'entre eux, la plupart Allemands, furent réembarqués et ramenés à Saint-Jean-d'Angély où ils vinrent mettre le comble au désarroi qui régnait dans ce port; on a reproché à Turgot de n'avoir pas « retenu tout ou « partie de ces gens dont la robuste constitution avait « résisté à tant d'épreuves »[4] et qui, établis à Sinamary ou dans d'autres endroits salubres, auraient pu contribuer à peupler la colonie. Il faut convenir cependant que, après les déplorables événements dont ils avaient

1. *Archives coloniales*, in-8. Imprimerie royale.
2. *Mémoires et correspondances officielles sur l'administration des colonies.*
3. Voir le détail de ce total aux pièces justificatives.
4. Examen de la conduite de Turgot. Arch. col. Procès de Chanvalon.

failli être victimes, le gouverneur ne pouvait, sans inhumanité, leur refuser le passage. On pouvait, d'ailleurs, lui imputer des procédés beaucoup plus condamnables et contraires aux principes d'une saine administration, à la justice ou à ses instructions.

Avant de quitter la colonie il avait acheté l'habitation des Jésuites pour le compte du Roi et l'avait enrichie d'une centaine d'esclaves noirs. Puis, il avait distribué, sans raison et sans mesure, des gratifications aux fonctionnaires qui n'avaient d'autre titre que de lui être attachés; Morisse reçut 64 000 livres, Fiedmont et Macaye, 15 000 livres chacun; les appointements de Patris, son médecin, furent portés de 2 000 livres à 6 000; il donna des pensions à un chirurgien-major, à des officiers du conseil supérieur. Telle fut la prodigalité de ces dépenses, que le trésor des colonies ne put faire face à toutes les lettres de change tirées de Cayenne et fut obligé d'en suspendre le paiement [1]. Turgot avait reçu, avant de quitter Paris, cent mille livres d'appointements et cent mille livres de gratification; le gouverneur avait coûté à l'État plus de deux cent mille livres pour trois mois de séjour à Cayenne [2].

1. *Résumé de toute l'administration de Turgot avec l'avis du rapporteur et des commissaires*, p. 7 et 8. Arch. col.

2. *Id.*, p. 10. Citons encore une lettre de M. de Préfontaine au ministre en date du 5 avril 1765 : « Poursuivre M. de Chanvalon, l'injurier, le griller, le murer, miner Kourou, renverser l'ordre, en chasser à force de passeports plus de 1 200 hommes acclimatés;... accabler l'Etat de dépenses en gratifications accordées sans mesure et sans cause, emmener M. Morisse, établir M. Macaye sans lui donner la clef des affaires;... changer un cimetière, faire une nouvelle prison;... démembrer et dépecer enfin la charrue dont Votre Grandeur avait confié le soin à l'intendant; plus embourbée par les calamités d'Europe que par ses fautes et que M. Turgot aurait pu remettre en marche avec de la tête et quelques bestiaux; voilà, monseigneur, son histoire pendant trois mois de séjour sans sortir de sa chambre. »

CHAPITRE X

ÉPILOGUE

Enquête contre l'intendant. — Il est enfermé à la Bastille. — Lettres patentes de 1767 confisquant ses biens et le condamnant à la détention perpétuelle au Mont Saint-Michel. — Traitement infligé à Mme de Chanvalon. — Protestations en faveur de l'intendant émanées de la colonie. — Remontrances du parlement au Roi sur l'irrégularité des lettres patentes de 1767. — Examen de la conduite de Turgot. — La commission conclut à sa culpabilité, il est exilé. — Suite de l'affaire de Chanvalon. — Nouvel examen de sa cause en 1776. — Sa réhabilitation en 1781.

L'enquête contre l'intendant commencée à Cayenne avec tant d'irrégularités se poursuivit à Paris; Choiseul nomma une commission destinée à vérifier l'étendue de ses fautes ou de ses crimes. Les papiers saisis chez de Chanvalon et les mémoires du gouverneur furent déposés entre les mains du ministre. Un maître des requêtes du conseil d'État, Chardon [1], fut chargé d'examiner l'affaire et d'en rendre compte au Roi.

Choiseul ordonna une enquête contradictoire; il ne

1. Chardon, ancien lieutenant du Châtelet, avait été intendant à Sainte-Lucie; après la réunion du gouvernement de cette île à celui de la Martinique, il revint en France où il fut nommé maître des requêtes.

doutait pas que Turgot qui se portait accusateur, n'eût lui aussi, dans le désastre, une grande part de responsabilité; son retour précipité, les nouvelles qui arrivaient de la colonie racontant les mesures prises sous sa courte administration avaient éclairé le ministre [1]. De Chanvalon reçut communication des charges que le gouverneur faisait peser sur lui et, mis à portée de répondre aux mémoires de Turgot, il prépara sa défense.

Sur ces entrefaites, Choiseul fut appelé au département des affaires étrangères et donna la marine à son cousin le duc de Praslin. L'affaire de Chanvalon changea de tournure; absorbé par d'autres soucis, le Ministre des affaires étrangères cessa de s'en occuper; à une instruction paisible et secrète qui se faisait sous ses yeux et dans le silence de son cabinet, on substitua tout à coup une instruction plus rigoureuse et plus éclatante, sans recourir toutefois aux procédés ordinaires de la justice. Trop de lumière aurait, en effet, jeté la défaveur sur le Gouvernement et il lui importait de ne point aggraver l'émotion publique et de laisser le change à l'opinion en ne l'éclairant pas sur l'étendue et le véritable sens des responsabilités. Le duc de Praslin se laissa gagner par Turgot. De Chanvalon, ses secrétaires de Rique et Nermant, écrivains de la marine, furent, par ordre du Roi, enfermés à la Bastille. De Sartine, alors lieutenant de police, fut adjoint au maître des requêtes; mais

1. Choiseul lui avait fait reprocher son inaction et ses retards dans plusieurs lettres dont quelques-unes sont apostillées de sa main en termes énergiques. A Rochefort, Turgot avait passé des marchés sans ordre, avait fait tant de dépenses en tout genre que le ministre dut s'en plaindre vivement dans une de ses lettres; il lui reprochait encore de ne lui donner connaissance de ses achats que lorsqu'il fallait tout payer. (Lettre de Choiseul à Turgot, août 1764.) — *Résumé de l'administration de Turgot*, p. 2.

les exigences de sa charge l'empêchèrent d'assister aux formalités de l'instruction. Chardon, circonvenu par le gouverneur, traita l'intendant avec la dernière sévérité et s'écarta des règles de la stricte impartialité ou même de la simple bonne foi ; il refusa d'entendre les témoins que Chanvalon citait pour sa défense, et notamment de Préfontaine [1]. Seuls les témoignages recueillis à Cayenne par le gouverneur furent produits de nouveau et les témoins, menacés des peines du faux témoignage s'ils rétractaient leurs dépositions. L'intendant fut reconnu coupable sur les cinq chefs d'accusation formulés par Turgot, sans avoir été appelé à comparaître devant les magistrats chargés de l'enquête, sans avoir subi aucun interrogatoire.

Des lettres patentes, délibérées en conseil du Roi et datées du 13 septembre 1767, incriminaient Chanvalon de s'être associé, malgré la défense expresse formulée dans ses instructions, avec deux négociants : Laisné et Pascaud, pour faire le commerce, et d'avoir pris des intérêts dans les fournitures que ceux-ci faisaient pour le compte du Roi [2]. Il fut constaté en effet que l'intendant leur avait avancé des fonds qui, d'ailleurs, ne lui rapportèrent aucun profit et furent perdus. Quant à l'administration des magasins, nul registre, nul état n'indiquait la quantité de rations, d'ustensiles ou de hardes distribués à chaque colon. Il y avait eu là du désordre. Chanvalon avait objecté, au début de l'enquête, que des pièces existaient permettant de mettre ses comptes en ordre avec le temps et le travail néces-

1. Témoignage de Millet, greffier de Chardon. Compte rendu de M. de Vaudueil, p. 6.
2. *Idem*, p. 10 et suiv.

saires[1]; Turgot répondit que ces pièces avaient été mangées par les rats depuis leur transport de Kourou à Cayenne.

Les festins, les réjouissances qui avaient eu lieu au début de la colonisation, la construction d'un théâtre dans un moment où les émigrants qui arrivaient d'Europe coup sur coup manquaient d'abris, des abus d'autorité, des vexations, telles que l'interdiction de puiser à la source de Pariacabo[2], des malades privés de viande fraîche et des aliments nécessaires[3], etc., tous ces faits servirent à confondre l'intendant. Les lettres patentes ordonnèrent la confiscation de ses biens et de ceux de ses secrétaires. Leurs revenus mis en séquestre devaient servir à indemniser les créanciers et les victimes; une somme de 6 000 livres devait être prélevée pour fonder un service annuel et perpétuel en la principale église de Cayenne pour le repos des âmes des colons morts à la Guyane pendant les années 1763 et 1764, et une somme de 100 000 livres destinée à la fondation d'un hôpital.

A la suite de cette condamnation, Chanvalon fut transféré de la Bastille au Mont Saint-Michel; Nermant enfermé au château de Ham et de Rique au château d'If.

Bien que Mme de Chanvalon n'ait pu être impliquée dans l'affaire de son mari, elle fut cruellement traitée :

1. Deux gardes-magasins, MM. Pezard et Querdizieu, s'offraient à les rétablir.

2. « Le sieur de Chanvalon y a mis des sentinelles; les habitants ne pouvaient y puiser que par billets, tandis que la dame de Chanvalon y faisait faire sa lessive. » Déposition de Turgot.

3. Le directeur de l'hôpital écrivait à l'intendant dans des lettres jointes au procès qu'il ne restait pour l'hôpital que les extrémités des viandes ou des morceaux de bêtes mortes ou infectées. Rapport de Vaudueil, p. 30.

sa dot fut confisquée; elle fut enlevée et mise dans un couvent après avoir été séparée de ses enfants; l'un mourut, encore à la mamelle; l'autre périt à Sainte-Lucie où il avait été transporté. S'il faut en croire le document que nous avons sous les yeux[1], Chardon se fit lui-même l'exécuteur du jugement intervenu sur son rapport. Il se rendit chez Mme de Chanvalon, en robe de chambre, à minuit, à la tête d'officiers subalternes qui se saisirent de sa personne et, non content d'user de violence, « il insulta aux témoignages de douleur de l'aîné de ses enfants en le menaçant, s'il ne cessait ses pleurs et ses sanglots, de le faire mettre à Bicêtre ».

Tous les biens de Chanvalon et de ses secrétaires furent vendus à vil prix et, malgré les invitations faites par les lettres patentes et par des démarches particulières, il ne se présenta sur la quantité considérable des prétendues victimes de la cupidité de Chanvalon que quatre ou cinq réclamants dont deux furent déboutés de leur demande; « les autres ne durent leurs succès qu'au défaut de contradiction de la partie intéressée[2] ».

La disproportion entre le châtiment et les fautes de Chanvalon firent impression sur tous les esprits. Le doyen du conseil supérieur, M. Arthur, qui avait dû procéder, de concert avec le chevalier Turgot, à la vérifica-

1. Rapport de Vaudueil précité, p. 35.

2. Rapport précité, p. 37. La correspondance de l'intendant avec le bureau des colonies, prouva qu'il avait refusé tout d'abord de se charger de ces fonds, et qu'il avait cédé aux instances de M. Acaron. « Acceptez-les toujours, lui avait dit ce dernier, nous ne voulons les confier à personne d'autre que vous. » A la vérité, Chanvalon avait disposé provisoirement d'une partie des sommes qu'il avait encaissées; mais c'était à une époque où l'argent manquait à la colonie; il avait emprunté sur les fonds qu'il détenait, de quoi parer aux besoins les plus urgents et comptait sur l'argent qui lui viendrait de la métropole pour rembourser les concessionnaires; son seul tort était d'avoir eu confiance dans un avenir meilleur.

tion des faits reprochés à Chanvalon, avait écrit le 31 mars 1765 : « Tout cela se réduit à peu de chose; on ne saurait faire l'impossible. La plus grande faute, à mon avis, de cet intendant est de s'être chargé de l'exécution et peut-être d'avoir promis la réussite d'un projet que, avec son expérience de créole, il devait savoir être impraticable; la seconde, c'est de n'avoir pas amené avec lui des gens capables de le seconder. Il devait se rappeler qu'il était mortel et supposer au moins qu'il pouvait tomber malade. » — « Je vous ai mandé la catastrophe de Chanvalon, écrivait à la même époque un autre magistrat de la colonie, M. de la Rivière : elle fait sensation ici, ses ennemis triomphent et l'accablent. »

Pendant que Chanvalon, Nermant et de Rique ignoraient dans leurs prisons les lettres patentes qui prononçaient sur leur sort, le Parlement de Paris, alarmé des irrégularités du procès, députait vers le Roi dont l'autorité semblait méconnaître les principes et les formes les plus élémentaires de la justice; ses remontrances portaient que « le Roi, dans son conseil des dépêches, statue sur les abus de l'administration, mais qu'il n'y prononce jamais sur la propriété de ses sujets[1] ». Le Roi répondit qu'il n'avait pas entendu juger, qu'il n'avait fait procéder à aucune instruction

1. « Les lettres patentes annoncent trois crimes capitaux : la dissipation des fonds des concessionnaires, la déprédation des successions vacantes et la mort des colons; la nature de ces crimes en défère la connaissance aux tribunaux; le Roi dans son conseil des dépêches statue sur les abus de l'administration intérieure, mais il n'y prononce jamais sur l'honneur et la propriété de ses sujets; les lettres patentes attaquent l'honneur des sieurs Chanvalon, Nermant et de Rique par l'établissement de deux monuments éternels d'infamie pour eux et leur famille; elles attaquent leurs propriétés par la destination de 106 000 livres à ces deux établissements; qu'une procédure criminelle ayant été commencée à Cayenne, sa suppression produit un de ces

judiciaire; qu'en supprimant la procédure criminelle il s'était laissé guider par la clémence et n'avait eu d'autre intention que d'arrêter les suites ultérieures que cette procédure pouvait avoir pour les coupables. La vérité est que le gouvernement tenait à éviter un trop long débat et se hâtait d'en finir avec une affaire qui passionnait les esprits.

Une commission avait été nommée pour examiner la conduite de Turgot. Choiseul reconnut avoir mal placé sa confiance et investi un incapable d'une trop grande responsabilité. Dans le mémoire dont nous avons souvent parlé, qu'il remit au Roi à la fin de 1765, il s'accuse de son insuccès aux colonies et particulièrement à la Guyane. « J'ai fait dans cette partie ainsi que dans les autres, écrit-il, beaucoup de changements; mais ils ont presque tous mal réussi; je me suis trompé et sur les choses et sur les hommes : j'ai engagé Votre Majesté dans des dépenses considérables en pure perte.... J'ai voulu établir en Amérique un système d'Europe; j'ai fait choix de sujets pour gouverner qui m'ont jeté dans des écarts épouvantables. Les uns étaient intéressés, les autres despotiques, ignorants et déraisonnables. » Certains sont des fous, d'autres des fripons. « M. Turgot, ajoute-t-il, est fou et fripon en même temps. »

La commission chargée d'examiner la conduite du gouverneur concluait à ce qu'il fût regardé comme un criminel d'État[1]. « On lui confie une administration

deux effets, ou de dérober un coupable à la peine qu'exige la sûreté publique ou d'enlever à un innocent tous les moyens de justification qu'il peut espérer par la consommation de la procédure. » (Remontrances du Parlement au Roi. Affaire de Chanvalon. Rapport de Vaudueil, p. 36.)

1. Résumé de toute l'administration de Turgot avec l'avis du rapporteur et des commissaires, p. 13.

« immense, écrit le rapporteur, une administration de « premier ordre avec la plénitude de pouvoir la plus « grande. Votre Majesté le comble de tant de bienfaits « qu'il semblerait qu'elle eût voulu anticiper les récom- « penses qu'elle était persuadée que la sagesse du gou- « verneur lui mériterait un jour : et comment M. Turgot « y a-t-il répondu? Il est un temps considérable à s'em- « barquer; il passe à Rochefort des marchés d'approvi- « sionnements considérables sans permission, sans « besoin, et même contre les ordres qui lui ont été « donnés; arrivé dans la colonie, il écrit le quinzième « jour qu'il veut en partir et cette lettre est la seule « qu'il ait écrite pendant le court séjour qu'il a fait à « Cayenne, par laquelle il ait instruit le ministre d'un « coup d'autorité aussi grand que celui de la détention « d'un intendant; le ministre, inquiet de ce silence dont « Votre Majesté lui marquait chaque jour son étonne- « ment, se détermine à lui proposer d'y faire passer le « baron de Bessner, en qualité d'inspecteur; il écrit en « même temps au gouverneur, que ce n'était pas la « peine d'aller à Cayenne, pour ne faire qu'arrêter « M. de Chanvalon,... et qu'il compte le voir changer « d'avis sur le retour précipité qu'il lui annonce; les « lettres de M. le duc de Choiseul et le baron de Bessner « trouvent M. Turgot débarqué à Rochefort. Les trois « mois que ce gouverneur reste dans la colonie, il les « passe à Cayenne sans en sortir et sans remplir aucun « point de ses instructions; *son administration n'est « qu'un tissu d'irrégularités et d'impérities :* il prodigue « les fonds de Votre Majesté par une immensité de « dépenses défendues telles qu'avances, doublements de « soldes, gratifications, retraites, etc.; il renvoye en

« France les habitants qui avaient échappé à l'épidémie « et les seuls qui pussent relever la colonie. Enfin, il « les suit lui-même trois mois après son arrivée en « ramenant le Sr Morisse, en créant, sans en avoir le « droit, un intendant (M. de Macaye) à qui il donne des « gratifications et des appointements assez peu mesurés, « et les deux dernières opérations qui précèdent son « retour [1], sont deux acquisitions aussi dispendieuses « pour Votre Majesté qu'inutiles à l'État. »

« M. Turgot mérite certainement d'après cela une « peine, et *une peine considérable*; les commissaires ont « été unanimes sur ce point; mais ils ont été partagés « sur le genre de celle qu'il méritait. Si M. de Chanvalon « eût été jugé en justice réglée, comme probablement il « s'en serait suivi des peines corporelles ou du moins « afflictives, celle qui est imposée au Sr de Chanvalon, « serait celle que devrait subir aujourd'hui le chevalier « Turgot; mais Votre Majesté, n'ayant cru devoir con- « damner M. de Chanvalon, qu'à une détention au « Mont Saint-Michel, il semblerait que l'exil devrait « être la peine de la mauvaise administration de M. le « chevalier Turgot : tous les commissaires sont d'avis « de l'exil; mais quelques-uns — MM. de Viarmes, de « Boisne et le rapporteur — y ajouteraient une déten- « tion dans une citadelle pendant plusieurs mois, suivie « d'un exil, la détention dans une citadelle étant une « peine qui s'inflige d'ordinaire aux militaires [2]. »

Turgot dut au crédit dont jouissait son frère, alors intendant de la généralité de Limoges, plus tard ministre

1. L'achat de la colonie des Jésuites et de la cargaison de nègres qui était destinée à son exploitation.
2. Rapport du 30 mai 1768, précité.

de Louis XVI et déjà connu par ses travaux d'économie politique, de ne point subir le châtiment qu'il méritait. Une lettre de cachet lui enjoignit seulement de s'éloigner de vingt lieues de Paris et des lieux habités par le Roi (20 mai 1768).

Mais ce qu'il est pénible de constater, c'est la trop tardive réhabilitation de Chanvalon qui, malgré ses négligences, avait été plus malheureux que coupable. En 1770 il avait fait entendre au ministre d'instantes prières pour obtenir quelque adoucissement à sa captivité dans laquelle sa santé s'altérait de jour en jour au point de faire craindre pour sa vie. Il dut aux sollicitations d'un de ses serviteurs dévoués, Majoret, son valet de chambre, la permission de sortir de la prison où il était enfermé depuis trois ans; en 1771 il obtint l'autorisation de se promener dans un rayon de quatre lieues. A la fin de 1773, de Boynes, qui avait été un des commissaires du procès et qui était alors ministre, étendit cette liberté jusqu'à vingt-cinq lieues. Quand Turgot, le frère du gouverneur, eut le département de la marine, Chanvalon lui demanda l'autorisation de venir à Paris; Turgot la lui refusa et lui répondit qu'il ne pouvait demander pour lui cette grâce au Roi; mais qu'il lui accorderait les mêmes que son prédécesseur. Ce fut seulement sous le ministère de Sartine que l'ancien intendant obtint la liberté nécessaire pour établir sa justification d'une manière complète. Il présenta en 1775 une requête dans laquelle il réclamait contre l'irrégularité des lettres patentes de 1767 et demandait à être renvoyé à Cayenne devant ses juges naturels.

Chardon avait cessé d'être rapporteur des affaires qui étaient la suite de l'expédition du Kourou et des lettres patentes de 1766, il avait depuis lors été nommé intendant en Corse; la requête de Chanvalon tendait à combattre et à faire annuler une instruction et un jugement qui étaient son ouvrage, aussi accepta-t-il avec empressement la commission qui lui fut de nouveau donnée d'en faire l'examen et le rapport. Il se chargea conjointement des requêtes de Nermant et de Rique par lesquelles ils demandaient la révocation des lettres patentes, en ce qui les concernait, et la main-levée du séquestre de leurs biens.

Ces requêtes furent communiquées à une commission du Conseil d'État composée de quatre conseillers et, sur le rapport qui en fut fait au Conseil des Dépêches par Chardon, un arrêt intervint le 7 août 1776 qui déboutait Chanvalon, Nermant et de Rique de leurs demandes.

Ce nouveau revers accrut les chagrins de l'ex-intendant qui n'en fut point abattu. Il prétendit que les magistrats et le conseil du Roi avaient été abusés, que des pièces justificatives qui depuis étaient tombées entre ses mains ne leur avaient point été produites et qu'elles avaient été soustraites par Chardon pour le priver des moyens d'établir sa justification.

De Sartine, ému, à juste titre, d'une circonstance aussi grave qui permettait d'élever des soupçons sur la fidélité du rapporteur, permit à Chanvalon de se rendre à Paris. Une nouvelle commission fut nommée, composée de Taboureau, Le Noir et de Vaudueil; elle reconnut la véracité des allégations de l'ancien intendant. « Nous avons demandé au Sr de Chanvalon, écrit de Vaudueil, comment les pièces soustraites étaient tombées entre ses mains; il n'a pas cru devoir nous en instruire; il nous a présenté pour excuse de sa réserve et de son silence les lois impérieuses de l'honneur et de la reconnaissance. Nous n'avons eu, en conséquence, aucune preuve que M. Chardon les eût soustraites ni qu'il eût eu aucun motif pour se livrer à une prévarication aussi criminelle.... Enfin, nous les avons cru de nature à pouvoir servir à la justification du Sr de Chanvalon [1]. »

Ce dernier ne fut pas renvoyé devant ses juges naturels comme il l'avait demandé. Le rapport de Vaudueil concluait à l'irrégularité et à l'injustice des lettres patentes de 1767, en demandait de nouvelles qui les révoquassent et rétablissent Chanvalon dans ses biens et son honneur. Le roi Louis XVI fit droit à cette requête : une décision prise en son conseil le 28 août 1781 annula les lettres patentes de Louis XV, accorda à l'ancien intendant de la Guyanne 10 000 livres de pension, 100 000 livres d'indemnité; à Mme de Chanvalon 3 000 livres de pension et 14 000 livres d'indemnité.

Les collaborateurs de Chanvalon ne furent pas oubliés. De Rique eut une indemnité de 10 000 livres et une gratification annuelle de 2 000 livres; Nermant eut 2 000 livres de gratification annuelle en attendant un emploi de commis des ports et arsenaux [2].

1. Compte rendu par M. de Vaudueil en 1779 de l'affaire du sieur de Chanvalon, p. 39 du manuscrit de 1781.

« Il nous paraît résulter du détail dans lequel nous sommes entrés, sur les imputations faites au sieur de Chanvalon, sur l'instruction faite soit à Cayenne, soit à la Bastille sur les lettres patentes de 1767, sur les moyens de justification qu'il a employés depuis qu'il a pu se faire entendre, que le sieur de Chanvalon a été injustement attaqué, que c'est par l'effet de surprises multipliées que le feu roi a prononcé contre lui des condamnations infamantes, qu'il l'a dépouillé de ses biens, qu'il l'a privé de sa liberté et qu'il l'a réduit à l'état d'humiliation, d'infortune et d'infirmité dans lequel il languit depuis 1767. » (Rapport de Vaudueil, p. 43.)

2. Arch. col.

Tel est l'épilogue de la malheureuse expédition du Kourou. L'abbé Raynal[1], Malouet[2], très sévères pour les auteurs du projet ,les fonctionnaires chargés de le mettre à exécution, Acaron et les bureaux des colonies, se sont montrés en général assez indulgents pour le ministre. « Les opérations étaient dirigées par un ministre actif, écrit Raynal, en politique sage, qui ne sacrifie pas la sûreté aux richesses, il ne se proposait que d'élever un boulevard pour défendre les possessions françaises.... On s'égara, parce qu'on crut que des Européens soutiendraient sous la zone torride les fatigues qu'exige le défrichement des terres; que des hommes qui ne s'expatriaient que dans l'espérance d'un meilleur sort, s'accoutumeraient à la subsistance précaire d'une vie sauvage, dans un climat moins sain que celui qu'ils quittaient. Ce mauvais système où le gouvernement se laissa entraîner par des hommes audacieux que leur présomption égarait, ou qui sacrifiaient la fortune publique à leurs intérêts particuliers, fut aussi follement exécuté qu'il avait été légèrement adopté. » Cependant, en suivant le plan de Préfontaine qui voulait seulement établir à Kourou une centaine de familles avec un nombre suffisant de travailleurs noirs, le succès, dit Malouet, eût été assuré. Le travail des blancs tel que le voulait le ministère de la marine est impossible à la Guyane. Les vrais coupables n'étaient donc pas ceux qui comme de Préfontaine avaient conçu une entreprise modeste; c'étaient les *théoriciens* des bureaux, c'était l'administration tout entière, ignorante et imprévoyante,

1. T. III, p. 348. *Histoire philosophique des deux Indes*, édition in-8, 1780.
2. *Mémoires*.

qui n'avait pas su que le travail colonial exige de longs et patients efforts et que la tâche de l'Européen, dans les colonies des tropiques, consiste dans la direction générale, la surveillance, bien plus que dans le labeur physique.

Quelques débris de l'expédition restèrent en Guyane; Préfontaine, d'Haugwitz créèrent des plantations qui existaient encore vingt années plus tard. Le troupeau de quinze cents bêtes à cornes qu'on avait amené en 1763 se multiplia dans les savanes et comptait six ou sept mille têtes en 1770 [1].

Une vingtaine de paysans, presque tous Alsaciens, refusèrent de quitter le Kourou; c'est grâce à eux que ce bourg a subsisté [2].

1. La générosité de Louis XVI s'étendit aux enfants de l'intendant atteints par la disgrâce de leur père; l'un d'eux, commissaire des ports et arsenaux, eut une gratification annuelle de 800 livres. Un autre qui était abbé eut le même traitement. Il n'est pas jusqu'au valet de chambre de M. de Chanvalon, le bon Majoret, qui n'ait bénéficié de cette rentrée en grâce. Il fut récompensé de son dévouement par une gratification de quelques milliers de livres.

2. A la suite du désastre de Kourou, M. Acaron quitta le ministère de la marine, où il fut remplacé par Dubuc de Sainte-Preuve. Le Roi lui accorda une retraite de 12 000 livres. (Archives coloniales. Personnel.) Voir aussi la *Gazette de Hollande* du 2 novembre 1764.

CHAPITRE XI

LE COMTE DE MAUDAVE A MADAGASCAR

Difficultés de la colonisation à Madagascar. — Mission de Le Gentil. — Le comte de Maudave propose au ministre de la marine de faire la conquête de Madagascar. — Ses propositions sont acceptées. — Bernardin de Saint-Pierre lui est adjoint comme ingénieur. — Dian Mananzac se place sous la protection de Maudave. — Maudave veut suivre à Madagascar la politique de Dupleix. Il obtient de Dian Mananzac la concession d'un territoire aux environs de Fort-Dauphin. — Il cherche à tirer parti des ressources du pays. — Il fait construire des cases. — Une maison coûte 6 livres de poudre. — Le ministre de la marine n'envoie ni hommes ni argent. — Projets militaires de Maudave. — Silence des bureaux de la marine. — Jalousie de l'île de France. — L'intendant de l'île de France rappelle le détachement confié à Maudave. — Maudave obligé de renoncer à ses projets rentre à l'île de France.

Le ministre de la marine était encore tout préoccupé des événements d'Amérique, quand son attention fut attirée sur les droits que la France avait à Madagascar. Cette île offrait peu de ressources soit à la colonisation, soit même aux entreprises du commerce. Les mauvaises conditions du climat et du sol, surtout dans la partie septentrionale, les obstacles provenant de populations guerrières, pauvres, rebelles au contact de l'étranger, à peine policées et n'éprouvant aucun des besoins de la civilisation éloignaient de Madagascar les entreprises européennes et nous avaient empêché d'y fonder des établissements durables. L'aventurier Lacase, qui avait épousé une princesse malgache, avait essayé d'asseoir son autorité sur cette peuplade, rêvant la conquête de l'île entière; mais c'était là une œuvre politique bien plus qu'économique pour laquelle il fallait beaucoup de temps, de patience, de persévérance et d'argent, œuvre qui paraissait à la fois peu avantageuse et trop difficile pour que le gouvernement s'y employât avec résolution. Toutefois l'occupation de certains points de la côte où pourraient au besoin se réfugier nos escadres n'était pas sans importance, sur la grande route des Indes. Il y avait là pour nous un intérêt de défense qui dominait les autres objections et le bureau des colonies s'en préoccupa. D'ailleurs quelques factoreries, convenablement installées et où flotterait le pavillon royal, seraient un acheminement vers des relations générales et régulières avec les tribus de l'intérieur.

Le Gentil, lors d'un voyage astronomique qu'il avait fait par ordre du Roi dans la mer des Indes de 1761 à 1767, avait reçu la mission d'explorer les principaux endroits où nous avions eu des établissements et de rechercher des avantages que nous pourrions retirer d'une reprise de possession. Parmi les postes visités par Le Gentil : l'île Sainte-Marie, Foulpointe, les Matatanes et Fort-Dauphin, ce dernier avait surtout attiré son attention. L'extrémité méridionale de l'île ne laissait rien à désirer pour la salubrité; Fort-Dauphin avec ses environs bien arrosés et très fertiles, ses immenses forêts, sa baie fort poissonneuse lui faisaient regretter nos insuccès à Madagascar et il en rejetait la cause sur la

A
B

politique maladroite de nos agents à l'égard des peuplades voisines. Quelques établissements subsistaient à Fort-Dauphin dont le chevalier de Valgny avait le commandement et où se faisaient la traite des noirs et un trafic assez considérable de bœufs et de cuirs, quand le comte de Maudave proposa au duc de Praslin de faire de nouvelles tentatives en vue d'une invasion pacifique et progressive.

Maudave, qui avait fait la campagne de l'Inde sous Lally, avec le grade de colonel, était un homme entreprenant; un des plus riches propriétaires de l'île de France, il avait fait à ses frais plusieurs voyages d'exploration à Madagascar. Il se rendit à Paris en 1767 et trouva le ministre et les bureaux de la marine tout absorbés dans leurs projets. Il fut reçu par Dubuc, premier commis. Le gouvernement venait de reprendre à la compagnie des Indes les îles de France et de Bourbon et songeait à améliorer ces possessions en y introduisant l'administration royale : « Les îles de France et de Bourbon séparées de Madagascar, écrivait Maudave à Dubuc [1], ne sont qu'une occasion de dépense pour le gouvernement sans aucune utilité réelle pour le commerce. En isolant ces deux îles, il est impossible de les conserver. Madagascar seule possède des ressources suffisantes pour parer à toutes les nécessités, soit de l'entretien en temps de paix, soit de la défense en temps de guerre. La possession des îles de France et de Bourbon doit se borner à la commodité d'un entrepôt pendant la guerre, sans que le commerce et la navigation du royaume y gagnent rien; mais en joignant à

1. Dubuc avait succédé à Acaron au bureau des colonies. Il était venu à Paris comme député de la Martinique et s'était fait apprécier du ministre de la marine.

cette utilité qui, à la vérité, n'est pas à mépriser, les conséquences d'un établissement à Madagascar, on augmente la sûreté de l'entrepôt et du point d'appui et l'on se procure, du même coup, une extension de commerce qui ne peut être trop appréciée. Je prie M. Dubuc de remarquer que jamais entreprise ne coûta moins à tenter; il n'est besoin ni de moyens, ni de fonds extraordinaires; tout doit s'exécuter de l'île de France; il est absolument indifférent de payer deux ou trois cents hommes dans cette colonie ou à Madagascar. Je propose donc que le ministre écrive à M. Dumas et à M. Poivre qu'il a jugé nécessaire d'étayer les colonies de l'île de France et de Bourbon d'un établissement à Madagascar. » Maudave se proposait enfin comme gouverneur et commandant de tous les établissements à former sous l'autorité du gouverneur de l'île de France [1]. « Je suis persuadé, disait-il, que l'ordre du service et l'intérêt de l'affaire exigent cette subordination à laquelle je me soumets de bon cœur, et sans la moindre répugnance. » « Le succès de ce projet, écrivait-il encore au duc de Praslin, illustrera votre ministère, réparera nos pertes, assurera notre commerce des Indes, et nous mettra en situation de prendre un jour la revanche la plus terrible et la plus complète de nos ennemis. »

1. « Je crois qu'il est inutile de m'appesantir sur la demande d'être chargé de la conduite de cette opération. Le projet est de moi, je m'offre à l'exécuter, j'en ai combiné tous les rapports et fait une étude particulière de toutes les relations dont il est susceptible; qu'on ajoute à cela un zèle actif, vigilant, une bonne volonté sans bornes, un grand amour du bien public sans aucun mélange de passions basses et sordides et l'on trouvera, sans doute, que j'ai quelque droit d'espérer que le choix de M. le duc de Praslin tombera sur moi; je me flatte même, dans le secret de mon cœur, que M. Dubuc m'en juge digne, et ce sentiment me cause la joie la plus douce et la plus pure. » Maudave. Lettre à Dubuc précitée.

Les propositions de Maudave furent agréées et il partit au commencement de l'année 1678 à bord de la flûte la *Garonne* avec le titre de commandant pour le Roi dans l'île de Madagascar. Bernardin de Saint-Pierre, le futur auteur des *Études de la nature*, qui venait de promener à travers l'Europe ses talents et l'inquiétude d'un homme qui n'avait pas encore trouvé sa voie, lui fut adjoint comme ingénieur [1]. Les administrateurs de l'île de France devaient fournir à Maudave les quelques troupes dont il aurait besoin et le duc de Praslin lui expédier des marchandises de traite, des colons et de l'argent.

Il se rendit tout d'abord à l'île de France, où il débarqua le 14 juillet après cent trente-quatre jours de traversée; il s'entendit avec Dumas qui approuva ses desseins, lui promit son concours, et lui fournit un détachement de cinquante hommes; puis il se rembarqua pour Fort-Dauphin où il toucha le 5 septembre 1768; il avait été abandonné de Bernardin de Saint-Pierre, avec qui il s'était brouillé durant le voyage et qui avait demandé et obtenu de rester à l'île de France.

Maudave conféra à Fort-Dauphin [2] avec le chevalier de Valgny, fit ensuite le tour du Fort et de la presqu'île où il est situé, puis se disposait à revenir à bord, quand un chef de la pointe d'Itapere vint le trouver avec une cinquantaine de nègres armés de fusils et de sagaies [3]. Ce chef,

1. Bernardin de Saint-Pierre, *Voyage à l'île de France*. Paris, Merlin, 1773, 2 vol. in-8.

2. Le Fort-Dauphin fut ainsi appelé par Pronis qui s'y établit en 1643; ce lieu s'appelait auparavant « Tholongareu ».

3. Arch. col. Journal de Maudave, 5 septembre 1768. Des extraits de ce journal ont été cités par M. Pouget de Saint-André dans son travail : *la Colonisation de Madagascar sous Louis XV*. Paris, Challamel, 1886. Outre les documents des colonies, nous avons consulté

qui s'appelait Dian Mananzac, était animé d'excellentes intentions et une alliance fut aussitôt conclue entre lui et Maudave, à la manière du pays. Après avoir fait présent de trois bœufs au nouveau commandant du Roi, Dian Mananzac entra dans le fort. « Il m'a proposé, raconte Maudave, de faire conjointement avec lui un serment pour nous assurer l'un de l'autre. Cette auguste cérémonie a été exécutée au milieu de l'esplanade du fort. On a mis à terre une grande tasse pleine d'eau-de-vie, de poudre à canon, de pierres et de balles de fusils. Le chef entouré de tous ses noirs, leurs armes à la main, était vis-à-vis de moi que les Français du fort environnaient. Il a trempé le bout de sa sagaie dans la tasse où j'ai mis en même temps la pointe de mon épée; il s'est tenu dans cette noble attitude pendant qu'il prononçait son serment; lequel serment porte en substance qu'il jurait de ne me faire aucun tort ni à ceux qui viendraient traiter à Fort-Dauphin : de m'aider dans tout ce que je demanderais, etc. J'ai dit à peu près les mêmes choses; alors il a pris la tasse, en a bu à sept différentes reprises la meilleure partie et m'a généreusement abandonné le reste, que j'ai bu ou fait semblant de boire en observant les mêmes interstices. Les balles et les pierres à fusils ont fait une partie du casuel du noir qui nous servait d'interprète [1]. »

C'était là un début encourageant et de bon augure pour la suite de l'entreprise. Maudave voulait appliquer dans la grande île africaine le système de Dupleix :

cet ouvrage avec profit et nous y renvoyons le lecteur pour plus de détails; M. de Saint-André y a reproduit en outre les passages les plus intéressants de la correspondance personnelle du comte, qui est en sa possession.

1. Maudave, *Journal*, 5 septembre.

traiter les peuplades de Madagascar non en vaincues mais en alliées, associer à ses vues les princes malgaches, leur emprunter les ouvriers nécessaires à ses travaux. Il projetait tout d'abord de fonder six ou sept établissements échelonnés sur la côte orientale; puis de choisir parmi les Rohandrians — nom générique sous lequel on désigne les roitelets indigènes, — le plus intelligent et le plus ambitieux et de l'aider à étendre son autorité. Il lui importait, dès le début, d'assurer le logement et la subsistance de la colonie et d'établir les premières cultures; le territoire de Fort-Dauphin était à cet égard le moins dépourvu de ressources. Dian Mananzac lui promit, moyennant quelques subsides, le concours de ses ouvriers noirs, appelés marmites. « Un noir madécasse, écrit Maudave, travaille trois mois pour un fusil de traite — et quel fusil! un fusil qui ne fait pas beaucoup de mal, excepté quelquefois à celui qui s'en sert, — ou pour six bambous de poudre, ce qui ne revient pas à 12 livres; c'est-à-dire qu'obligé de se nourrir, il gagne environ 12 livres en trois mois[1]. » Maudave se trouva ainsi en mesure de réédifier à peu de frais nos anciennes constructions : « Un établissement à Fort-Dauphin, écrivait-il, est absolument nécessaire; nous devons avoir à notre dévotion un chef accrédité, assez puissant pour nous fournir des esclaves qui subviendront aux travaux les plus pénibles et les plus

1. Maudave, *Journal*. « Ce calcul montre, ajoutait-il, qu'un habitant auquel le Roi ferait une avance d'environ 30 livres en effets par chaque mois serait en état d'entretenir au moins 6 marmites avec lesquels il mettrait sa concession en valeur, car il faut remarquer que, vu la nature du pays, la facilité du labourage et d'autres circonstances locales, on fera ici avec 6 noirs ce qu'on ne saurait faire à l'île de France avec 60. » Archives coloniales.

pressants. La partie de Madagascar où est situé le Fort-Dauphin est très peuplée, l'assiette des villages ordinairement bien choisie; ils sont pour la plupart sur des éminences et entourés de palissades. On peut juger de l'importance et du train que mènent les rois madécasses ou rohandrians par leur demeure (le Donac), qui consiste en trois ou quatre méchantes baraques couvertes de feuillages. Les nègres de cette partie de l'île sont tellement paresseux qu'ils ne tirent pas la centième partie de ce que leurs terres pourraient produire et que, dans le pays du monde le plus fertile, ils sont exposés à de grandes famines. Ils ont des troupeaux en quantité, les pâturages sont excellents et les bestiaux y multiplient presque sans soins. Indépendamment des mines d'or et d'argent qui se trouvent dans l'île, les nègres qui habitent du côté du nord ont une grande quantité de pièces d'or que l'on croit leur avoir été apportées par les forbans. L'établissement à Fort-Dauphin est également avantageux, soit qu'on le considère du côté de sa salubrité et de l'utilité qu'on doit retirer du territoire, soit qu'on le considère du côté de la sûreté que nous devons chercher contre les ennemis étrangers, car pour les naturels, nous n'avons rien à en craindre. » Maudave envoya quelques-uns de ses officiers en ambassade auprès des rois environnants, pour s'assurer de leurs bonnes dispositions, cultiver leur amitié et leur promettre la protection de la France et la paisible jouissance de leurs biens; puis il s'entendit avec Dian Mananzac pour assigner aux Français une large concession qui fut payée avec de petits présents. « Ce territoire qui a neuf à dix lieues de superficie, écrivait-il au duc de Praslin, est d'une très bonne qualité, bien arrosé

d'eau de source, garni de beaux bois, bordé de deux grandes rivières navigables dans la majeure partie de leur cours et situées au nord et au sud. Il coûte au Roi un habit rouge galonné en argent faux, un grand chapeau brodé et le reste de l'accoutrement dont le chef du pays a été gratifié. La cession a été faite avec beaucoup de solennité. »

Les principicules des régions environnantes, « voyant au commandant du Roi un air d'établissement, le respectèrent et le recherchèrent »; voisins et rivaux de Dian Mananzac, Maimbou, Ramasoulouc, Ratsimiré envoyèrent à l'envi, au comte de Maudave, des bœufs et des présents. L'un d'eux lui proposa de se lier à lui par un serment d'union et de fraternité. « Il a demandé un rasoir, écrit Maudave [1]; lorsque j'ai voulu en savoir l'usage, il m'a fait dire que c'était pour se faire une incision et en tirer de son sang que je boirais, et que je lui rendrais politesse pour politesse. Je l'ai prié de m'éviter cette formalité, en lui disant que les chefs français ne s'abreuvaient jamais que du sang de leurs ennemis. » — « J'ai couru aujourd'hui (le 8 octobre) un grand danger. Dian Mananzac est venu dîner avec moi : il s'est mis de bonne humeur à l'aide d'un peu de vin et d'eau-de-vie. Il m'a déclaré qu'il était trop mon ami pour ne pas partager son bien avec moi, et qu'ainsi il allait m'envoyer sa femme. Il m'a tenu parole, et j'ai eu d'autant plus de peine à m'en dépétrer qu'elle est vieille et laide et que ce changement ne lui déplaisait pas. Enfin je lui ai fait entendre raison et je l'ai renvoyée. Ces peuples ont cet usage bizarre, qui est d'autant moins prêt à finir, que

1. Maudave, *Journal*, 16 septembre. Arch. col.

les étrangers acceptent souvent leurs offres. Il n'y a point de nation sur la terre où les femmes et les filles soient de meilleure composition [1]. »

L'étang d'Amboure formé par la rivière de Fanshere se trouvait dans la concession qui nous était cédée. « Avec quelques travaux, écrit le commandant du Roi, on ferait de cet étang le plus beau port de l'univers. Il a une lieue de diamètre, et jamais moins de dix à quinze pieds de profondeur dans la partie qui avoisine la mer. Un des avantages de cet étang, c'est que la rivière de Fanshere, qui s'y perd, est flottable 15 ou 18 lieues au-dessus.... Les côtes de l'étang sont bordées de rochers de granit ou de marbre. Nous pourrions nous en servir pour construire toute une ville. La forêt qui borde l'étang, dans l'espace de deux lieues, que j'ai parcourue, ne manque pas non plus de grands arbres. Ainsi rien ne nous empêchera de construire des bâtiments dans l'étang d'Amboure, lorsque son entrée conduira librement à la mer [2]. »

Maudave chercha à tirer parti des ressources que lui offrait le pays et demanda à l'île de France des ouvriers de marine et tous les agrès pour un vaisseau de cent quatre-vingts hommes qu'il voulait faire construire sur la plage de l'anse Dauphine. Son but était d'assurer tout d'abord un service régulier de transports entre l'île de France et Madagascar, de faire monter le navire par des nègres pour leur apprendre la navigation. Il enrôla également de jeunes Malgaches dans sa petite troupe, se réservant d'étendre ce système pour faire jouer aux noirs madécasses le rôle que les cipayes jouent dans les

1. Maudave, *Journal*, 8 octobre.
2. Maudave, *Journal*, 13 octobre.

Indes. Quand mes moyens s'augmenteront, écrivait Maudave, « je ferai, à deux cents lieues du Fort-Dauphin, tout ce que je pourrais faire sous la portée du canon de la place lorsque nous serons établis d'une manière irrévocable dans ce petit poste.... Le port de Fanshere sera si avantageusement situé qu'on ne pourra pas l'attaquer par son embouchure et qu'il ne sera accessible que par ses flancs, savoir : par l'anse Dauphine, qui en est à trois lieues et qui peut se défendre de manière à triompher de tous les efforts des ennemis et par la baie Saint-Augustin, ce qui est une hypothèse extravagante, car elle est éloignée de la rivière Fanshere de plus de quatre-vingts lieues; le pays est coupé de rivières et de déserts, et il est impossible de traîner dans un si long espace et sous un ciel brûlant l'attirail nécessaire à un siège. »

Une fois établie à Fort-Dauphin et à Fanshere, notre colonie rayonnait jusqu'à Manatinghe, au confluent des rivières de Manampani et de Manamboule; indépendamment de la fertilité de ces vallées, il s'y trouvait suivant le témoignage de Flacourt des mines de fer importantes et c'était aux environs de Manatinghe que se forgeaient les plus belles sagaies. « La communication de Fort-Dauphin avec ce poste se fera aisément par les terres et plus aisément encore par la mer au moyen de quelques doubles chaloupes [1]. Ainsi notre premier établissement embrassera trente ou trente-cinq lieues de pays, la colonie de Fanshere ou d'Amboure n'étant qu'à trois lieues de Fort-Dauphin et celle de Manatinghe pouvant avoir une communication continuelle, nos cultivateurs seront en sûreté dans ces divers établissements. »

1. Maudave, *Journal*, 7 novembre.

« Aux trois établissements du Fort-Dauphin, de l'étang d'Amboure et de Manatinghe, on en pourra faire succéder trois autres, l'un dans l'intérieur des terres, au centre de l'île à peu près, dans la contrée d'Alfissach — pays où la vigne croît naturellement, — et les deux autres sur les bords de la mer.... Six cents hommes de troupes suffiraient à la sûreté de tous ces établissements; mais à l'infanterie il serait nécessaire de joindre un nombre suffisant de dragons bien montés. Indépendamment de leur utilité pour la célérité et la sûreté du service, ils seraient l'objet de la terreur et de l'admiration de nos Madécasses. »

Grâce aux ouvriers de Dian Mananzac, le territoire de Fort-Dauphin se couvrait de cases destinées aux colons que Maudave attendait; quelques-uns même des nouveaux venus de l'île de France commençaient à s'établir et achetaient une « belle maison pour six livres de poudre [1] ». Le comte encourageait les mariages de ses soldats avec de jeunes Malgaches : « Nos soldats épousent sans difficulté les filles des rois du pays », écrit-il le 11 novembre. Une étendue de terre assez considérable avait été plantée de vignes et le gouverneur n'attendait plus que les futurs habitants et les objets de traite que le gouvernement avait promis de lui expédier. Mais le ministre de la marine avait appris la mort d'un des lieutenants de Maudave et de plusieurs hommes de l'expédition qu'il commandait. La Marche, l'un des officiers de la petite troupe, avait en effet exploré le pays, avec une vingtaine de soldats, dans le nord de Fort-Dauphin et était remonté jusqu'aux environs de Tananarive.

1. Maudave, *Journal*, 15 novembre.

Malheureusement, les fatigues du voyage, l'imprudence des explorateurs avaient été fatales à la plupart d'entre eux; atteints de la fièvre, ils durent revenir en litière à Fort-Dauphin où la contagion se propagea. Choiseul, encore sous le coup du désastre de Kourou, s'effraya des nouvelles cependant peu alarmantes qui lui arrivaient du nouvel établissement. Maudave écrivit au duc de Praslin que quelques excès étaient seuls la cause du mal dont souffraient ses auxiliaires, que ceux qui avaient consenti à se donner les soins nécessaires avaient bientôt été hors de danger. Ses réclamations furent peu écoutées et le duc de Praslin, tout en félicitant le gouverneur de son énergie et de son zèle, ne lui envoya ni hommes ni argent. « L'excessive fréquentation des blancs et des négresses, écrivait Maudave au ministre de la marine, est un fléau bien plus destructeur pour les premiers que le climat même », et il annonçait l'établissement d'un hôpital pour soigner les malades. La maladie que Rabelais conseillait de guérir par les sudorifiques et le rire poussé jusqu'aux larmes est en effet fort commune à Madagascar, et c'est aujourd'hui une des causes principales d'abâtardissement et de décadence des races qui habitent la grande île africaine [1].

Malgré le silence des bureaux du ministère, Maudave ne se décourageait pas; il continuait les travaux du Fort avec les faibles ressources dont il disposait; ne pouvant étendre ni la culture ni le commerce faute de bras et de moyens, il rejetait son activité sur la réalisation de projets militaires qu'il savait devoir flatter les inten-

1. Les récits des auteurs sont d'accord avec les dépositions entendues à ce sujet par la commission d'enquête sur Madagascar en 1884.

tions du gouvernement. « Il serait aisé, écrit-il, de former ici un corps de 1000 Madécasses exercés à notre manière. Dans le cas d'une rupture avec l'Angleterre on les ferait passer aux Indes avec 1 200 Français et un train d'artillerie. Je maintiens qu'un homme d'esprit et de cœur, qu'on laisserait maître de sa conduite, renverserait le colosse de la puissance anglaise dans les Indes. C'est un projet qu'il convient de laisser mûrir dans le silence; mais j'ose vous promettre, monseigneur, de tenir les choses en état de vous fournir ce secours dont vous ferez l'usage que vous jugerez le plus utile.... D'ailleurs, depuis un an, les officiers de la marine française instruisent des compagnies auxiliaires de Sakalaves et d'Antankars[1] pour les diriger contre les Hovas. » Maudave connaissait peu les peuplades du centre de Madagascar et représentait les Antanosses comme capables de faire de meilleurs soldats que les autres tribus de l'île; ils sont, au contraire, moins rusés et moins actifs que les Hovas, qui semblent appelés aujourd'hui, grâce à leurs qualités particulières, à s'annexer leurs voisins et à établir leur domination. Quoi qu'il en soit, le gouverneur de nos établissements se trouvait aux prises avec de grandes difficultés. Choiseul, absorbé tout entier dans la solution de difficultés intérieures et de graves complications européennes, voyait son crédit ébranlé par la coterie de ses adversaires et son ministère menacé. Les lettres de Maudave restaient sans réponse, et il perdait patience : « Deux cents familles de paysans transportées

1. Nous renvoyons pour les renseignements ethnographiques à l'intéressant travail de M. Max Leclerc : *les Peuplades de Madagascar*, in-8, Leroux, 1888.

à Madagascar y feraient des prodiges pour eux et pour l'État, écrivait-il.... J'attends l'arrivée des colons pour jeter les fondements d'une ville sur les bords de l'étang d'Amboure. » Il sollicitait en même temps des ouvriers et des soldats. Il demandait trois cents hommes; puis ne voyant rien venir, réduisait ses exigences à deux cents, puis à cinquante. « Je ne puis plus rien faire, écrivait-il enfin, le 16 août 1769, monseigneur, si je ne reçois des colons. Je n'ai auprès de moi que quelques soldats et cinq ou six ouvriers particuliers.... Décidez, monsieur le duc, s'il convient que je me morfonde inutilement à Madagascar en attendant vainement des secours qui ne viendront pas [1]. »

D'un autre côté, Dumas qui était favorable à l'entreprise du comte avait été remplacé par Desroches dans le gouvernement des îles de France et de Bourbon, et le nouvel administrateur, harcelé dès le début de demandes d'hommes et d'argent pour Madagascar, se montra hostile au nouvel établissement et prit une série de mesures pour empêcher l'émigration et le recrutement des ouvriers. Les habitants de ces îles, de leur côté, ne voyaient pas sans crainte le monopole de la traite leur échapper; ils craignaient pour l'avenir la concurrence des colons que le gouverneur de Fort-Dauphin voulait appeler autour de lui; aussi encourageaient-ils leur gouverneur dans son antipathie. « L'éloignement que montre M. le chevalier Desroches de ma manière de penser, écrit Maudave, vient de la crainte qu'on ne fonde cette colonie aux dépens de l'île de France.... Nous y sommes détestés parce que nous vivons sur

1. Pouget Saint-André, *op. cit.*, p. 133.

leurs crochets. » Et il insistait auprès du ministre pour que des secours lui vinssent directement de France. De son côté, Desroches représentait au ministre de la marine que si l'on encourageait la colonisation de Madagascar les îles de France et de Bourbon ne tarderaient pas à devenir entièrement désertes : « c'est un enfant qui étouffera sa mère », disait-il, et il ajoutait, contre la vérité, que le climat de Fort-Dauphin était malsain et que la rade était peu sûre. Enfin Desroches porta le dernier coup à la nouvelle colonie en rappelant les quelques soldats qu'il avait confiés à Maudave et qui constituaient la garnison du Fort. Maudave protesta, demanda au ministre si oui ou non il renonçait à la colonisation de Madagascar. « J'opposerai, pendant un an encore, une patience invincible à toutes les difficultés. Ce terme expiré, je recevrai vos ordres. Mais souvenez-vous, monsieur le duc, de tout ce que j'ai pris la liberté de mettre sous vos yeux. La résolution que vous prendrez à ce sujet est fort importante. Il s'agit de sacrifier à de vaines terreurs l'opération la plus glorieuse et la plus utile qu'on ait tentée depuis cent ans. Je vous offre ma vie et mes soins pour la suite de ce dessein. »

Les bureaux ne répondirent point à ce dernier appel. Maudave, cependant, espérait toujours que le gouvernement se déciderait à prendre quelques mesures et il retarda son départ au delà de la limite qu'il s'était assignée. Il partit seulement en décembre 1770, confiant à un détachement de sa petite troupe la garde du Fort-Dauphin qu'il avait rétabli[1]. « Il ne m'appartient pas,

1. Au mois d'août 1770 il adressait au ministre de la marine le rapport suivant : « Le fort est entièrement reconstruit, les murs relevés

écrivait-il au ministre, d'examiner les raisons d'une pareille résolution. Mais il m'est permis de regretter que mon zèle et ma bonne volonté, mes peines et mes travaux, aient été en pure perte et que le temps qui eût sans doute justifié et couronné mes spéculations m'ait manqué. »

Le séjour de Maudave à Madagascar pendant ces deux années (1768 à 1770), sans avoir été d'un grand profit pour l'État, avait compromis ses intérêts particuliers. La conduite de son domaine avait été abandonnée à des intendants malhonnêtes qui avaient profité de son absence. Un incendie avait détruit ses propriétés. Mais ce qui lui était encore plus sensible que la perte de ses biens, c'était d'assister à la ruine de ses espérances,

et il contient une habitation commode pour le gouverneur, une bonne poudrière voûtée, un grand magasin à deux étages et un vaste grenier, un grand parc à bœufs, un caveau, un magasin pour les boissons. Nous avons, en avant du fort, les logements des particuliers, deux corps de casernes, un corps de garde, un pavillon pour les officiers, etc. Une partie de ces bâtiments sont maçonnés; le reste est en bois, mais solidement et agréablement construit; un grand fossé ferme l'établissement.... » « La terre est fertile, la végétation forte et animée. La vigne est une production naturelle; nous en avons plus de 10 000 pieds auprès de Fort-Dauphin, qui se font admirer par leur force et par leur beauté. Le coton et l'indigo croissent naturellement partout et le tabac, les cuirs, les gommes, les raisins, les bois odorants et précieux, la cire, promettent avec le temps et la culture le commerce le plus avantageux. Les vers à soie y pullulent et y réussissent sans soin ni entretien. Le pays d'Anossi où le Fort-Dauphin est situé occupe plus de soixante lieues de côté sur quarante ou cinquante de profondeur. La plupart des Rohandrians se disposent à suivre la conduite d'un chef Rechouzamenti qui prêta il y a dix-huit mois au fort serment de fidélité. C'est un acte dont j'ose répondre et je le ferai passer avec la plus grande célérité. »

Le ministre de la marine, le duc de Praslin, sans répondre à Maudave, se contenta d'écrire en marge de ce rapport : « Que la douceur de notre administration jointe à une sage fermeté, que la plus stricte équité, surtout, soient les principes et la règle de nos opérations. Ces moyens qui gagneraient les peuples les plus farouches nous concilieront la confiance des Madécasses, et leur confiance en nous sera un gage bien plus sûr de notre établissement que de vains serments de fidélité. »

c'était de ne pouvoir attacher son nom à la conquête d'un vaste pays qui aurait contribué à accroître les ressources et la puissance coloniale de la France. Peut-être Maudave se faisait-il quelque illusion sur la suite de ses entreprises; mais, tout en faisant la part d'optimisme qu'accusaient ses projets, il n'en est pas moins regrettable que tant d'efforts, d'enthousiasme et d'active bonne volonté soient demeurés stériles.

CHAPITRE XII

LA RÉFORME LÉGISLATIVE ET JUDICIAIRE

La réforme législative. — Obscurité de la matière. — La coutume de Paris appliquée aux colonies. — Des coutumes locales suppléent bientôt à son insuffisance; elles favorisent les abus. — Ignorance et incapacité des magistrats des colonies. — Les conseils souverains avaient depuis longtemps réclamé des réformes. — Création d'un bureau de législation coloniale. — Rôle des conseils coloniaux. — La réforme judiciaire. — Codification des lois, ordonnances et règlements.

Dans le même temps que Choiseul s'efforçait vainement de faire de la Guyane un nouveau Canada, il avait entrepris de réformer les lois de nos colonies.

Donner force législative à certaines coutumes, à des arrêts des conseils supérieurs qui les consacraient, introduire des lois nouvelles en rapport avec les intérêts et les besoins des colons, rendre la législation coloniale plus uniforme et étendre dans la mesure du possible cette unité de législation à toutes nos possessions, telle était l'œuvre que se proposait Choiseul avec l'aide des Chambres de commerce et d'agriculture qu'il avait créées, des députés des colonies, des magistrats de leurs conseils supérieurs et des autorités compétentes de la métropole.

La matière était obscure et difficile autant que nouvelle en bien des cas. Aussi la réforme annoncée, bien accueillie tout d'abord, donna lieu dès qu'on se mit à l'œuvre à des tiraillements, à des réclamations des fonctionnaires, des habitants, des commerçants de la métropole, des fermiers généraux, les uns ébranlés dans leur position, les autres dans leur routine; une rénovation complète, une réforme générale n'était pas possible; nos colonies n'ont pas sur ce point devancé la métropole; toutefois il y eut un grand nombre de réformes de détail qui ne furent pas sans utilité ni sans portée.

La coutume de Paris avait été introduite dans nos îles d'Amérique par l'édit qui établissait la compagnie des Indes occidentales et par le règlement de novembre 1671 [1]. Mais il avait fallu à nos colonies, pour des intérêts nouveaux, imprévus, des dispositions législatives spéciales que ne connaissait pas la métropole; il était naturel que des coutumes particulières tout d'abord introduites à côté de la loi et sanctionnées par l'autorité des conseils supérieurs, ou même par l'autorité royale, vinssent suppléer à son insuffisance; telles étaient, par exemple, les dispositions concernant « les cinquante pas du Roi [2] », celles qui obligeaient les voyageurs à faire annoncer leur départ à son de caisse ou de

1. Dix ans plus tard les conseils souverains de la Martinique et de Saint-Domingue avaient enregistré les ordonnances d'avril 1667 et août 1670 sur les procédures civile et criminelle, d'août 1669 sur les évocations et de mars 1673 sur le commerce.

2. C'était l'espace qui, sur le rivage de nos îles, appartenait de droit à l'État pour la défense des côtes. C'était en effet sur le rivage que l'on attendait l'ennemi pour s'opposer à son débarquement à une époque où l'artillerie navale n'était pas assez puissante pour protéger la descente des troupes. Cet espace se comptait à partir de la laisse de haute mer et le droit des propriétaires de terrains contigus souffrait certaines restrictions réclamées par l'intérêt de la défense.

trompe, etc.[1]. D'un autre côté, quelques-unes de ces coutumes dérogeaient aux ordonnances du Roi au profit des passions locales. C'est ainsi que les ordonnances d'avril 1667 sur la procédure civile n'étaient plus observées parce qu'elles gênaient l'ardeur processive des habitants. Ceux-ci plaidaient devant le conseil souverain pour les sommes les plus minimes, faisaient saisir leurs débiteurs sans arrêt de justice, sur simple requête; en vertu d'ordonnances des conseils, ils pouvaient faire reconnaître leurs dettes de jeu, etc.; enfin, dès le milieu du XVIIIe siècle, les conseils étaient arrivés à créer, à côté de la législation royale, une législation secondaire. Le mode d'application de l'une et de l'autre variait sans cesse par le fait d'une jurisprudence flottante et incertaine et la règle souffrait d'entorses sans nombre qui provenaient de l'ignorance des juges. Nos assemblées coloniales, en effet, étaient composées de conseillers colons dont l'éducation juridique était nulle ou insuffisante. De plus leurs mœurs étaient loin d'être douces et tranquilles et, à la fois légistes, juges, administrateurs et parties, ils avaient trop d'occasions d'obéir à leurs intérêts et à leurs passions personnelles. « Des ignorants chargés de dettes et crapuleux ne sont pas des magistrats », écrivait d'Estaing, gouverneur général de Saint-Domingue, à Choiseul, et il ajoutait que ce serait un grand honneur pour le ministre « d'être le Solon de cette terre ingrate ».

Plusieurs fois déjà, les conseils supérieurs de la Martinique, de la Guadeloupe et de Saint-Domingue avaient

1. Cette disposition servait à empêcher les débiteurs de mauvaise foi de se soustraire au paiement de leurs dettes. Voir plus loin, p. 160, note.

demandé que l'on fît un choix d'ordonnances. En 1717, notamment, des adresses avaient été votées pour féliciter d'Aguesseau de sa nomination comme chancelier de France. Les conseils souverains profitèrent de la circonstance pour réclamer des réformes dans la législation coloniale sans qu'il fût tenu compte de leurs vœux. On ne paraissait pas comprendre en France ce que demandaient les colonies. L'envoi de députés des conseils au bureau du commerce était de nature à éclairer le pouvoir central et à faciliter sa tâche. Petit, député de Saint-Domingue, ancien membre du conseil supérieur de Léogane, possédait les connaissances spéciales qui le désignaient à l'attention du ministre [1]. Le 8 février 1761 une commission était formée au sein du conseil d'État, qui devait servir à la fois de cour de cassation et de bureau de législation pour les affaires coloniales; cette commission était composée de deux conseillers et de six maîtres des requêtes avec Petit comme procureur général [2]. Elle devait examiner toutes les affaires contentieuses des colonies qui étaient de son ressort et rétablir par ce moyen l'uniformité nécessaire à la jurisprudence. Elle avait en outre la charge de commencer et de préparer la réforme législative en rassemblant les documents nécessaires pour édicter de nouveaux règlements convenables à l'« état des lieux, des personnes et des biens ». Les règlements et ordonnances devaient s'appliquer également à Saint-Domingue et aux îles du Vent.

1. Il publia plusieurs ouvrages de jurisprudence coloniale : *Traité sur le gouvernement des esclaves*, Paris, Knapen, 1777, 1 vol. in-8; *Droit public du gouvernement des colonies françaises d'après les lois faites pour ces pays*, Paris, Delalain, 2 vol. in-8, 1771.

2. Moreau de Saint-Méry, *Lois et constitutions des colonies françaises*, t. IV, p. 314.

Cette première tentative parut insuffisante et, le 26 mars [1], un autre arrêt du conseil abrogeait celui du 8 février en promettant, dans ses considérants, qu'il serait pris de nouvelles mesures pour réparer les abus et rétablir l'ordre de la justice. Le 19 décembre, en effet, le Roi établissait un *bureau de législation coloniale* [2]. Petit devait réunir les mémoires, pièces et projets pour servir au travail du bureau. Une première commission composée de quatre maîtres des requêtes, de Monthion, Dagay, Bacquencourt et Bastard, était chargée du travail préparatoire. Une seconde commission, présidée par Choiseul et composée de quatre conseillers d'État, d'Aguesseau, de Boynes, de la Bourdonnais, de Lénozan, s'occupait du travail législatif.

Les conseils de nos colonies devaient jouer dans ces réformes un rôle actif; ils devaient communiquer au bureau de législation les extraits des registres des greffes contenant les édits, règlements, déclarations qu'ils avaient enregistrés; ils devaient en outre donner leurs avis sur l'ancienne législation, et soumettre leurs observations sur les points qui leur paraîtraient exiger des lois nouvelles; ils devaient enfin étudier les mesures propres à augmenter le commerce et la population [3].

Petit adressa au conseil de Port-au-Prince un mé-

1. Moreau de Saint-Méry, *Lois et constitutions*, etc., t. IV, p. 372.

2. « Sa Majesté ayant été informée par le compte qui lui en a été rendu par M. le duc de Choiseul, ayant actuellement le département de la guerre et de la marine, de l'état actuel desdites colonies, elle avait jugé nécessaire de remplir incessamment les vues qu'elle s'était proposées pour l'avantage de ceux de ses sujets qui les habitent, et d'établir, en même temps, pour le jugement des affaires contentieuses un ordre propre à concourir à une plus grande perfection et au maintien desdits règlements. » M. de S.-M., t. IV, p. 438.

3. Arrêté du conseil de Port-au-Prince touchant son travail pour la nouvelle législation (l'art. XVI de l'ordonnance du 18 mars 1766 rendit cette attribution perpétuelle) : « Les conseils supérieurs pourront

moire raisonné sur le projet de réforme; ce mémoire fut accueilli avec enthousiasme. Le conseil du Port, oubliant ses rivalités avec celui du Cap, lui proposa de s'entendre pour assurer l'uniformité des nouvelles lois. Deux commissaires furent choisis de part et d'autre sous la présidence du procureur général pour le travail commun et pour maintenir « l'union, le concert et l'unanimité des deux cours, tant sur les projets de législation que sur tout ce qui pourrait concerner l'administration de la justice, pour assurer à jamais le lustre et la consistance des tribunaux supérieurs de la colonie ».

Les travaux des conseils locaux concernaient plus spécialement la matière législative; le bureau de législation étudia d'abord la réforme judiciaire; les intérêts et les prérogatives des conseils furent défendus par Petit.

L'édit de janvier 1766 sur la discipline des conseils supérieurs remédie à l'insuffisance constatée du personnel de la magistrature coloniale; cet édit exige des conditions d'aptitude pour la nomination aux offices de conseillers et procureurs généraux. Les postulants devront désormais être avocats, âgés de vingt-sept ans, avoir fréquenté le barreau du Parlement de Paris ou autre de son ressort, ou bien avoir exercé les fonctions de juge durant quatre années. Les créoles qui remplissaient ces conditions avaient un droit de préférence.

D'après l'ordonnance du 1er février 1766[1], les tribunaux de première instance, établis dans les différents quar-

adresser des mémoires sur des objets de législation, en matière de justice, et de police générale et particulière, au député nommé par Sa Majesté pour lui présenter les pièces, mémoires et projets nécessaires pour cette législation. » M. de S.-M. — Dans la pensée du ministre, le bureau de législation n'était donc pas une création provisoire.

1. Moreau de Saint-Méry, *Lois et constitutions de l'Amérique*.

tiers de nos îles, doivent rendre la justice civile et criminelle en premier ressort; on peut appeler de leurs arrêts aux conseils supérieurs qui jugent en dernier ressort; il y a donc dans nos colonies deux degrés de juridiction. Il y a cinq conseils supérieurs : un à la Martinique, un à la Guadeloupe, un à la Guyane et deux à Saint-Domingue, l'un au Cap et l'autre à Port-au-Prince. Les membres des conseils supérieurs [1] sont nommés par le Roi sur la présentation de leurs collègues et de l'intendant; les juges des tribunaux inférieurs sont choisis par le gouverneur et l'intendant qui leur donnent leurs commissions. Jusque-là les conseils avaient eu quelques attributions politiques; leur ambition était de

1. Voir, pour l'histoire des conseils supérieurs et de leurs attributions avant les réformes de Choiseul : la déclaration du 1er août 1645, le règlement de la compagnie de 1647, les lettres patentes de 1664 sur l'établissement des conseils, le règlement du 4 septembre 1671 sur leur compétence, l'édit de 1674 qui établit le gouvernement royal; — en ce qui concerne les îles du Vent, l'édit du 2 octobre 1675, le règlement de 1680, l'arrêt de 1681 pour ordonner l'enregistrement et l'exécution de la coutume de Paris, les règlements de police de 1682, 1683, 1684, 1685, 1688, 1689, 1698, le règlement sur la chasse de 1708, sur les droits de sceau de 1709, de 1710 sur l'interdiction de la vente des esclaves, de 1717 sur les assemblées séditieuses, de 1711 sur les livres des marchands, du 13 août 1726 sur l'immixtion des conseils dans les affaires de gouvernement; — en ce qui concerne les îles Sous-le-Vent, c'est-à-dire Saint-Domingue, tous les règlements et arrêts du conseil du Cap, le règlement de 1704 sur les dons et legs, de 1705 sur la police des esclaves, de 1708 sur les poids et mesures, de 1709 pour l'adoption des coutumes de la Martinique, de 1712 et de 1727 sur les titres de noblesse et les inventaires, de 1717 sur les écoles publiques, de 1720, 1725, 1726 sur la médecine et la chirurgie, de 1721 sur les couvents, de 1722 sur les baux, de 1723 sur les testaments, de 1725 contre le monopole des farines, de 1728 sur l'aliénation des biens des mineurs, de 1729 sur les fêtes, de 1733 sur les règlements de justice, de 1734 sur la gestion des curateurs aux biens vacants et la contrainte par corps, de 1739 sur la procédure, de 1740 sur la maréchaussée, la gestion des tuteurs, la police des audiences, sur la régie des fabriques, la police des prisons, de 1751 sur le plumitif des audiences, les registres de baptême, de 1752 sur le dépôt et la prison des esclaves saisis, sur les adjudications, de 1753 sur la police des maréchaussées, de 1755 sur les bureaux publics.

les étendre; l'ordonnance de 1766 leur interdit de les exercer à l'avenir : « Les conseils supérieurs ne pourront s'immiscer ni directement, ni indirectement dans les affaires qui regardent le gouvernement. Ils se renfermeront à rendre la justice aux sujets de Sa Majesté. »

Les conseils supérieurs ont la police de leur compagnie, ils font des règlements de justice, sur la discipline des avocats et procureurs, sur la discipline des notaires, sur la gestion des biens vacants, sur les formalités dans les mariages de gens de couleur, sur le mariage des mineurs de la seule autorité des tuteurs, sur les successions vacantes, sur la contrainte par corps, sur la police de santé, sur les inventaires, sur certaines procédures particulières, sur l'instruction des procédures criminelles, sur les publications et cris de justice, etc.

Les ordonnances, pour avoir force de loi, doivent toujours être présentées aux conseils pour y être enregistrées; mais cet enregistrement est obligatoire et immédiat; il en est de même des règlements des administrateurs de la colonie, dans la limite de leurs attributions.

Les conseils peuvent faire des *représentations*, ils n'ont pas en général le droit de *remontrances*, sauf dans deux cas particuliers : quand une loi est en conflit avec les usages et les lois des colonies et quand son application est de nature à causer un préjudice public; dans ces cas seulement, les conseils peuvent surseoir à son exécution, pourvu que le gouverneur et l'intendant y consentent [1]. « L'éloignement des lieux, pensait le bureau de législation, ne permet pas l'application dans les colonies des lois de la métropole sur le temps et la réitération des

1. Ordonnance du 18 mars 1766, art. IX et X. — Moreau de Saint-Méry, *Lois et constitutions de l'Amérique.*

remontrances : cependant la nécessité que le ministère soit informé des inconvénients des lois envoyées à l'enregistrement, la possibilité que, dans la distance des lieux, les objets d'une législation presque entièrement locale ne soient pas bien connus ou que les circonstances soient changées dans l'intervalle de la demande d'une loi à l'envoi de cette loi, rendent les remontrances indispensables[1]. »

Outre les tribunaux de première instance et les conseils supérieurs, il y a dans nos îles, des juridictions extraordinaires : celle de l'intendant pour les questions d'impôt et de contrebande; les tribunaux d'amirauté qui jugent en premier ressort les affaires maritimes (l'appel de leurs jugements est porté devant le conseil supérieur dans le ressort duquel siègent ces tribunaux[2]); les conseils de guerre convoqués et présidés par le gouverneur. Enfin le 18 mars 1766 on établit un tribunal terrier, composé du gouverneur, de l'intendant et de trois membres du conseil supérieur.

Le tribunal terrier jugeait les questions de concessions de domaines, de bornage, les affaires de chasse, de pêche sur les côtes et dans les rivières, les affaires de canalisation, de drainage, d'irrigation, de viabilité; enfin il connaissait des servitudes. L'appel était porté au conseil du Roi.

La réforme judiciaire une fois accomplie, le bureau de législation rédigea une série d'ordonnances qui remanièrent la législation coloniale et, en introduisant l'ordre et la clarté dans le chaos des textes, il prépara un véritable code[3].

1. Petit, *le Gouvernement des colonies*, t. I, p. 391, édition de 1783.
2. Ordonnance du 1er février 1766.
3. Moreau de Saint-Méry en a publié toutes les pièces dans le recueil que nous avons souvent cité ici.

CHAPITRE XIII

LA RÉFORME ADMINISTRATIVE

L'administration des colonies. — Pouvoirs du gouverneur. — Pouvoirs de l'intendant. — Création d'une administration municipale à Saint-Domingue. — Chambres d'agriculture. — Modifications dans le gouvernement ecclésiastique. — Côté libéral de quelques-unes de ces réformes. — En général elles tendent à une plus grande centralisation. — Les vœux du député Petit. — Enthousiasme des conseils supérieurs du Cap et de Port-au-Prince.

La réforme administrative n'était ni moins nécessaire ni moins difficile que la réforme législative, et le règlement de 1763 et l'ordonnance de 1766 [1] sont de véritables lois organiques, touchant le gouvernement de nos possessions; substituées aux ordonnances et règlements antérieurs et à une foule d'arrêts équivoques, les nouvelles lois débrouillent le chaos de notre organisation coloniale.

L'administration de nos colonies était confiée aux gouverneurs, lieutenants généraux, aux intendants et commissaires départis pour le Roi, aux conseils supérieurs de chaque colonie, enfin à des assemblées de

1. Moreau de Saint-Méry, à leur date.

notables qui, comme les chambres de commerce et d'agriculture, ont été créées récemment ou qui, comme l'*assemblée nationale* de Saint-Domingue et les assemblées coloniales, en général, n'ont pas encore reçu de consécration légale. Telles étaient les autorités qui se partageaient le pouvoir à des titres divers et avec des attributions qui leur étaient propres, d'autres qui leur étaient communes.

Il n'y a plus seulement deux gouvernements généraux, celui des îles du Vent et celui de Saint-Domingue; mais chacune de nos colonies de Cayenne, de la Martinique et de la Guadeloupe est érigée en gouvernement général. Les gouverneurs particuliers sont supprimés et chaque gouverneur ne relevant plus que de la métropole est gouverneur général de sa colonie. Choiseul avait adopté cette mesure pour veiller avec plus de sollicitude sur les intérêts de chacun de nos établissements. La prise de la Guadeloupe était attribuée au retard qu'avait mis le gouverneur [1] des deux colonies à lui apporter des secours de la Martinique [2].

Le gouverneur lieutenant général a des attributions militaires et des attributions civiles [3].

1. De Beauharnais, qui passa en conseil de guerre et qui fut d'ailleurs acquitté.

2. Cette séparation de la Martinique cesse en 1765 pour des raisons économiques; on y revient en 1775. Voir la note de la page 250.

3. Voir, pour l'histoire des pouvoirs des gouverneurs : le règlement du 4 novembre 1671; lettres patentes de février 1667 au lieutenant général de terre et de mer pour le Roi ès îles et terre ferme de l'Amérique; instructions de 1663 à M. de Tracy reproduites dans les instructions données à ses successeurs et qui leur attribuaient « le pouvoir de prendre connaissance, de composer, d'accommoder tous différends entre les seigneurs et principaux d'iceux, soit entre les particuliers et habitants » (de là les attributions judiciaires que revendiquaient les gouverneurs avant la réforme); règlement sur différents objets de police du 19 juin 1664; règlement du 12 octobre 1695 pour la discipline des troupes, art. XXXVI et XXXVII; règlement pour l'établissement

Dans ses attributions militaires rentrent le commandement en chef de toutes les forces de la colonie soit par terre, soit par mer; la réglementation, la levée et la formation des corps de milices ou troupes nationales, la nomination de leurs officiers, etc.

Dans le gouvernement civil, il est le premier dépositaire de l'autorité centrale. Il est chargé de veiller à l'exécution des lois et ordonnances royales, des arrêts et règlements des conseils, à l'administration de la justice dans l'étendue de son gouvernement; il doit rendre compte des abus [1]. Certains gouverneurs profitaient de ce droit de contrôle pour étendre leurs attributions et, quand ils étaient en désaccord avec les conseils, pour dépouiller les juges de la connaissance des différends civils ou criminels. C'est ainsi que d'Estaing avait créé à Saint-Domingue un véritable tribunal sous le nom de chambre de conciliation [2]. Le règlement de 1763 conserva aux gouverneurs le droit d'assister aux séances des conseils supérieurs; mais il leur fut défendu de s'entremettre, sous quelque prétexte que ce pût être, dans les affaires portées devant les juges et en général en toute matière contentieuse [3]. En leur interdisant de

des sièges d'amirauté dans les colonies du 12 janvier 1717, titre IV; ordonnance du 15 novembre 1721; ordonnance sur les milices du 1er octobre 1727 pour les îles du Vent; *idem* pour les îles Sous-le-Vent du 16 juillet 1732, art. VII.

1. Ordonnance du 1er février, art. II. Moreau de Saint-Méry.

2. Ordonnance du 8 juin 1764, t. IV, p. 735. (*Idem.*)

3. Art. II de l'ordonnance du 1er février 1766 : « Le gouverneur lieutenant général contiendra les gens de guerre en bon ordre et discipline et les habitants dans la fidélité et l'obéissance qu'ils doivent à Sa Majesté sans toutefois que, sous ce prétexte, il puisse entreprendre sur les fonctions attribuées par les ordonnances aux juges ordinaires en matière de police ou autre, ni s'entremettre sous quelque prétexte que ce puisse être dans les affaires qui auront été portées devant eux, ou qui seraient de nature à y être portées, et en général en toute matière

s'opposer à l'exécution des arrêts, pour lesquels ils doivent au contraire prêter main-forte, le règlement de 1763 leur conserve, dans les conseils, le droit de préséance et de voix délibérative. Ils ne peuvent assembler les conseils que par ordre du roi. Le droit de les convoquer en assemblée extraordinaire, qui leur avait été donné par le même règlement, de concert avec l'intendant, leur a été enlevé par l'ordonnance de 1766 qui ne laisse ce pouvoir qu'à l'intendant.

Le gouverneur partage avec l'intendant les attributions de haute police, qui comprennent toutes les mesures nécessaires au maintien de l'ordre public : la police des ports, des côtes, des routes, celle de la contrebande, tant des étrangers que des habitants; la police religieuse. Il affranchit les esclaves, délivre les passeports et les permis d'embarquer[1]. Enfin, de concert avec l'intendant, il distribue des concessions de terre aux habitants. L'intendant est, d'ailleurs, en toutes ces matières, subordonné au gouverneur et la voix de ce dernier l'emporte en cas de dissentiment jusqu'à décision du Roi.

Le gouverneur est avant tout un personnage militaire et l'ordonnance de 1763 crée des commandants en second

contentieuse, ni citer devant lui aucun desdits manants et habitants, à l'occasion de leurs contestations, soit en matière civile, soit en matière criminelle. » Moreau de Saint-Méry.

1. Outre les motifs tirés des nécessités du service, de la politique et de la justice qui pouvaient faire refuser les congés d'embarquement, l'état précaire de certains aventuriers qui venaient dans nos îles avait depuis longtemps donné naissance à des dispositions particulières pour empêcher le débiteur de mauvaise foi de se soustraire au paiement de sa dette. Aussi tout voyageur débarqué dans l'île et qui voulait ensuite la quitter devait déclarer publiquement son intention de partir. Le mode de déclaration se faisait à son de caisse ou de trompe. Il fut décidé que désormais il se ferait par annonces dans les journaux que Choiseul venait d'introduire aux colonies. Dans tous les cas on pouvait s'affranchir de ces formalités en donnant caution. Moreau de Saint-Méry : privilège donné au sieur Antoine Marie, t. IV, p. 523.

chargés de le suppléer au besoin. Les lieutenants du Roi ainsi que plusieurs fonctionnaires secondaires furent supprimés; mais des pensions furent accordées à tous les officiers des colonies ainsi réformés [1].

L'intendant [2] a des pouvoirs propres sur tout ce qui concerne la justice, les finances, l'industrie, l'agriculture, l'hygiène. Il est assisté d'un subdélégué général destiné à le suppléer en cas d'empêchement; — le subdélégué général a la qualité de premier conseiller et la présidence du conseil en l'absence du gouverneur et de l'intendant. L'intendant a sous ses ordres deux commissaires des guerres, un commissaire ordonnateur, un commissaire de marine et plusieurs subdélégués particuliers; ce n'est d'ailleurs pas lui, mais le Roi qui nomme à ces offices secondaires.

L'intendant siège au conseil supérieur à la droite du gouverneur; il le préside en son absence et a voix prépondérante en cas de partage. Il présente à tous les emplois civils; dans toutes nos colonies, sauf à Saint-Domingue, il nomme les receveurs généraux et particuliers. A Saint-Domingue, il nomme seulement les préposés aux recettes domaniales. Les receveurs des

1. Les lieutenants, les anciens gouverneurs particuliers eurent de 1500 à 2000 livres de pension.

2. Les intendants ont succédé en 1680 aux agents généraux de la compagnie. Leurs pouvoirs avaient été déterminés par le règlement de 1671; mais l'édit de 1674 ayant abandonné jusqu'en 1680 les revenus des colonies pour le paiement des dettes contractées par la compagnie, ce ne fut qu'à cette date que les revenus publics appartinrent au roi et que les intendants prirent possession de leurs postes. — Voir, au surplus, pour l'histoire des pouvoirs des intendants : le règlement de 1671, les lettres patentes du 1 juin 1680, l'arrêt du conseil d'État du 12 juin 1680, l'ordre du roi du 15 juillet 1682, la décision du conseil de marine du 14 août 1718, l'ordre du roi du 1er mai 1686, l'ordre du roi du 26 décembre 1703, le règlement sur les chemins aux îles du Vent, du 21 avril 1725.

11

deniers provenant de l'*octroi* sont laissés au choix des conseils; nous avons déjà dit, en effet, que, depuis l'ordonnance du Roi de 1713, la colonie de Saint-Domingue s'impose elle-même et que cette imposition est reconnue être *octroi gratuit* de la part des habitants représentés par les deux conseils. L'article LXII de l'ordonnance de 1766 consacre ce droit [1] et distingue les deniers de l'*octroi* dont il est dit que les receveurs continueront d'être commis par les conseils supérieurs, des droits domaniaux proprement dits à la recette desquels il est réservé à l'intendant de préposer.

Les droits domaniaux sont le produit des droits d'aubaine, bâtardise, déshérence, épaves, confiscation, etc. Le rôle des receveurs consiste à recouvrer les deniers dont la levée est ordonnée, à en verser le produit net des frais de régie aux commis des trésoriers généraux des colonies, entre les mains desquels se fait l'emploi de ce produit sur les ordonnances de l'intendant. Cet emploi est d'ailleurs limité aux objets de dépenses arrêtés par le Roi; l'article LIII de l'ordonnance de 1766 est précis à cet égard et le règlement de 1763 divise les fonds en trois parties : les fonds concernant la marine, ceux pour la défense militaire par terre, ceux destinés aux besoins civils.

L'intendant juge en dernier ressort des demandes en décharge et réduction et des contestations à l'occasion de la perception des contributions. Cette attribution

1. Outre le commandement du 29 mars 1713 qui l'établit, l'*octroi* est reconnu par l'arrêt du conseil d'État du 5 août 1732 portant distraction du domaine d'occident, dans les colonies, des fermes générales dont le domaine faisait partie, par la déclaration du 4 mars 1744 sur la comptabilité de l'emploi des fonds levés dans les colonies, enfin par les mémoires du Roi pour l'*augmentation d'octroi* à Saint-Domingue en 1750, 1754 et 1764.

lui a été donnée pour éviter la lenteur des procédures qui retarderait la rentrée des fonds; il juge également les comptables en faute et connaît des excès, abus et malversations dans le recouvrement des droits. Dans l'un et l'autre cas il est assisté de six conseillers du conseil supérieur à son choix ou de six officiers des justices inférieures ou, au besoin, de six gradués; la poursuite ne peut avoir lieu qu'à la requête d'un procureur.

Une réforme utile et fort populaire fut la création à Saint-Domingue d'une administration municipale. Jusque-là les officiers de la milice remplissaient en même temps les fonctions d'officiers municipaux. Ce double rôle s'expliquait par le mode de recrutement des milices. Les îles étaient divisées en plusieurs quartiers fournissant chacun une compagnie de miliciens à la tête desquels était un officier qui était le commandant du quartier. L'autorité militaire, toute-puissante en temps de guerre, prétendait, lors de la paix, conserver son omnipotence; pour maintenir les prérogatives de l'État-Major, elle retenait à elle toute sorte d'affaires de justice et de police et en connaissait. De là des empiétements sur les attributions des conseils, qui ne faisaient qu'accroître la haine des gens de robe contre les gens d'épée. Un arrêt du conseil d'État défendit sous peine d'amende aux officiers de l'État-Major de s'immiscer dans les affaires de justice et de police municipale. A partir de 1763 il devait y avoir dans toutes les paroisses des syndics chargés de répartir les corvées, les logements militaires; de faire la police des cabarets, des boucheries; de publier les rôles d'impôts, les tableaux de recensement. Ces syndics étaient élus par les notables.

Les chambres, mi-parties d'agriculture et de commerce,

qui avaient été établies aux îles Sous-le-Vent par arrêt du conseil d'État du 10 décembre 1759 et aux îles du Vent par arrêt du même conseil du 23 juillet, ont été le 24 mars 1763 transformées en chambres d'agriculture. La double fonction de l'ancienne chambre la divisait en deux camps perpétuellement en opposition. Le gouvernement se reposait sur les chambres de commerce de France du soin de sauvegarder les intérêts du commerce des colonies dépendant de celui de la métropole. A la vérité les tendances des chambres de commerce des colonies étaient opposées à celles des chambres de nos ports; celles-ci demandaient le maintien du régime exclusif des ordonnances de 1717 et de 1727 contre lequel celles-là protestaient, réclamant chaque jour en termes plus énergiques la liberté du commerce. L'opinion, aux colonies, était partout favorable au régime de la liberté des transactions; le gouvernement avait autorisé les chambres d'agriculture à correspondre avec leurs députés à Paris sur toutes les affaires de la colonie relatives à son commerce avec la France et à les instruire de leurs vœux; mais ces vœux étaient peu écoutés, quand ils se trouvaient en opposition avec ceux des députés métropolitains.

En réalité, les nouvelles chambres qui étaient des commissions où les planteurs étaient seuls représentés, s'occupaient surtout des questions purement agricoles. Elles donnaient leur avis sur tout ce qui concernait la population, les défrichements, l'agriculture, la navigation, les voies de communication à l'intérieur de la colonie, la salubrité, la défense, les travaux relatifs à la construction, l'amélioration, l'agrandissement des ports. Elles ne pouvaient faire aucune représentation au gouverneur ou à l'intendant; elles se bornaient simplement à proposer à l'un ou à l'autre tout ce qu'elles jugeaient utile et à leur remettre des mémoires sur les différents objets de leur compétence. Les chambres d'agriculture étaient donc des assemblées purement consultatives; elles servaient d'intermédiaire entre le secrétaire d'État et les colons et transmettaient les requêtes et doléances de ces derniers en y joignant leurs observations. Leur activité n'était pas aussi illusoire qu'on serait tenté de se le figurer; elle était une garantie contre l'arbitraire du gouverneur et de l'intendant qu'elles étaient appelées à surveiller. Les chambres avaient la mission délicate, toutes les fois qu'un de ces hauts fonctionnaires quittait la colonie, de donner au ministre de la marine un avis signé de tous ses membres, sur son administration, son caractère, sa probité et le talent dont il avait fait preuve.

Le 1er avril 1768 [1], le Roi « ayant jugé convenable d'accorder aux membres des chambres d'agriculture une marque de la satisfaction qu'il avait de leurs services », leur accorda un privilège : ils furent à l'avenir *exemptés de la capitation* de douze nègres pendant la durée de leurs fonctions.

Enfin Choiseul introduisit des modifications dans le gouvernement ecclésiastique. Il n'y avait pas dans nos colonies de clergé régulier. Le père Du Tertre, dominicain, qui a écrit l'histoire des Antilles, raconte que l'ancienne compagnie des Indes occidentales ne pouvant se procurer des aumôniers à gages, se servait des prêtres que le hasard lui offrait. Quand la compagnie fut abolie

1. Ordonnance du Roi sur les chambres d'agriculture. Mor. de Saint-Méry, à sa date.

par édit de décembre 1674, le Roi se chargea des dépenses nécessaires au service divin et de la subsistance des curés, prêtres et autres ecclésiastiques; mais les ordres religieux établis dans nos îles, jésuites, dominicains et capucins, continuèrent à se partager la desserte des paroisses où ils étaient établis. Les lettres patentes de septembre 1721 confirmèrent les dominicains dans leurs établissements; les dominicains succédèrent aux jésuites dans leurs cures, dès que Choiseul eut aboli cet ordre; enfin les capucins reprirent possession des paroisses de Saint-Domingue. Il n'y avait pas entre les divers membres du corps des desservants, d'ordre hiérarchique, pas de discipline régulière, et la puissance coercitive, conséquence de la police ecclésiastique attribuée au gouverneur, était illusoire; les missionnaires prétendaient être indépendants de l'autorité civile. Les supérieurs réguliers des missionnaires de chaque ordre avaient bien le titre de préfets apostoliques; mais ils étaient délégués par le Saint-Siège et ne relevaient que du Pape. A dater du 31 juillet 1763[1], les préfets apostoliques et vice-préfets furent obligés de faire vérifier en France leurs lettres d'attache et de faire enregistrer leurs pouvoirs par les conseils supérieurs. Ils devaient faire connaître au gouverneur la liste des desservants des cures. Les curés ou desservants des paroisses qui étaient chargés de tenir les registres de l'état civil devaient se faire installer solennellement par un officier de justice en présence des paroissiens assemblés. Les préfets apostoliques devaient en outre être Français et résider en France ou dans les colonies.

1. Déclaration du Roi du 31 juillet 1763.

Les nouvelles ordonnances, en démêlant les attributions contiguës de nos diverses autorités coloniales, restreignaient leur initiative, leur pouvoir de décision propre au profit du pouvoir central et, en imposant à toutes nos possessions une législation unique, substituaient la similitude à la diversité. C'était un nouveau progrès vers la centralisation. Il convient toutefois de signaler la partie libérale de la rénovation administrative à laquelle nous assistons.

S'il appartient au gouverneur général, de concert avec l'intendant, de dresser chaque année le budget de la colonie [1], de soumettre au Roi les projets d'amélioration, d'ouvrages et, en cas de guerre, de pourvoir aux travaux urgents sans autorisation préalable et après délibération du conseil de guerre, toutefois, même dans ce cas et quand il s'agissait de la sûreté de la colonie, les administrateurs ne pouvaient régler eux-mêmes l'imposition qu'après avoir épuisé tous les moyens possibles pour en faire arrêter le montant par la délibération des assemblées coloniales. Pour tout ce qui concernait l'établissement, la levée et la répartition des impôts, et aussi pour les impositions nouvelles et extraordinaires, l'autorité du gouverneur devait se borner aux convocations nécessaires et à la présentation des ordres du Roi à l'assemblée.

Cette assemblée se composait, à Saint-Domingue, des membres des deux conseils supérieurs et des quatre plus anciens commandants de chaque quartier. Dans les autres îles, le gouverneur et l'intendant étaient assistés d'une commission composée de quatre habitants nota-

1. Ordonnance du 1er février 1761, art. XV.

bles[1] qu'ils choisissaient eux-mêmes et auxquels ils joignaient le commandant en second et le principal commissaire de la marine. C'était là l'ébauche d'une représentation coloniale, ébauche bien timide, car ces assemblées n'étaient, ailleurs qu'à Saint-Domingue, que des commissions, ainsi réduites, disait Petit, pour « éviter la confusion du grand nombre », et il ajoutait : « la nomination de ces notables ne devrait pas être au choix des administrateurs; chaque paroisse devrait avoir la liberté de députer à l'assemblée au moins un contribuable qu'elle chargerait de ses intérêts et qu'elle instruirait de ses intentions, sans quoi le ministère n'aura plus que l'avis de gens peu instruits, complaisants par état, gagnés, intimidés, d'état à espérer une indemnité de leur contribution aux impositions consenties, ou peu intéressés à ces impositions et non le véritable sentiment de la colonie ».

Petit avait réclamé, pour tous nos conseils, les droits conférés à l'*assemblée nationale*[2] de Saint-Domingue; mais le moment ne semblait pas venu d'étendre à des colonies moins florissantes, le privilège dont jouissait cette île.

Les réformes de Choiseul étaient accueillies aux colonies avec enthousiasme et les conseils supérieurs ne ménageaient ni leurs éloges ni leurs témoignages de satisfaction : « La générosité avec laquelle M. le Chancelier et M. le duc de Choiseul ont donné les mains à un bureau de législation, disait le Procureur dans le conseil

1. Assemblée des notables. — Ouvrage précité. Participation des habitants à l'administration. Petit.
2. C'était le titre que prenaient les deux conseils supérieurs assemblés quand ils votaient l'octroi du Roi.

du Cap assemblé, caractérise des âmes élevées qui ne sont jamais arrêtées par une fausse jalousie lorsqu'il s'agit d'opérer le bien public.... Les colons, en même temps qu'ils sont pénétrés de reconnaissance envers le Monarque et ceux à qui ils doivent cet heureux établissement, sentent aussi combien ils devront à des députés laborieux et actifs s'occupant sans relâche du bien de la colonie. Ils prévoient les soins, les voyages, les frais de bureau et le séjour coûteux de la capitale auxquels ces places assujettissent ceux qui en sont revêtus et il leur paraît aussi juste que décent de les dédommager de leurs travaux et de leurs dépenses par un traitement sur la caisse municipale. » Le conseil votait en conséquence 6 000 livres de gratification à Petit et 3 000 livres à L'Héritier, députés de Saint-Domingue. Le conseil de Port-au-Prince, suivant l'exemple de celui du Cap, accordait 3 000 livres à L'Héritier et 9 000 livres à Petit, « en considérant que c'était en grande partie aux mémoires et projets que le sieur Petit avait présentés que l'on devait un établissement aussi avantageux pour la colonie et dont elle avait commencé à ressentir les bons effets par la répression des abus de l'État-Major ». Ces générosités qui devaient être payées sur la caisse des droits municipaux ne furent pas acceptées des députés. Les arrêts des conseils du Cap et de Port-au-Prince, qui les leur avaient octroyées, furent d'ailleurs cassés, la même année, par un arrêt du conseil d'État (21 mai 1763).

CHAPITRE XIV

LES NOUVELLES « TROUPES NATIONALES »
LA RÉFORME MILITAIRE ET MARITIME

Encadrement des milices dans les troupes réglées. — Réorganisation des milices. — Ban et arrière-ban. — Projets de Petit pour la réforme maritime. — Les bâtiments de la marine marchande pourront être réquisitionnés en temps de guerre. — Création d'inspecteurs des constructions navales. — Réorganisation des ports par Rodier et Truguet. — La défense doit être concentrée à Brest et à Toulon. — Progrès des armements maritimes en 1771. — Ordonnance générale de la marine du 25 mars 1765. — Réforme du Grand-Corps. — Aperçu de l'organisation de la marine avant cette réforme. — Ordonnance du 18 février 1772. — Réorganisation de l'artillerie. — L'infanterie de terre doit en temps de guerre être transformée en infanterie de marine.

Les dernières opérations de la guerre de Sept Ans avaient été conduites par Choiseul avec beaucoup d'habileté et d'économie. Il dépensait chaque année soixante millions de moins que son prédécesseur, le maréchal de Belle-Isle. En ce qui concerne la défense des colonies, il avait fait équiper et instruire des compagnies de miliciens de toute arme, levées parmi les habitants, fantassins, cavaliers et même artilleurs, dont il avait tiré le meilleur parti en les incorporant dans les troupes réglées. Aussitôt la paix assurée, l'effectif avait été réduit et les milices licenciées.

L'uniformité de composition de l'armée de terre, la fixité des cadres, étaient des réformes de premier ordre, introduites par les ordonnances de 1762 et qui donnaient à notre armée une consistance et une solidité qu'elle n'avait jamais eues. Jusque-là, en effet, les divers corps d'une même arme différaient entre eux par le nombre de bataillons, d'escadrons, de compagnies, ce qui rendait l'instruction et les manœuvres d'ensemble difficiles sinon impossibles; à dater de 1763, les corps d'une même arme reçurent une constitution identique; enfin l'invariabilité des cadres permettait de diminuer ou d'augmenter le nombre des soldats d'un régiment, selon le besoin, sans avoir à en réformer ou à en créer de nouveaux. Cette organisation rendait possible, en temps de guerre, en ce qui concernait les colonies, l'introduction des milices dans les cadres des troupes royales chargées de leur défense. Aussi, à la paix, et par l'ordonnance du 24 mars 1763, Choiseul avait licencié les milices en déclarant que le service militaire et la police de nos îles seraient faits seulement par les troupes réglées.

Cette mesure avait été accueillie avec une vive satisfaction. Les habitants regardaient le service des milices, en temps de paix, « comme leur plus cruel fléau[1] »; les chambres d'agriculture y étaient opposées. L'enrôlement des colons les obligeait en effet à un service régulier et les plantations en souffraient. Aussi, quand

1. Ce sont les termes mêmes dont se sert Choiseul dans une de ses lettres au gouverneur de Saint-Domingue, le chevalier de Rohan, qui avait succédé à d'Estaing.

le ministre, revenant sur sa décision première, annonça son intention de rétablir et de réorganiser les *milices* sur le pied de guerre sous le nom de *troupes nationales*, des représentations lui furent adressées par toutes nos colonies; l'ordonnance du 20 mars 1764 qui consacrait cette réorganisation et annulait celle du 24 mars 1763 provoqua à Saint-Domingue une véritable révolte [1]. « Le nom seul de milice est odieux, écrivait d'Estaing, gouverneur général de Saint-Domingue, à Choiseul; la foule des gérants, des économes d'habitations et des petits marchands des villes qui forment le public de Saint-Domingue l'abhorrent. »

Deux raisons avaient déterminé Choiseul à revenir sur ses premiers desseins : la nécessité d'avoir des miliciens instruits et prêts à toute éventualité, et le besoin de faire des économies sur l'entretien des troupes royales dans nos îles.

Le 2 janvier 1764 le Roi écrivait au comte d'Estaing : « Les habitants de ma colonie de Saint-Domingue se trouvant en petit nombre, eu égard à celui des esclaves de leurs habitations qui sont autant d'ennemis domestiques, je trouve qu'il est nécessaire de les entretenir toujours armés, pour en imposer à leurs esclaves, et qu'en les formant en compagnies détachées qu'on pourra réunir au besoin, il sera facile d'en tirer un bon parti, en cas de guerre, non seulement pour s'opposer à une descente de la part des ennemis, mais même pour former quelque entreprise sur les colonies étrangères, s'il y a lieu.... Pour vous mettre en état de former ces compagnies sous le nom de *troupes nationales*, vous

1. Voir Dessalles, *Histoire des Antilles*, t. V, p. 477.

examinerez la force des différents quartiers, l'état et la qualité de leurs habitants, afin de les composer de manière à ne point confondre les états et à les distinguer suivant le rang que les habitants tiennent dans la colonie. Je vous autorise à les établir sur le pied de cinquante hommes par compagnie, avec un capitaine, un lieutenant et un sous-lieutenant à leur tête, même de nommer des commandants particuliers dans chaque quartier, sous les ordres du sieur d'Argout, brigadier de mes armées que j'ai nommé commandant et inspecteur général des dites *troupes nationales* sous vos ordres; enfin, je vous autorise à faire dans cet établissement tout ce que vous estimerez être du plus grand bien de mon service et de le faire exécuter jusqu'à ce que j'y aye statué, sur le compte que vous m'en rendrez [1]. »

Conformément à ces ordres, d'Estaing élabora l'ordonnance générale des milices qui reçut la sanction royale le 15 janvier 1765. Cette ordonnance ne comprend pas moins de quatre cents articles, non compris les règlements complémentaires, et fut mise en vigueur dans toutes nos Antilles.

Tous les habitants au-dessus de seize ans et jusqu'à cinquante ans étaient tenus de s'armer; ils étaient divisés en ban et arrière-ban. Les propriétaires d'exploitations devaient équiper un blanc pour 80 nègres.

Le ban était composé des flibustiers royaux et des milices et l'arrière-ban de tous les exempts. Les flibustiers royaux comprenaient tous les marins dans la colonie, même les pêcheurs.

Nos îles étaient divisées en paroisses ou quartiers; il

1. Moreau de Saint-Méry, t. IV, p. 637.

y en avait quarante-sept à Saint-Domingue, compris dans douze divisions provinciales dont chacune avait un chef-lieu, comme *le Cap*, *Limonade*, *Port-au-Prince*, etc.

Il y avait un inspecteur général de toutes les milices, un inspecteur provincial, enfin chaque quartier était commandé par un capitaine de milices.

Les commandants de quartier et autres officiers avaient la police de leurs quartiers, mais ils ne pouvaient en aucun cas se mêler des affaires juridiques et contentieuses entre colons.

Les membres des conseils, ceux des chambres d'agriculture étaient dispensés du service.

Les mulâtres et les nègres libres servaient dans les milices; ils étaient tenus d'armer deux miliciens, eux compris, pour une propriété de 20 nègres et un de plus par chaque supplément de 20 nègres.

Les fusils des boucaniers furent remplacés par une arme plus perfectionnée, celle des mousquetaires et des grenadiers de France. En février 1765, d'Argout avait armé les milices de Saint-Domingue de quinze mille de ces fusils.

Les miliciens devaient s'exercer au tir à la cible au fusil et au canon. Les flibustiers royaux étaient destinés à la garde et au service des batteries de la côte.

Le remplacement était admis, moyennant le paiement d'une taxe de 320 livres qui devait servir à organiser, sous le nom de première légion, une sorte de maréchaussée pour faire la police et donner la chasse aux nègres marrons; un blanc pouvait se faire remplacer par un blanc ou par deux mulâtres.

Le ban de chaque quartier était divisé en trois parties dont une restait toujours dans le quartier. Le tour de chaque partie pour le service actif revenait tous les six mois. Les habitants avaient la faculté de discipliner leurs nègres. Quant à l'arrière-ban il ne sortait pas du quartier dont il avait la garde. Les officiers de milices pouvaient mériter la croix de Saint-Louis et les nègres et mulâtres libres « des médailles de la vertu et de la valeur ».

En même temps que le rétablisement des milices, d'Estaing demandait aux deux conseils du Cap et de Port-au-Prince de voter, au profit du Roi, un octroi de 4 000 000 de livres, au lieu des 2 500 000 qui étaient perçues d'ordinaire. C'étaient là de lourdes exigences et les deux conseils se réunirent en assemblée nationale pour délibérer. La lettre du Roi motivait cette augmentation d'impôt par les frais faits durant la guerre pour subvenir à la défense de la colonie et à l'entretien des troupes. Les conseils consentaient bien à accorder les 4 000 000 de livres qu'on leur demandait; mais se faisant les interprètes des vœux de la colonie, ils y mettaient comme condition, le maintien de l'abolition des milices; et encore ne voulaient-ils voter ces impôts que pour cinq ans. Pour tourner la difficulté, d'Estaing convoqua séparément deux *assemblées nationales*, l'une au Cap et l'autre à Port-au-Prince. Outre les membres des conseils elles comprenaient un certain nombre de planteurs et de négociants habilement choisis : c'étaient de véritables *assemblées de notables*. Elles votèrent l'impôt de 4 000 000 sans difficulté[1].

1. Le 1er avril 1768, Rohan, qui avait succédé à d'Estaing, reçut l'ordre d'en finir avec la question des milices et de supprimer le rachat et la légion de Saint-Domingue; le conseil du Cap ne refusa pas l'enregistrement; il n'en fut pas de même à Port-au-Prince. La résistance devint très vive. Il y eut un véritable soulèvement dans la province

Les milices une fois réorganisées, Choiseul n'ignorait pas que pour défendre les colonies une escadre solide est encore la meilleure forteresse. L'histoire lui avait appris que nos premiers colons abrités par de simples palissades, par quelques murailles élevées sur les côtes, mais protégés par la marine de Louis XIV, avaient pu non seulement repousser l'Anglais, mais encore l'entamer chez lui. Aussi avait-il demandé aux officiers compétents des mémoires sur la réorganisation de la marine. Petit, Truguet et Rodier avaient répondu à son appel [1]. « De la marine dépendent les colonies, écrivait Petit, des colonies le commerce, du commerce la faculté pour l'État d'entretenir de nombreuses armées, d'augmenter la population et de fournir aux entreprises les plus glorieuses et les plus utiles [2]. » Petit voulait que la marine marchande pût en temps de guerre venir au secours de la marine royale. « Je voudrais, écrivait-il, qu'il y eût dans chacune de ces grandes villes de commerce telles que Nantes, Bordeaux, Marseille, etc., 30 vaisseaux marchands qui, quoiqu'ils n'eussent pas de sabords, fussent,

de l'Ouest; on afficha des libelles injurieux pour les administrateurs. Le conseil d'État cassa les arrêts du conseil de Port-au-Prince et décréta sa dissolution; le 7 mars 1769, les conseillers furent arrêtés et embarqués pour le Cap; aussitôt l'agitation augmenta; des bandes de mulâtres parcouraient la campagne; il fallut envoyer les troupes contre elles; leur chef, un certain Destrées, fut pris, jugé et exécuté. Tout, dès lors, rentra dans l'ordre et un nouveau conseil fut installé à Port-au-Prince.

1. Documents consultés : Mémoires généraux sur l'organisation de la marine, G. 122. Mémoires de MM. Rodier et Truguet, premiers commis, sur diverses parties de la marine. Essai sur la marine, par M. Petit, lieutenant de port, 1762, G. 128. Mémoire du duc de Choiseul sur l'organisation de la marine, G. 127. Faits et décisions des ministres, G. 49 et G. 50. Classes, commerce, 1763-1770, G. 81. Finances, G. 132. Défenses des côtes, G. 160, 161. Lettres de M. de Choiseul, 1760-1786, G. 165. Archives de la marine.

2. Archives de la marine, mémoires et projets, G. 216.

dans le cas de déclaration de guerre, en ouvrant les sabords, des frégates de 30 canons de 12 qu'on trouverait toutes faites et qui laisseraient à nos ports un plus grand nombre de vaisseaux de ligne. »

Pour réaliser ses vues, Petit demandait qu'on réglementât et qu'on surveillât la construction des navires marchands. « Est-il convenable, écrivait-il, que nous laissions à tout particulier, entière liberté sur la solidité et configuration de ses vaisseaux, tandis que les richesses de l'État et la vie des citoyens ou leur esclavage en dépend. La plupart des bâtiments marchands sont des sabots, car on veut, avec le moins de dépense possible en bois, faire porter le plus qu'on pourra aux dépens de toute autre propriété, de façon que ces navires vont au plus près comme la fumée et marchent comme des écrevisses.... La guerre se déclare, le commerce continue ses envois : que deviennent ces bâtiments vis-à-vis des corsaires et des frégates? aussitôt vus, aussitôt pris. Des richesses immenses deviennent la proie des ennemis ; nos citoyens gémissent dans les fers et dans les prisons et nos forces maritimes en sont privées ; c'est ce qui nous est arrivé dans les deux dernières guerres, indépendamment de ce que la marine royale a fourni de son écot. Il s'agit cependant de quatre à cinq cent millions de livres et de vingt-cinq mille matelots. » Rodier et Truguet s'associaient à Petit pour demander qu'on créât des postes de sous-constructeurs ou inspecteurs qui seraient envoyés dans nos principaux ports de commerce. Aux appointements de douze mille livres, ils devaient surveiller la construction des navires marchands et fournir gratuitement des plans approuvés par les constructeurs en chef.

Enfin Petit demandait qu'il y eût en outre des vaisseaux légers, fins voiliers, à marche rapide et dont la vitesse excédât celle des vaisseaux de guerre, quinze ou vingt flûtes de huit à neuf cents tonneaux, destinées à approvisionner les colonies et à passer des troupes. « Vous prendriez tout cela armé et équipé de nos villes de commerce..., en jetant ces deux corvées sur le commerce pour le temps de besoin et le leur payant après la guerre, vous pouvez avoir en la commençant trente vaisseaux de ligne de plus [1]. »

Des postes de sous-ingénieur selon le vœu de Petit furent créés à Nantes, Bordeaux, le Havre et Marseille. Pour ne point donner l'alarme à l'Angleterre, aucun règlement public n'intervint, mais le gouvernement se réservait d'acheter, en temps de guerre, les navires marchands construits d'après les plans des ingénieurs du Roi.

Rodier et Truguet, de leur côté, étudiaient la réorganisation de nos forteresses maritimes. On appelait départements, ceux de nos ports où il y avait des arsenaux établis, des magasins pour contenir les bois et matières premières nécessaires aux constructions navales et des ateliers pour les mettre en œuvre.

Le port de Brest dans l'Océan et celui de Toulon dans la Méditerranée étaient les deux premiers départements, Brest pour le ponant et Toulon pour le levant ; Rochefort était le troisième, puis venaient le Havre, Dunkerque, Port-Louis et Bayonne. Tous ces ports, à l'exception de ceux de Brest et de Toulon, étaient trop petits ou trop incommodes pour y abriter une marine telle que celle qu'on se proposait d'entretenir; aussi, d'après l'avis de

1. Petit, Mémoire précité.

Rodier et de Truguet, « ils ne devaient plus être considérés que comme des ports de commerce ou tout au plus comme propres à faciliter le transport des bois et autres matières nécessaires à l'entretien de la marine militaire ». Il en était ainsi du port de Rochefort; la difficulté qu'on avait à conduire les vaisseaux en rade de l'île d'Aix, même non armés, sans compter les inconvénients du Pertuis-Breton et du Pertuis-d'Antioche qu'il était nécessaire de franchir, inconvénients qu'on n'avait que trop éprouvés lors de la dernière guerre, obligeaient à déclasser ce département. Il ne devait plus être qu'un entrepôt de munitions pour les colonies, auquel seraient affectées quelques frégates et quelques flûtes nécessaires au transport de ces munitions. Rochefort devait servir également de dépôt de troupes. Bordeaux dépendait du département de Rochefort. Le Havre devait avoir à peu près la même destination que ce dernier port.

Dunkerque avait une situation avantageuse pour courir sus au cabotage des Anglais, surtout à celui de la Tamise. Pour ne pas exciter la jalousie de nos voisins, Rodier et Truguet conseillaient de n'y entretenir, en temps de paix, que quelques frégates et corvettes, sauf à y faire passer, à la première menace de guerre, des vaisseaux de cinquante canons.

Quant au Port-Louis, il ne pouvait être utile que si la marine du Roi avait le port de Lorient pour y construire et armer ses vaisseaux. Tant que ce port restait affecté à la compagnie des Indes, il rendait inutile le département de Port-Louis. Aussi, jusqu'à la reprise de Lorient par le Roi à la compagnie, ce département ne fut regardé que comme un quartier des classes.

Bayonne, le moins considérable de tous les départements, était cependant très utile par sa situation, par la bonne qualité des bois qu'on tirait de son voisinage surtout pour la mâture des vaisseaux : les mâts des Pyrénées étaient très estimés. Mais on ne pouvait introduire dans ce port que des frégates légères, une barre de sables mouvants rendant l'entrée et la sortie de sa rade aussi difficile que dangereuse.

D'après le plan des deux commis de la marine, toutes nos forces navales devaient être concentrées dans deux ports : celui de Brest dans l'Océan, celui de Toulon dans la Méditerranée. Ils souhaitaient que l'on en pût avoir un troisième dans la Manche pour répartir ces forces. Le port de la Hougue, dans la basse Normandie, leur semblait convenir à cet effet, d'autant que les plus gros vaisseaux y entraient et en sortaient facilement par toutes sortes de vents. « Mais, attendu, écrivaient-ils à Choiseul, que la dépense à faire pour un pareil établissement serait trop forte pour pouvoir l'entreprendre, on s'en tiendra au plan proposé, jusqu'à ce que les circonstances permettent de penser à cet établissement. »

Choiseul suivit ce projet, à la lettre, il ne fit point de la Hougue un port militaire, l'argent manquait; mais il entreprit de fortifier Toulon sur les plans de l'officier du génie, Bourcet. « En 1768, Toulon qui était aussi aisé à prendre qu'un village, sera une place de premier ordre », écrivait le ministre de la marine à Louis XV en 1765. En même temps il entreprenait l'agrandissement de Brest ensablé par la rivière de Penfeld (ou Pinfeldt), au point que le port qui pouvait contenir, en 1688, quatre-vingts vaisseaux de haut bord en pouvait à peine abriter trente en 1763. La Penfeld fut curée ; les magasins et les arsenaux furent rétablis; les travaux exécutés pendant l'espace de dix-huit mois ne coûtèrent pas moins de neuf millions [1].

Le Gave de Pau fut rendu navigable sur un cours de 100 kilomètres et un premier convoi de mâtures descendit à Bayonne sur cette rivière, conduit par l'intendant de la province, d'Etigny; « il fut reçu au bruit du canon et aux acclamations de la foule » [2].

Le ministre de la marine ne laissa à Port-Louis et à Rochefort que « quelques munitions et ustensiles de peu

1. « J'ai entrepris les fortifications de Toulon sur les mémoires du sieur Bourcet, qui m'a fait connaître le danger où a été cette place dans la dernière guerre. Je lui ai donné la direction de cet ouvrage. En 1768, Toulon qui était aussi aisé à prendre qu'un village, sera une place de premier ordre.... Enfin, sire, j'ai osé entreprendre un grand projet à Brest. Ce port, unique pour votre marine et le seul formidable à vos ennemis : 1° n'était pas fortifié et courait les risques des événements de la guerre; 2° il n'était pas suffisant pour contenir la plus grande partie de vos forces navales. La rivière de Pinfeldt, qui forme le port, s'était engravée successivement; l'on n'y avait apporté d'autre remède que celui d'avancer la chaîne à mesure que le sable gagnait le port, et je n'ai été instruit de la situation de Brest qu'à la paix. Lorsque j'ai voulu y faire passer une certaine quantité de vaisseaux, on me répondit qu'ils ne pourraient pas tenir dans le port. J'avais sous les yeux le nombre qu'il y en avait eu du temps de Louis XIV. Je ne compris pas d'abord ce qui avait changé depuis ce temps la rivière et le port et c'est à l'explication que j'ai appris qu'un port qui tenait, en 1688, 80 vaisseaux de ligne, n'en pouvait pas tenir 30 en 1763. Je crus donc qu'il n'y avait rien de si pressé que de curer cette rivière et de rendre au port son premier espace; 3° il y avait eu depuis vingt ans plusieurs magasins brûlés dans le port de Brest; on n'en a refait aucun et cette partie de magasins si importants dans un port de cette considération était dans un désordre affreux. J'ai fait travailler pendant dix-huit mois sur ces trois objets, les plus habiles ingénieurs de Votre Majesté et ceux dont les talents et la probité m'étaient plus connus. J'ai adopté leur projet, je l'ai expliqué à Votre Majesté. Les travaux sont immenses, la dépense est considérable, car elle ira à peu près à neuf millions. Mais Votre Majesté aura un grand port et elle n'en avait pas dans la situation où était Brest. J'ai cru qu'il valait mieux mettre Brest dans toute la valeur dont ce port est susceptible que de vous proposer, ainsi qu'il y a eu mille projets, de faire un nouveau port. » (Choiseul. Mémoire au Roi.)

2. Moufle d'Angerville, *Vie privée de Louis XV.*

de conséquence » et fit passer le reste à Brest. Brest devait tirer des approvisionnements du Havre et de l'île d'Indret sous Nantes, transformés en grands entrepôts facilement approvisionnés par la Seine et la Loire.

« On ne doit pas craindre de surcharger Brest, écrivait Choiseul au Roi[1]; l'exemple que l'on a de l'ancienne marine prouve que l'on peut avoir dans ce port 45 vaisseaux. Il y en avait ce nombre en 1692 avec 14 frégates, 13 brûlots, 14 flûtes et 4 barques longues. » — « D'après la distribution des vaisseaux dans les ports, écrivait encore le premier ministre, il est constant que dans cette année 1763 la marine du Roi est composée ou le sera en 1764 de 61 vaisseaux de ligne et de 19 frégates; je pense que ces forces sont suffisantes pour la paix et qu'il serait plus nuisible qu'utile de les augmenter; mais, en même temps, je crois indispensable d'avoir en magasin et prêts à construire, au moment où on le voudra, 19 autres vaisseaux et 16 frégates, quand les magasins tant particuliers que généraux seront remplis de l'approvisionnement nécessaire pour les vaisseaux existants, de sorte qu'en temps de guerre, le Roi puisse armer 80 vaisseaux et 35 frégates, soit de nouvelle, soit d'ancienne construction. Cette force de paix et de guerre me paraît la véritable proportion de la marine de France; je pense que bien dirigée elle est suffisante, soit pour la défensive, soit pour l'offensive, même vis-à-vis de la marine d'Angleterre, bien supérieure en nombre[2]. »

Enfin après avoir ramené partout l'activité dans nos chantiers de construction, Choiseul mandait au Roi en

1. Mémoire précité.
2. Mémoire de Choiseul sur la marine, G. 127, 1763. (Arch. de la Marine.)

1765 : « Vous aviez, Sire, au commencement de 1763, 44 vaisseaux de ligne tant bons que mauvais et 10 frégates. Vous avez à présent 63 vaisseaux de ligne et 31 frégates. J'ai presque doublé les forces de Votre Majesté, à la différence que l'été prochain, ces 63 vaisseaux seront tous en état d'aller à la mer et en état de tous points, au lieu que quand j'en ai pris le soin, ils étaient dans un désordre affreux [1]. »

En 1771, c'est-à-dire après la chute du ministre, les progrès étaient plus sensibles encore, il y avait en tout 72 vaisseaux, 37 frégates et 62 petits bâtiments [2].

De même qu'il avait codifié la législation coloniale, Choiseul promulgua le 25 mars 1765 un nouveau code de la marine en seize livres qui modifiait la grande ordonnance de 1689.

Nous serions incomplets si nous ne disions quelques mots des réformes introduites dans la marine militaire, et dans le *Grand-Corps*.

Jusqu'en 1762 l'organisation de la marine militaire était encore celle de Louis XIV; quatre classes distinctes d'officiers la composaient. Les uns étaient attachés au service des vaisseaux, sous le titre d'officiers de vaisseau, d'autres à l'administration des arsenaux sous les titres d'intendant, commissaires et écrivains, d'autres au service de l'artillerie, sous le titre d'officiers d'artillerie, d'autres enfin aux différents travaux du port sous le titre d'officiers de port.

1° Les officiers de vaisseau commandaient les compagnies franches de la marine, c'est-à-dire les troupes

1. Mémoire au Roi, précité, 1765. (Giraud, *Journal des Savants*, 1881.)
2. Faits et décisions des ministres. (Arch. de la Marine, année 1771, p. 82.)

spécialement attachées à la marine. Les officiers de cette première classe servaient indistinctement sur tous les vaisseaux de la marine royale. Ils composaient ce qu'on appelait le *Grand-Corps*, recruté exclusivement dans la noblesse du Royaume, c'est-à-dire parmi les gardes de la marine dont il y avait une compagnie-école dans chacun des ports de Brest, de Toulon et de Rochefort.

2° Les officiers d'artillerie avaient sous leurs ordres des compagnies de bombardiers et d'apprentis canonniers tirés des classes des matelots. On n'exigeait point que ces officiers fussent d'extraction noble; ils entraient au service en qualité d'aides d'artillerie. Ils ne servaient comme officiers de vaisseau que dans les cas extraordinaires.

3° L'intendant et, sous ses ordres, les commissaires et écrivains étaient chargés des approvisionnements, des magasins, de la manutention, des finances, de la police des arsenaux, des classes des matelots, du salaire des ouvriers, etc.

4° Les officiers de port, sous l'autorité du commandant du port et aux ordres de l'intendant, s'occupaient de la construction et du radoub des vaisseaux, de leur équipement, de l'amarrage des bâtiments dans les ports et rades, enfin de tous les travaux et des opérations mécaniques du port. Ces officiers étaient ordinairement tirés de la marine marchande et quelquefois de bonnes familles bourgeoises; ils étaient reçus au service en qualité d'aides de port et ne servaient à la mer que dans les cas où le nombre des officiers de vaisseau n'était pas suffisant pour fournir à tous les armements.

Ainsi, dans l'organisation que nous venons d'esquisser, les officiers des trois dernières classes n'étaient que les

« humbles serviteurs du Grand-Corps »[1], ils construisaient les vaisseaux, préparaient les machines et les instruments de navigation et de guerre; la première classe seule, celle des officiers de vaisseau, en avait le commandement et la direction. Les barrières infranchissables du rang et de la naissance rendaient le Grand-Corps inaccessible aux officiers des trois autres classes et à tous ceux qui ne sortaient point des rangs des gardes de la marine. Ces privilèges encourageaient l'orgueil et perpétuaient l'incapacité et la jalousie des officiers. Aussi Choiseul avait-il projeté de supprimer le corps privilégié des gardes de la marine en ouvrant la porte au mérite et en donnant au gouvernement la liberté de recruter les officiers de vaisseau parmi les officiers d'artillerie de marine, les officiers de port, voire les corsaires et les capitaines marchands qui s'étaient distingués lors de la dernière guerre; il y eut un tel soulèvement dans la noblesse et à la cour, qu'il dut ajourner une réforme aussi radicale. Néanmoins il « mit à pied » tous les officiers du Grand-Corps dont la conduite avait laissé à désirer pendant la guerre. Il conserva les meilleurs et les plus jeunes, ceux qui donnaient le plus d'espérances et les avança en grade; afin d'ouvrir la porte au mérite pauvre, il augmenta leurs appointements. « Il s'était introduit un découragement déshonorant dans ce corps, écrivait Choiseul au Roi[2]; l'ignorance, les mauvais succès, le peu de protection produisent nécessairement le découragement qui enfante la négligence dans le service, anéantit le zèle, tourne en ridicule les talents,

1. Truguet, Mémoire.
2. Mémoire de 1765.

ainsi que la volonté d'en avoir, et conduit à la fin au déshonneur. J'ai cru entrevoir, en prenant la direction de la marine, que ce corps était bien près de cette fin. L'on suivait avec apathie l'ancienne ordonnance de 1689, qui, dans bien des articles, ne pouvait pas être adaptée au service de la marine actuelle, parce que la marine de France et la marine d'Angleterre ne sont pas les mêmes qu'elles étaient en 1689. Le corps de la plume était l'objet de l'animosité de l'épée. La plume, de son côté, se targuait des avantages de l'ordonnance, négligeait les intérêts de Votre Majesté pour les siens propres, occupait les bureaux, lesquels, unis avec elle, méprisaient et maltraitaient les officiers; de sorte que personne ne songeait et ne se souciait d'aller à la mer; mais l'on était occupé à se déchirer dans l'intérieur, à se mépriser, à dire du mal du ministre, des bureaux, des uns et des autres. Ce n'est pas qu'il n'y eût des gens d'esprit et de mérite dans les deux états; mais leurs voix étaient étouffées par la multitude et, d'ailleurs, il fallait avoir un courage surnaturel pour résister au torrent. Je cherchai, dès les premiers instants que je dirigeai cette partie, à connaître les talents et le caractère des différents individus à qui je devais commander. Je fus étonné du nombre d'officiers instruits et d'esprit que je trouvai dans un corps abâtardi. J'en fis venir une certaine quantité de Versailles. Nous avons eu, pendant un hiver, sur toutes les parties de la marine, des conversations raisonnées. J'y ai puisé beaucoup de lumières. En m'instruisant, j'ai tâché de leur faire sentir que je m'instruisais. Je me suis attaché à acquérir leur confiance et le résultat de ce travail qui a été fait en commun, a été, après un examen de ma part de plus d'un an, l'ordonnance générale de la marine[1] que j'ai proposé à Votre Majesté de rendre. Je crois, Sire, que les officiers de la marine de Votre Majesté ont infiniment plus de connaissances que ceux de la marine de Louis XIV n'en avaient; il leur manque l'expérience que je tâche de leur donner en les employant, soit à la mer, soit dans les ports, autant qu'il est possible. Je pense qu'il faut avancer les jeunes gens : il y en a de première distinction et qui feront honneur au siècle. »

Il usa d'un autre moyen pour abaisser les barrières qui séparaient les différentes classes d'officiers, il fondit en un seul corps tout le personnel de la marine militaire et le divisa en huit régiments qui reçurent dans la suite la dénomination de brigades. Six de ces brigades furent affectées au port de Brest, les deux autres au port de Toulon. (Nous avons dit plus haut que Rochefort n'était plus une place de guerre.) Chaque brigade formait ainsi un corps isolé ayant ses cadres distincts, sa hiérarchie à part, et le Grand-Corps se trouva morcelé et détruit. Les unités navales étaient réparties par égale portion entre chacune des huit brigades; enfin, chaque brigade était chargée de la garde et de l'entretien de ses vaisseaux respectifs, de leurs magasins et agrès, des réparations, de l'artillerie, etc.

Les perfectionnements de cette dernière arme étaient l'objet des plus constantes préoccupations du ministre. Gribeauval et le chevalier de Mouy réorganisèrent l'artillerie de campagne en vue de « sa prééminence vis-à-vis de celle des autres puissances[2] ».

1. Ordonnance générale de la marine du 25 mars 1765 que nous avons indiquée précédemment.
2. Mémoire de 1765.

Quant à l'artillerie de marine, écrit le ministre au Roi, « cette partie essentielle était fort négligée, les canons et les fers coulés n'étaient pas du même calibre d'un port à l'autre. Depuis Louis XIV, on avait négligé l'artillerie qui était livrée à des entrepreneurs. J'ai réuni l'artillerie de mer à celle de terre. J'ai formé des brigades; j'en ai fait un corps solide et engagé qui assure un fonds de matelots en même temps qu'il emploie de bons canonniers. Il faut encore quelques années pour que ces brigades aient pris quelque consistance; mais elles commencent à montrer l'utilité dont elles sont. Un chef d'escadre nommé Moroguer qui est à la tête de cette partie, est un homme aussi zélé qu'instruit. On a fait refondre par Martil tous les canons de la marine. A la fin de 1767, elle aura tout ce qu'il lui faut d'artillerie, ainsi que je l'ai montré à Votre Majesté dans un de mes derniers travaux avec Elle. »

C'est à la même époque que les compagnies franches étant insuffisantes, les régiments d'infanterie furent affectés au service de la mer : disposition nouvelle qui se légitimait, aux yeux de Choiseul, par la nécessité de concentrer tous nos moyens d'action contre l'Angleterre. « La marine avait des troupes qui occasionnaient une assez grande dépense sans utilité. J'ai cru qu'il était plus utile d'employer les fonds destinés aux troupes de la marine en approvisionnements et faire servir les régiments d'infanterie de Votre Majesté sur les vaisseaux. Cette union des deux armes est essentielle à établir petit à petit, parce que les ennemis de la France sont les Anglais et qu'il faut employer le génie de toutes les forces de la nation contre eux. D'ailleurs, dans une guerre longue, en suivant cette méthode, les fantassins serviront aux manœuvres et deviendront matelots, en augmentant la paye de ceux qui embarqués montreront plus de volonté et d'aptitude à ce métier, ce qui soulagera les classes, accélérera les armes, et donnera de la confiance aux officiers en leur équipage. C'est dans cette vue, je crois, qu'il est utile de faire servir les troupes d'infanterie sur les vaisseaux. Ce moyen deviendra grand par la suite si Votre Majesté se le rappelle et ordonne qu'il soit suivi [1]. »

L'abbé Terray, ministre de la marine du 24 décembre 1770 au 9 avril 1771 ; de Boynes, qui occupa le département jusqu'au 20 juillet 1774, mirent la dernière main aux projets de Choiseul et achevèrent son œuvre. Deux ordonnances particulières du 29 août 1773 et destinées à compléter l'ordonnance du 18 février 1772 portèrent une nouvelle atteinte au recrutement du Grand-Corps, en réduisant le nombre des gardes de la marine et en établissant des *écoles royales de marine* destinées à former des officiers de vaisseau. L'une de ces écoles fut établie au Havre, une autre projetée à la Ciotat en Provence. Enfin une autre ordonnance du 1er janvier 1774 établit des *écoles d'élèves de port*. Cette dernière ordonnance qui ne fut point imprimée n'acquit pas de publicité, mais elle reçut son exécution; cette nouvelle école était destinée à assurer le recrutement de tout le personnel de l'intendance maritime.

1. Choiseul, Mémoire au roi, 1765.

CHAPITRE XV

NOTRE RÉTABLISSEMENT AUX INDES
FIN DE LA COMPAGNIE DES INDES ORIENTALES

Triste situation de la France aux Indes. — Law de Lauriston « commissaire du Roi ». — Lettre de Mir-Kassim-Ali-Khan, roi de Delhi; il ne désespère pas de la France ; l'Alsacien Sombre reste à son service comme général en chef. — Héroïsme de Sombre. — La bataille de Buxar. — Sombre épouse la reine de l'État de Sirdannah; sa politique. — Law relève les murs de Pondichéry. — Le gouverneur de Chandernagor projette un établissement français en Indo-Chine. — Mémoire en faveur de la Compagnie des Indes. — Morellet, l'adversaire du privilège, fait campagne contre elle. — Necker est élu directeur. — Situation financière de la Compagnie. — Sa fin est résolue. — Polémique entre Morellet et Necker. — Ordonnance du 13 août 1769 qui suspend le monopole de la Compagnie et ouvre le commerce des Indes à tous les citoyens. — Les Anglais craignent les effets de la liberté du commerce. — Pourquoi les compagnies privilégiées de commerce et de colonisation ont peu réussi en France.

Le baron Law de Lauriston[1] avait été chargé, aussitôt la paix, d'aller prendre possession des établissements qui nous restaient. C'était une mission que la jalousie anglaise et les troubles du grand empire mogol rendaient

1. Law de Lauriston était le neveu du fameux Jean Law, contrôleur général des finances. Il passait aux Indes en qualité de « commissaire du Roi, gouverneur général pour le Roi et la Compagnie des Indes ».

difficile. Il était pénible d'abandonner nos anciens clients, malgré leurs réclamations, aux représailles des Anglais. Law réussit, néanmoins, à suivre ses instructions qui lui recommandaient la neutralité et à recouvrer, après bien des tiraillements, les comptoirs villes et aldées demeurés français. Tout avait été détruit, tout était à recréer. Pondichéry étant ruiné, Law avait songé, un instant, à faire de Karikal le centre du gouvernement [1]; il dut y renoncer à cause des intrigues d'un des agents de la Compagnie nommé Boyelleau qui, profitant du mécontentement du conseil supérieur de voir déplacer le siège de sa résidence habituelle, avait projeté de faire déposer le gouverneur pour le remplacer. Boyelleau fut disgracié et de Lauriston s'installa à Pondichéry. A peine le pavillon du Roi y fut-il déployé que tous les Français, tous les Indigènes que la guerre avait dispersés s'empressèrent d'accourir; on dressa des tentes, on mit le feu aux broussailles, on nettoya les rues et chacun, cherchant au milieu d'un amas de ruines son ancien emplacement, se construisit une nouvelle demeure.

Le traité de 1763 reconnaissait Mehemet-Ali comme nabab du Karnatick et, en nous restituant, avec nos

1. C'était aussi l'avis du comte de Maudave. « Les Anglais, si soigneux à détruire tous les ouvrages que nous avions élevés, ont laissé subsister ceux de Karikal. J'ose vous prédire que si vous achevez cette enceinte, notre ville de Karikal deviendra l'entrepôt le plus riche et le plus fréquenté de la côte de Coromandel. Les marchands de Naour, de Négapatam, y chercheront un asile contre les vexations auxquelles ils sont trop exposés. Car, pour le remarquer en passant, j'ai vu, au mois d'août 1762, 15 000 habitants s'évader de la ville de Négapatam et emmener avec eux dans le Tandjaour tous les paysans des vingt aldées qui dépendent de cette ville, pour se mettre à l'abri de l'oppression et des concussions du gouverneur hollandais. » Mémoire du comte de Maudave à la Compagnie des Indes du 29 juillet 1767.

autres établissements, nos comptoirs du Bengale, nous avait imposé la condition expresse de n'y établir aucune fortification; nous n'avions même pas à Chandernagor une batterie de saluts. D'ailleurs les Anglais, poursuivant le cours de leurs succès, étaient plus puissants sur les rives du Gange qu'à la côte de Coromandel et là, surtout, les vexations ne nous étaient pas ménagées.

Bien que la paix fût signée, l'occasion ne manquait pas, sous différents prétextes, d'échanger quelques coups de fusil. Tous nos nationaux avaient été invités à rallier notre pavillon; cependant un grand nombre d'entre eux restés au milieu de l'ennemi prenaient parti contre lui et servaient dans les armées des nababs attachés à la France. « Une circonstance fort heureuse pour la nation française dans l'Inde, malgré toutes ses pertes passées et sa faiblesse actuelle, écrivait Law, est de n'être pas déchue dans l'esprit des seigneurs maures ou gentils »[1]; plusieurs d'entre eux protestaient de leur attachement à notre cause et correspondaient avec nos agents. « Il y a sept ans que je suis dans le malheur, écrivait Mir-Kassim-Ali-Khan à Chevalier; vous en savez toutes les circonstances; depuis ce temps toute ma confiance est toujours dans les Français.... Je n'attends que l'heureux moment où vous me ferez savoir que vos forces sont prêtes et arrivées du côté de la mer pour me mettre en marche sur le champ à la tête de mon armée[2]. »

L'un des héros français de ce temps, auxiliaire de Mir-Kassim et son conseiller, un jeune Alsacien, du nom de Sombre, mérite d'être connu. A peine âgé de

1. Law, *Mémoire sur la position actuelle des Français dans l'Inde*, 1764. Arch. col.
2. Mir-Kassim-Ali-Khan à Chevalier, lettre du 7 novembre 1769. Arch. col.

dix-neuf ans, il était le lieutenant de Law de Lauriston [1]. Sombre était resté, malgré la paix, au service de la cause que nous avions abandonnée et ses exploits devinrent le thème favori des chansons populaires dans le nord de l'Inde. Ces chants en font un héros et presque un demi-dieu sous le nom de *Roustan-e-Frangistan, le Champion français*; successivement à la solde de l'empereur de Delhy, de son vizir d'Oude et de plusieurs autres chefs, il ne cessa de guerroyer qu'à la mort de Mir-Kassim-Ali-Khan survenue en 1777.

Sombre s'offrit comme général en chef à Mir-Kassim en 1764. Celui-ci venait d'être détrôné par les Anglais au profit de Mir-Giaffer-Ali. Contraints de céder à la supériorité du nombre et d'abandonner Patna, Sombre et Mir-Kassim se réfugièrent dans les États du vizir d'Oude, Soudjah-el-Daoulah, campé avec le Grand Mogol aux environs d'Allahabad. Le Grand Mogol Schah-Alem et son vizir accueillirent les fugitifs avec transport. Sombre leur demanda d'organiser une armée et le 3 mai 1764 ils reparaissaient devant les Anglais en ordre de bataille et investissaient Patna. Ceux-ci, épouvantés et ignorant le nombre de leurs ennemis, entamèrent des négociations secrètes avec Soudjah-el-Daoulah. Sombre et Mir-Kassim coururent les plus grands dangers, car Soudjah fut sur le point de les livrer tous deux si la cession du Bahar lui était consentie; mais les Anglais repoussèrent cette prétention; les négociations furent rompues et le nabab dut repasser le Gange avec son armée. Le 15 septembre de la même année, les hostilités recommencèrent. Sir Hector Munro et le major

1. Law de Lauriston, avant d'être commissaire du Roi, avait fait la guerre dans l'Inde.

Adam commandaient les forces anglaises. Joseph Sombre, l'âme de la résistance, était le général en chef des troupes de l'empereur et de Mir-Kassim. Vivement poursuivie, l'armée mal disciplinée des Hindous se retirait en bon ordre; mais un bataillon de soldats d'élite, moitié français, moitié cipayes, et composant la garde du général français, barre le passage au major Adam; Sombre court au pont de Buxar sur l'Odea-Nulha, rivière rapide et fortement encaissée, à deux milles du champ de bataille, la franchit avec les débris de l'armée impériale et fait sauter le pont à la vue des Anglais qui accouraient sur ses derrières; malheureusement un grand nombre d'Hindous périrent en voulant franchir à la nage l'Odea-Nulha. Cette bataille de Buxar assurait aux Anglais la domination du Bengale. Soudjah-el-Daoulah et Schah-Alem, n'ayant plus d'armée, renonçaient à la lutte et se retiraient dans le Rohilkund.

Quant à Mir-Kassim-Ali-Khan, il erra dans le nord de l'Inde, suscitant partout des ennemis aux Anglais; il vint mourir en 1777 au village de Ketwel, ne laissant qu'une succession de vingt-cinq mille livres, faibles restes des riches dépouilles du Bahar et du Bengale. Sombre chercha un asile dans l'État de Sirdannah. Ce petit royaume, à soixante milles de Delhy, dans la province de Saharangpour, produisait un revenu de 2 500 000 livres. Long de vingt-six milles et large de vingt-quatre, il était gouverné par une princesse de race mogole. L'heureux et jeune aventurier, émule de Dupleix, sut capter ses bonnes grâces. Il acquit même un tel empire sur l'esprit de sa royale maîtresse que, convertie à la foi catholique, elle épousa Joseph Sombre suivant les rites de son culte, prit son nom qu'elle conserva jusqu'à la mort et fut connue dans l'Inde sous le nom de Begom-Somrou. Devenu roi, Sombre ne disposait pas de ressources militaires suffisantes pour songer à s'étendre par la guerre. Il s'appliqua sans relâche à faire échec à la puissance anglaise. Suivant l'exemple de Bussy, il plaçait dans toutes les cours importantes un petit noyau de Français auxquels il pouvait tendre la main. Ce fut lui qui présenta le général de Boyne au chef mahratte Scindiah; lui qui installa le fameux Raymond chez le nizam d'Hyderabad (Raymond succéda pendant plusieurs années à la position et à la renommée de Bussy). Son influence se fit sentir jusque dans le Maïssour, chez Hayder-Ali et Tippou-Sahib, où il entretenait une correspondance avec le neveu de l'infortuné Lally. Sombre tenait ainsi le fil d'un immense réseau souvent brisé par les Anglais, mais sans cesse renoué par son activité; il retarda la conquête de l'Inde, consolida le petit trône sur lequel il était lui-même assis et ne cessa de favoriser les intérêts de la France. Il mourut en 1787.

Pendant que notre héros inquiétait les Anglais par des prodiges de valeur et d'audace, Law continuait son œuvre et restaurait Pondichéry; il construisait, autour de la ville, des fossés et une muraille d'une lieue et demie de circuit, que seize bastions devaient défendre. « Si l'argent et les matériaux ne nous manquent pas, écrivait-il au duc de Praslin, cette place sera en état en moins de quatre ans; j'en juge ainsi par l'ardeur avec laquelle notre ingénieur pousse le travail [1]. » Des indigènes, fidèles clients de la France, repeuplaient peu à peu la cité abandonnée; les Arméniens, qui n'éprouvaient

1. Lettre de Law au duc de Praslin, 20 février 1766.

que vexations dans le reste de l'Hindoustan, sollicitaient un établissement à Pondichéry; ils demandaient qu'un quartier leur fût spécialement affecté, avec le libre exercice de leur religion; le conseil supérieur, craignant de les voir accaparer tout le commerce, fit impolitiquement repousser leur demande. Ils s'adressèrent alors aux Anglais, qui leur permirent de venir s'établir à Madras.

Law préparait l'attaque et la défense en cas d'une nouvelle guerre. Chevalier, qui le suppléait à Chandernagor, ne voyait qu'un moyen de recouvrer l'Inde, c'était de nous assurer un point d'appui dans les régions voisines et il songeait à l'Indo-Chine. « Lorsque je réfléchis sur la manière dont nous nous sommes établis aux Indes, je ne puis m'empêcher de blâmer le peu de prévoyance que nous avons eue pour notre sûreté. Nous n'y avons jamais possédé qu'une seule place forte dont nous avons fait notre chef-lieu : c'était Pondichéry, sans faire attention que cette place une fois perdue entraînait en même temps avec elle la perte de toute l'Inde.... Pondichéry pris, tout a été perdu de soi-même; c'est en partant de ce principe que je voudrais que nous étendissions nos vues aujourd'hui et que l'on songeât sérieusement à se procurer de nouveaux établissements. Il est facile d'y réussir lorsque l'on y travaillera sérieusement et il ne faut pas de grandes forces pour cet effet. L'île de Sumatra, la *côte de Siam*, de la *Cochinchine* et du *Tonkin* nous offrent des endroits commodes et faciles; ils sont tous placés au centre du commerce et l'on forcerait aisément les peuples qui les habitent à nous laisser établir parmi eux, d'autant plus que nous n'aurions point à craindre la rivalité d'aucune nation européenne, puisqu'il n'y en a point d'établies dans ces différents endroits, si l'on excepte Sumatra.... C'est le seul moyen de nous conserver dans l'Inde; il faut qu'un arbre pousse suffisamment de racines pour nourrir son tronc, sinon il se dessèche et meurt [1]. »

En insistant sur la nécessité d'un établissement en Indo-Chine ou, pour employer le langage du temps, en Cochinchine — nom sous lequel on désignait alors l'empire d'Annam et le Siam, — Chevalier était l'interprète des vues de Colbert, de Dupleix, de Poivre. Colbert avait créé une compagnie de la Cochinchine; Martin, directeur de la compagnie, avait fondé Pondichéry en même temps que Baron fondait Surate : « ils ne voulaient pas que la France bornât ses efforts à l'Hindoustan ». Pondichéry devait être le centre de rayonnement de notre influence vers la mer de Chine. Chevalier ne cesse pas d'entretenir les bureaux de la marine de la nécessité d'un établissement français en Cochinchine et c'est lui qui, quelques années plus tard, décida de Bellecombe, le successeur de Law à Pondichéry, à intervenir en faveur de Nguyen-Anh ou Gia-Long contre ses sujets révoltés. Bellecombe envoya à Gia-Long trois à quatre cents cipayes et plusieurs de nos officiers. Le père Laureiro, un de nos missionnaires qui s'était fait mandarin, négocia alors un traité dont les grandes lignes, d'après les instructions de Chevalier, consistaient en une alliance offensive entre la nation française et le prince contre tous les ennemis des deux parties contractantes; c'était un véritable traité de protectorat; de plus, les Français devaient obtenir le droit de fonder des établissements de commerce et de tenir garnison à Faï-Foo et dans le port de Tourane :

1. Arch. col. Correspondance des Indes.

« Ces faibles commencements, écrivait Chevalier, pourraient conduire par la suite la nation à élever un grand empire [1] ». Constatons donc, en passant, que la France, en fondant de nos jours un empire indo-chinois, n'a fait que reprendre une des vieilles traditions de son histoire et revenons à Chandernagor.

Chevalier, sous prétexte d'assainissement et pour faciliter l'écoulement des eaux, avait entrepris autour de cette ville la construction d'un fossé revêtu de bambous vifs. « Un tel ouvrage ne peut être considéré comme fortification », disait-il à Verelst, le commissaire anglais; d'un autre côté il écrivait au duc de Praslin : « Je vous avouerai que ma principale idée a été d'en tirer parti dans la suite en cas qu'on voulût exécuter quelque entreprise dans le Bengale. Les terres tirées du fossé formeraient un rempart qui, moyennant cette haie épaisse de bambous, nous mettrait en état de nous défendre, même contre une attaque européenne. » Mais Verelst, sans tenir aucun compte des protestations de Chevalier, fit combler le fossé par des ouvriers anglais.

Malgré le zèle de nos agents, le commerce des Indes végétait et la Compagnie agonisait; des encouragements venaient, cependant, de toutes parts à ses représentants qui essayaient de la défendre contre les attaques de ses adversaires. Des pétitions étaient adressées au ministre

1. La guerre de l'indépendance d'Amérique vint interrompre nos efforts de ce côté et le traité ne fut ratifié à Versailles qu'en novembre 1787. Voir sur ce sujet : *la France en Chine au XVIIIe siècle*, par Henri Cordier, 1883. — Albert Septans, *les Commencements de l'Indo-Chine française*. Paris, Challemel, in-8, 1887. — *Exposé chronologique des relations du Cambodge avec la France, le Siam et l'Annam*, Charles Lemire, 1879. — Étienne Gallois, *Ambassade de Siam au XVIIe siècle*, 1861. — Voir également l'*Histoire des Indes orientales*, de l'abbé Guyon, publiée en 1744; l'*Histoire physique et politique des Indes*, de Raynal; l'*Histoire des Français dans l'Inde*, du colonel Malleson.

par des gens compétents ou intéressés à maintenir la vieille institution de Colbert et de Louis XIV, désormais discréditée et menacée dans son existence.

« L'expérience d'un siècle [1] — portait l'un de ces mémoires, qui résume pour l'information particulière du ministre les raisons invoquées en faveur du maintien de la Compagnie — nous prouve que le commerce de l'Inde peut être exploité avec avantage par une compagnie exclusive et souveraine; les exemples de Lenoir, Dumas et Dupleix en sont des preuves convaincantes. Plus ce commerce se fera en grand, plus il sera avantageux; on ne saurait avoir des vues trop étendues; c'est vouloir se ruiner que de les resserrer. Cependant je crois indubitable que ses profits auraient été bien plus considérables si sa régie eût été meilleure. Elle a toujours péché par là en Europe et dans l'Inde. »

« L'intérêt personnel, l'ignorance du local et une espèce de despotisme de la part de l'administration ont été la source des fautes que l'on y commettait annuellement. Le premier influait dans la répartition des envois partagés entre les administrateurs; le second dans le choix inintelligent des marchandises, malgré les demandes et les avertissements des conseils des Indes; la troisième dans des ordres mal dirigés et absolus. Le choix des sujets pour le militaire et le commerce, les passe-droits continuels dans l'un et l'autre état, des protections accordées sans égards aux représentations des chefs

1. Observations sur les avantages et les inconvénients résultant du commerce de l'Inde fait par les particuliers ou par une compagnie exclusive et souveraine ou, enfin, par une compagnie seulement exclusive et sans jouir d'aucune souveraineté. Projet de système pour faire concorder le privilège exclusif d'une compagnie de commerce avec la souveraineté du roi. Arch. col. Correspondance des Indes et Mémoires.

dans l'Inde; des divisions autorisées, des préférences odieuses dans les emplois, des grâces mal placées, tels étaient les vices de la régie en Europe. »

« La régie dans l'Inde n'était pas moins défectueuse l'exemple de l'administration d'Europe était le modèle qu'on y suivait sur presque tous les points. La protection décidait du mérite pour le choix des emplois; l'ancienneté des services n'était plus un droit, l'intérêt particulier dominait ouvertement et tenait le premier rang dans les opérations du commerce; enfin l'esprit de vanité dirigeait toutes les démarches des sujets de la Compagnie dans l'intérieur des terres. »

L'auteur du mémoire ajoutait que la souveraineté accordée à une compagnie commerçante avait été le vice originel de la constitution de notre empire dans l'Inde. L'esprit militaire, l'ambition irréfléchie des conquêtes, les dépenses de souveraineté avaient enfanté tous les maux qui aboutissaient à la ruine d'une compagnie autrefois prospère. Le remède consistait donc à enlever à la compagnie son droit de souveraineté et à en faire une association exclusivement commerciale. Quant au commerce particulier et libre, il semblait une utopie à l'esprit de beaucoup de gens à cause des ressources considérables qu'exigeaient des expéditions aussi lointaines. « Pour faire, avec un certain profit et une espèce de sûreté, le commerce de Chine et de la côte de Coromandel, il faut des vaisseaux de mille à douze cents tonneaux, et pour celui du Bengale de sept à huit cents; or, combien y aura-t-il de particuliers en état de mettre en mer des vaisseaux de cette grandeur? » Outre ces capitaux de première mise il faut faire face à des pertes inévitables; les tempêtes désemparent les bâtiments; les maladies épidémiques tuent chaque année un grand nombre de marins dont la perte est quelquefois irréparable et oblige les vaisseaux à séjourner une année entière au Bengale ou ailleurs, à engager des lascars pour se rendre aux îles et y recruter un nouvel équipage; enfin les dépenses des hôpitaux, les sommes à payer aux pilotes sont une autre source de dépenses. « Tout homme un peu au fait de ces questions conclura que le commerce du particulier dans l'Inde ne peut que lui être infiniment préjudiciable et si par impossible un réussit, dix s'y ruineront [1]. »

Telles étaient les principales raisons qu'invoquaient les défenseurs de la Compagnie. Il n'est pas douteux qu'une association puissante de capitaux soit nécessaire pour entreprendre un commerce lointain tel que celui que faisait la Compagnie des Indes, mais on ne pouvait induire de là que ce commerce dût être exclusif. Ainsi pensait Morellet, l'adversaire résolu du privilège. En même temps, il faisait de la situation financière de la Compagnie le plus sombre tableau. Il montra qu'elle avait perdu les trois quarts de son capital, qu'elle ne faisait plus ses frais et marchait à sa ruine.

L'intervention du gouvernement dans son administration lui avait été fatale. Le commissaire du Roi qui en 1730 avait été introduit dans le conseil des directeurs y avait pris un ascendant absolu; le gouvernement en nomma un deuxième; chacun alors fut l'âme d'une coterie et de discordes qui eurent leur contre-coup dans l'Inde et favorisèrent la rivalité de La Bourdonnais, et de Dupleix. On crut trouver un remède au mal en nom-

1. Mémoire précité.

mant un troisième commissaire; ce ne fut plus que de l'anarchie.

Cependant les embarras et les malheurs de la Compagnie avaient rendu inévitable et nécessaire le contrôle de l'État. Ses nombreux emprunts gênaient les opérations du fisc. Le trésor public s'était déjà obéré pour elle et lui faisait tous les jours de nouveaux sacrifices. De 1725 à 1729 il fut prouvé que les différents ministères avaient fourni à la Compagnie 376 millions. (Pendant ces quarante-quatre années elle avait expédié 761 navires montés par 87 223 marins; elle avait envoyé dans l'Inde 132 632 313 livres de marchandises; elle avait acheté 443 032 818 livres de productions du pays, vendues en Europe 636 363 557 livres.) Le cinquième du capital social appartenait au Roi. En 1730 le ministère avait acquis 11 835 actions et en 1745 un nombre égal de billets d'emprunt chacun de 500 livres; en 1763 il abandonna pendant trois ans le dividende des actions et l'intérêt des billets. De plus l'intérêt des créances sur le monopole fut réduit de 5 à 4 pour 100. Certes c'était faire beaucoup pour un corps privilégié qui depuis longtemps ruinait l'État; mais ce n'était pas assez pour ressusciter un commerce anéanti par l'humiliante et longue guerre qu'avait terminée la prise de Pondichéry. Il aurait fallu plus de cent millions pour lui donner une existence nouvelle, et la Compagnie aurait été exposée à les perdre. Malgré la générosité et les efforts du gouvernement, jamais elle n'avait pu payer ses actionnaires du produit de son commerce; les actionnaires et les rentiers continuaient à toucher leurs intérêts sur la ferme du tabac.

Aussitôt après la paix, la Compagnie emprunta

12 000 000 de livres et fit ensuite un appel de 400 livres par action.

En souscrivant, les actionnaires reprochèrent au gouvernement de ne leur point laisser assez de liberté dans la conduite de leurs affaires; il était, disaient-ils, responsable des malheurs et des fautes de la Compagnie, puisqu'elle avait été jusque-là à la discrétion des commissaires royaux. Ils donnaient à entendre en même temps que l'arbitraire royal qui avait créé l'institution la désorganisait en abusant de ses privilèges, et la ruinait en puisant largement et au delà de ses droits dans les coffres de la Compagnie. Un de ses agents écrivit un mémoire pour réfuter ce bruit [1]; ce mémoire ne fut point publié. Mais Choiseul trouva juste d'établir des relations plus directes entre les actionnaires et les administrateurs et de laisser aux premiers toute la responsabilité de leurs nouveaux engagements. Les commissaires royaux furent supprimés et un édit du mois d'août 1764 rendit à la Compagnie toute sa liberté d'action; elle pouvait s'assembler plusieurs fois par an, nommer ses principaux agents; elle choisit Necker pour l'un de ses directeurs. Cet habile financier parut relever un instant le crédit de la Compagnie qui éprouva un regain d'activité. Avec les nouvelles ressources on arma, le 15 janvier 1765, la dernière expédition importante pour l'Inde, la Chine, les îles de France et de Bourbon. De l'état de situation présenté aux actionnaires en juillet 1765 et où il était rendu compte de l'expédition montant en marchandises à 18 000 000 de livres, il résultait que le capital de la

1. Goxchen, *Mémoire sur la Compagnie des Indes* pour réfuter le bruit public que les fonds ont été dissipés et gaspillés. (Arch. col.)

Compagnie était totalement consommé, qu'il ne lui restait que les fonds en circulation, ses immeubles, 17 vaisseaux et 7 frégates en mauvais état au lieu de 30 vaisseaux et 20 frégates qu'elle aurait dû avoir. En janvier 1766 on reconnut un déficit de 10 600 000 livres, et les administrateurs furent autorisés à en faire l'emprunt.

Et cependant le Roi venait d'exonérer la Compagnie des dépenses résultant de l'administration des îles de France et de Bourbon. Par un même édit du mois d'août 1764, il avait acquis ces îles et le port de Lorient moyennant l'abandon des 11 835 actions et du même nombre de billets d'emprunt qui lui appartenaient. Tout compte demeurait ainsi soldé entre lui et la Compagnie[1]. Enfin on promulgua, à la date du 20 septembre 1766, une ordonnance qui maintenait à la Compagnie, ou plutôt à ce qui restait de la Compagnie, le droit exclusif de fournir des marchandises d'Europe. Mais l'abandon de « ce cadavre à deux têtes », pour employer le langage de Voltaire[2], qui avait fait également mal le commerce et la guerre, était désormais inévitable[3].

Certes l'administration de M. Law de Lauriston était aussi pure, aussi active, aussi éclairée que jamais aucune autre ne l'avait été. Dans les circonstances présentes, l'insuccès de la Compagnie avait d'autres causes; les Anglais étaient désormais les maîtres de l'Inde, et c'était à nos ennemis qu'il fallait demander les produits

1. Archives coloniales, Chute et suppression de la Compagnie des Indes, vol. V, 1763-1771.
2. Voltaire, Fragments sur l'Inde.
3. Voir à la fin du volume, note C, les tableaux concernant le commerce des Indes et de la Chine, et le décroissement graduel des capitaux de la Compagnie.

destinés à alimenter notre commerce. Or voici ce que Chevalier écrivait au duc de Praslin le 6 septembre 1768 : « L'on ne veut plus reconnaître nos privilèges, ou, si on se les rappelle, ce n'est que pour les abolir. Nos passeports n'ont plus de force, notre pavillon est insulté de tous côtés, nos bateaux arrêtés et fouillés, et l'on nous impose des droits nouveaux dont nous avons été exempts de tout temps. Le but d'une conduite si révoltante n'est pas douteux, on veut nous faire renoncer au commerce. Aucun Français ne peut pénétrer dans les terres pour y commercer. Le nabab s'y oppose avec menace de faire enlever tous ceux qui y sont trouvés. Cette menace a été exécutée sur plusieurs personnes. La loge d'Andolbaria, située du côté de Casimbazar, a été incendiée en l'absence de l'agent emprisonné par ordre du nabab [1]. »

Les créanciers et les actionnaires de la Compagnie gémissaient : les uns de voir diminuer leur gage, les autres de voir s'amoindrir leur fortune, lorsque le gouvernement, cédant aux influences des publicistes, rompit avec des traditions qui n'étaient plus que de vieux préjugés et ordonna la suspension du monopole.

Une polémique ardente s'était engagée entre Necker et Morellet [2], auteur d'une brochure qui avait porté le coup de grâce à la Compagnie. Par un édit du 13 août 1769, le commerce avec la métropole était ouvert à tous les citoyens. « Le Roi ayant accordé la

1. Arch. col. Corresp. des Indes, année 1768.
2. Morellet, *Mémoire sur la situation actuelle de la Compagnie des Indes*, juin 1769. — Necker, *Réponse au Mémoire de M. l'abbé Morellet sur la Compagnie des Indes*, imprimée en exécution de la délibération de MM. les actionnaires, prise dans l'assemblée générale du 8 août 1769, in-4. — Morellet, *Examen de la réponse de M. Necker, négociant, au mémoire de M. l'abbé Morellet sur la Compagnie des Indes*, septembre 1769.

liberté du commerce de l'Inde à tous les négociants, écrivait à Law le duc de Praslin, l'intention de Sa Majesté est que tous les bâtiments français venant d'Europe qui aborderont à Pondichéry ou dans les autres ports de l'Inde appartenant à la France y soient traités comme ceux de la Compagnie [1]. » La navigation et le commerce étaient libres au delà du cap de Bonne-Espérance.

Plusieurs conditions furent imposées cependant au commerce libre : 1° un passeport était délivré gratuitement par les directeurs chargés de la liquidation des affaires de l'ancienne Compagnie; 2° un droit de 5 pour 100 fut établi sur toutes les marchandises importées des Indes ou de la Chine, et un droit de 3 pour 100 sur celles provenant des îles de France et de Bourbon ; ces différents droits devaient, dans l'esprit du gouvernement, couvrir les frais nécessités par l'entretien et la défense de nos établissements et faire face aux dépenses de souveraineté; 3° enfin, Lorient était le port d'attache obligatoire de tous les navires expédiés pour l'Inde [2].

La Compagnie obtint en 1770, outre quittance de tout ce qu'elle devait au Roi, 1 200 000 livres de rentes au principal de 30 000 000 pour prix de ce qu'elle abandonnait, y compris ses réclamations sur ses débiteurs quels qu'ils fussent, des îles de France et de Bourbon, de l'Inde et de Saint-Domingue; le gouvernement royal se chargeait de la liquidation [3].

Sur ces 30 000 000 de livres, 17 500 000 étaient le prix de la cession du port de Lorient et de ses dépendances

1. Arch. col.
2. Arch. col.
3. Édit. de février 1770.

tant en vaisseaux qu'en bâtiments civils et de ses établissements de l'Inde [1].

En même temps que le gouvernement prenait possession de nos établissements des Indes et y introduisait l'administration royale, un bureau spécial des Indes, destiné à centraliser les affaires, était créé au ministère de la marine.

Il ne restait plus en France qu'une compagnie privilégiée : la *Compagnie de Barbarie*, qui avait le monopole du commerce sur les côtes du nord de l'Afrique. Elle s'était fondée à Marseille en 1741, au capital de 1 200 000 livres. Les premières opérations de la société avaient été malheureuses; les déprédations des corsaires étaient pour elle une cause de ruine, et en 1766 son capital était réduit de moitié. Soutenue par la chambre de commerce de Marseille, elle résista aux attaques que ne manquait pas de susciter son privilège. D'ailleurs, à partir de 1766, ses affaires se relevèrent et, en 1773, elle avait presque quadruplé son capital primitif; il était alors de 4 512 445 livres, indépendamment de la valeur de ses immeubles. Le commerce du corail, de la cire, de la laine, des plumes d'autruche, des cuirs et surtout des grains de Tunisie, était la principale source de sa richesse. En 1773 elle avait importé en Provence 84 336 cargaisons de froment et 16 173 d'orge, de fève et de millet. Elle n'employait pas moins de cent à cent vingt navires.

1. Pour consommer cette affaire, l'intendant du port de Brest, de Clugny, eut ordre le 24 mars 1770 de se rendre à Lorient pour y recevoir du fondé de pouvoirs de la Compagnie tous les vaisseaux, effets et bâtiments; en prendre possession au nom du Roi et de consigner le tout à des gardes-magasins qui lui rendraient compte en sa qualité d'intendant du port de Brest dont celui de Lorient devait dépendre. (Faits et décisions de l'administration de la marine de 1763 à 1774. A., p. 59 et 235.)

Le centre de ses opérations était à la Calle, placé à l'abri du pillage par plusieurs fortins et quelques batteries de canons [1].

Cependant nos agents regrettaient les nouvelles mesures et n'épargnaient pas leurs remontrances; les hardiesses de Choiseul trouvaient des censeurs. La suspension du privilège de la Compagnie, la liberté accordée au commerce dans l'Inde, la réunion au domaine royal de toutes les possessions mobilières et immobilières d'une compagnie autrefois puissante, étaient bien faites pour étonner. Le conseil supérieur de Pondichéry et Law (il restait en fonctions et était nommé commissaire du roi pour les Indes [2]) adressèrent une pétition au ministre où ils plaidaient la cause des compagnies. « Un corps quelconque qui fait des règles sages, disaient-ils, qui suit invariablement son objet, qui réunit à un crédit bien établi des richesses, des connaissances et de l'autorité, doit l'emporter sur des particuliers quelque aisés et dans quelque nombre qu'ils puissent être.... La concurrence, qui partout ailleurs est l'âme du commerce, ne peut-elle pas donner de violentes secousses à celui-ci [3]? » Les Anglais craignaient, au contraire, les entreprises des particuliers et, dès que le directeur de la Compagnie anglaise eut appris que le commerce de l'Inde était ouvert à tous les Français, il fit défendre aux commerçants anglais des Indes de fournir ceux de nos nationaux

1. Cette compagnie subsista jusqu'en 1791. Des décrets de l'Assemblée constituante abolirent définitivement la compagnie de Barbarie ainsi qu'une compagnie des Indes et une compagnie du Sénégal qui avaient été rétablies sous Louis XVI.

2. Arrêt d'août 1769.

3. Law au duc de Praslin. Arch. col. Correspondance des Indes, février 1770.

qui se présenteraient et de « ne les aider autrement qu'en ce qui a rapport aux droits des nations [1] ».

Abandonnés de la Compagnie, dans une période de transition, c'est-à-dire de négligence et d'incertitude, nos comptoirs se trouvaient dans la plus noire détresse, lorsqu'ils passèrent sous l'administration royale. « Il est réellement difficile de se faire une idée juste de notre triste position, écrivait Law; sans argent, sans moyens assurés de s'en procurer, il sera très difficile de pourvoir à la solde des troupes jusqu'à l'arrivée des premiers fonds. A cette perplexité, se sont joints des maux accidentels. Les comptoirs du Bengale sont désolés depuis six mois par la famine et par la peste. C'est dans des circonstances aussi pénibles que le Roi prend possession de toutes les colonies de l'Inde [2]. » Le bruit courait d'une rupture prochaine entre la France et l'Angleterre. « Nous voici à la mi-juin, point de vaisseaux, point d'argent, beaucoup de nouvelles indirectes qui tiennent les esprits dans une assiette singulière. L'un rit, l'autre pleure, il y en a même qui en font autant que le fameux Garrik, cet acteur anglais qui pleure d'un côté pendant qu'on le voit rire de l'autre [3]. »

L'incertitude de la paix était peu favorable aux entreprises particulières et bien que les armements se fussent multipliés tout d'abord assez rapidement, aucun ne prospéra [4]. De 1770 jusqu'à la guerre de l'indépendance

1. Lettre de Law à l'abbé Terray, contrôleur général des finances, 13 juin 1770. (Arch. col.)

2. Lettre de Law à l'abbé Terray, juin 1770.

3. *Id.*

4. « Aucun des armements particuliers venus d'Europe n'a réussi. Dans Pondichéry il n'y a pas une personne en état d'entreprendre un armement. » Lettre de Law du 10 février 1770.

américaine, c'est-à-dire jusqu'en 1778 inclusivement, il fut importé en France pour 149 129 946 livres de marchandises provenant de la Chine, des Indes et des îles de France et de Bourbon, ce qui porte la moyenne de ces huit années à 18 641 241 livres; il était de 40 millions au temps où la Compagnie était prospère.

La Compagnie des Indes orientales, comme les autres compagnies privilégiées établies par Colbert, n'avait donné en France que de médiocres résultats. Quelle fut la cause de cet échec? C'était l'effet même du privilège, disent les économistes. Mais s'il en était ainsi, le privilège eût été mortel partout. Or, ce n'est pas là ce que l'histoire enseigne. Une Compagnie hollandaise des Indes orientales créée en 1602 a duré plus d'un siècle et demi et fut très prospère pendant un siècle. La grande Compagnie des Indes anglaises qui fut fondée en 1702 est morte seulement en 1858, en mettant aux mains de l'Angleterre le plus riche empire qui ait jamais été conquis avec une organisation en plein et prospère fonctionnement; en outre elle a conservé le monopole du commerce jusqu'en 1814 et enrichi ses actionnaires. La Compagnie française des Indes orientales achetée par Law avait survécu à la chute du système et fut dans la première moitié du XVIIIe siècle presque aussi florissante que les Compagnies hollandaise et anglaise. Le privilège n'est donc pas mortel aux Compagnies.

Est-ce impuissance des Français à coloniser? L'histoire fait justice de ce préjugé. Un peuple qui a des hommes comme Colbert, Talon, Martin, Cavelier de la Salle, La Bourdonnais, Dupleix, Poivre et tant d'autres; qui fonde le Canada, les colonies des Antilles, qui s'établit aux Indes, y inaugure la politique qui a fait la grandeur de l'Angleterre et qui en même temps domine en Europe est un peuple colonisateur.

Il suffit de jeter un regard sur les chiffres fournis par l'abbé Morellet [1] pour voir que les guerres maritimes furent la ruine de la Compagnie des Indes, comme elles avaient été la ruine de nos autres Compagnies. C'est de l'interruption incessante du commerce que ces puissantes associations sont mortes financièrement. Si elles n'avaient pas eu à lutter contre des marines supérieures, à compter avec des rivales comme les Compagnies hollandaise et anglaise, elles auraient pu supporter les conséquences de leurs erreurs, de leurs gaspillages, des rivalités entre directeurs. Mais si la politique générale les a tuées, comme elle eût tué des organisations particulières moins bien soutenues; si les Compagnies ont végété, non point parce qu'elles étaient privilégiés, mais parce qu'elles ne purent tirer tout le parti possible de leurs privilèges, il ne faut pas oublier qu'elles n'ont pas été stériles et qu'elles ont acquis à la France son empire colonial dans les deux derniers siècles, créé et développé le commerce maritime qui n'existait pas chez nous avant leur institution.

1. *Mémoire sur la situation actuelle de la Compagnie des Indes*, in-8, 1769. Voir, à la fin du volume, note C.

CHAPITRE XVI

LE ROI REPREND A LA COMPAGNIE SES COMPTOIRS DE LA CÔTE OCCIDENTALE D'AFRIQUE

Gorée doit être administrée comme nos colonies d'Amérique. — Instructions données à Poncet, son gouverneur. — La traite des noirs était le commerce principal de nos comptoirs du Sénégal. — Le moment le plus brillant de la traite des noirs a été au début de la seconde moitié du XVIIIe siècle. — Quelques idées sur le régime de l'esclavage aux colonies et à la métropole. — Les idées philanthropiques ont peu de crédit auprès du gouvernement. — Ordonnance du 5 avril 1762 qui prescrit de rembarquer pour les colonies tous les nègres qui sont en France. — Projets de rendre plus rigoureux l'esclavage des noirs. — Proposition d'extinction progressive de l'esclavage du baron de Bessner. — Publication de l'abbé Demanet sur l'Afrique française. — Le commerce de l'Afrique ne nous est pas fermé par la perte du Sénégal; il peut être rouvert par la Casamance. — Le gouvernement relève le commerce des noirs. — Ce commerce fleurit jusqu'à la Révolution avec la Compagnie non privilégiée d'Angola et la Compagnie de Guyane.

Gorée et les comptoirs de Rufisque, Portudal, Joal, d'Albréda dans la Gambie, de Ouidah dans le golfe de Guinée, de Dakar acheté par Choiseul l'année même de la paix au damel de Cayor, avaient été les premières de nos possessions qui, dès 1763, passèrent des mains de la Compagnie sous l'autorité immédiate du Roi. La Compagnie n'avait pas voulu conserver ces places dont

« la manutention, disaient ses administrateurs, ne pouvait lui être que très onéreuse sans rapporter aucun bénéfice aux actionnaires ». Le Roi, toutefois, ne reprenait que la souveraineté de ces territoires; la Compagnie y conserva — jusqu'en 1767 — le monopole du commerce. L'administration des colonies décida que Gorée serait gouvernée et administrée comme nos colonies d'Amérique, et Poucet qui avait servi dans l'Inde et s'y était distingué à la tête d'un régiment de volontaires, fut chargé, comme gouverneur, d'en reprendre possession. Deux compagnies d'infanterie devaient y tenir garnison; Poucet devait s'efforcer de se concilier l'amitié des roitelets et des gouverneurs ses voisins, de se ménager à l'insu des Anglais quelque intelligence dans le Sénégal. C'était le moment où Choiseul cherchait à tirer le plus grand parti possible de la Guyane, et notre agent devait se procurer les animaux domestiques et les plantes susceptibles d'être importés et acclimatés dans la nouvelle colonie qu'il essayait de fonder sur les bords du Kourou.

Les comptoirs de la côte étaient sous la garde de sous-officiers de la garnison de Gorée. « Les fonctions de ces résidents ne sont pas assez importantes, disent les instructions remises à Poucet, pour les confier à des personnes qui, par le caractère dont elles seraient revêtues, ne pourraient être désavouées ou dont on serait obligé de venger les humiliations à cause des fréquentes contestations avec les Anglais [1]. » Sur la côte, le gouverneur avait mission d'étudier les moyens de développer

1. Mémoire du Roi pour servir d'instructions au sieur Poucet, gouverneur de Gorée, 2 juin 1763. Coll. Moreau de Saint-Méry. Instructions aux administrateurs.

la traite des noirs, le commerce de la poudre d'or, du morfil, des gommes, du salpêtre et d'étendre le commerce le plus loin possible dans l'intérieur des terres [1].

Outre qu'elle n'avait plus à faire face aux dépenses de souveraineté, la Compagnie des Indes percevait une taxe de 10 livres par tête de noir et un droit de passeport sur les navires auxquels elle concédait le droit de faire la traite.

Le commerce des noirs était en 1763 singulièrement déchu de la prospérité qu'il avait eue aux premiers temps de la Compagnie; il avait été tué par la concurrence anglaise; le Gouvernement fermait les yeux sur la contrebande. La Jamaïque et la Dominique, que l'Angleterre venait de déclarer ports francs, étaient pour les négriers les entrepôts des Antilles. C'est là que nos colonies allaient s'approvisionner.

Les négociants qui s'adonnaient à la traite s'étaient plaints, avec juste raison, des sacrifices faits sur la côte d'Afrique lors du traité de paix. C'était là un commerce à reconstituer. L'échec de la colonisation par les blancs au Kourou faisait espérer de nouveaux débouchés; mais les négociants ne se pressaient pas. Ils espéraient, en restant dans l'inaction, provoquer des encouragements de l'État.

Le moment le plus brillant de la traite, dit un mémoire

1. « Il observera avec le même soin toutes les démarches des autres nations, surtout celles des Anglais, il cherchera à pénétrer leurs vues et leur politique et il rendra compte au secrétaire d'État de la marine, de leurs entreprises, de leurs projets et de la manière dont ils administrent leurs possessions, soit par rapport au local, soit relativement au commerce; enfin il vivra avec eux dans la meilleure intelligence et évitera autant qu'il sera possible de donner aucun sujet de plaintes contre son administration, en soutenant néanmoins avec dignité et sagesse les droits de Sa Majesté et l'honneur de la nation. » Instructions précitées.

de nos archives nationales, avait été au temps du bail Boquillon : de 1750 à 1756, 123 navires avaient apporté aux îles 73 224 nègres ; ce qui faisait une importation de 12 204 nègres par année. D'après le relevé fait des registres de compte des navires négriers armés dans nos divers ports, registres tenus à Paris, on trouvait de 1728 à 1760 que 723 navires avaient porté dans nos colonies 203 522 nègres, vendus 201 944 306 livres 4 deniers[1].

C'est bien à tort qu'on a cru voir dans le ralentissement de la traite, à l'époque qui nous occupe, l'influence des idées philanthropiques ; l'esclavage se ressentait peu des coups que les encyclopédistes commençaient à lui porter. Voltaire[2], il est vrai, écrivait contre l'esclavage des noirs ; mais cela ne l'empêchait pas de prendre des actions dans quelques-uns des bâtiments français employés à la traite et d'empocher les gros bénéfices que ce trafic lui rapportait. Plusieurs contemporains affirment qu'il en était de même de l'abbé Raynal qui fit, dit-on, sa fortune en subventionnant les armateurs qu'il traitait plus tard de voleurs, de brigands, et qu'il comparait au célèbre Cartouche.

L'administration de Choiseul, comme autrefois celle de Colbert, regardait l'institution de l'esclavage comme un mal nécessaire ; il est vrai que le XVIIe siècle l'avait acceptée et l'avait réglementée sans la discuter ; le XVIIIe au contraire commençait à l'examiner d'assez près. La question se trouvait posée aux colonies. A mesure que le nombre des hommes libres de couleur avait aug-

1. Arch. nat., Sect. adm., F. 6197.
2. Voir l'*Encyclopédie*. — Voltaire, *Correspondance, Dictionnaire philosophique*.

menté, les préjugés de couleurs et les rivalités avec les blancs s'accentuaient. « Depuis quelques années, écrit un magistrat de Saint-Domingue[1], le pays s'est policé; on y voit différemment de ce que l'on faisait jadis; les domestiques, les nègres ouvriers, par la fréquentation des blancs se sont civilisés et se rapprochent autant qu'ils peuvent des manières des blancs; la familiarité que ces derniers se permettent avec les négresses a produit le même effet. » De là venaient une foule d'abus : un grand nombre de nègres se prétendaient libres; vêtus à l'européenne, bien armés « pour représenter avec plus de sûreté le nègre libre », ils couraient la campagne à pied ou à cheval et pratiquaient le vol et le libertinage. « Les négresses, devenues petites maîtresses, pour la moindre chose vont marronner et, dans quelque quartier éloigné du leur, s'annoncent effrontément pour libres; elles s'amacornent avec certains ouvriers, des économes et gens peu scrupuleux et peu jaloux de s'informer de leur véritable état; d'autres font la pacotille et tous vivent fort tranquillement à l'abri de leur effronterie. Il est inutile d'entrer dans les détails des inconvénients et désordres qui en résultent et peuvent en résulter à l'avenir. Le sentiment n'agit point sur ces gens-là; en général ils ont l'âme aussi noire que la peau et sont capables de tout. » Plusieurs mesures prises au XVIIIe siècle avaient aggravé la condition des esclaves et rendu les affranchissements difficiles.

C'était une règle, que tout esclave qui touchait le sol français était libre; on l'avait rigoureusement observée au XVIIe siècle; on se relâcha de cette rigueur au XVIIIe.

1. Mémoire du sieur Bosthon, conseiller du roi, ancien substitut du procureur général au conseil supérieur du Cap. (Arch. col.)

L'institution de l'esclavage en éprouva un double dommage; il était en effet dangereux de la montrer de trop près aux habitants de la métropole et dangereux aussi d'initier les esclaves aux lois et aux mœurs de cette dernière.

Montesquieu attaque le premier l'esclavage dans un passage ironique et fort curieux de l'*Esprit des lois*; cependant il ne conclut pas. Rousseau reprend la question dans son discours sur l'*Origine de l'inégalité parmi les hommes*; Voltaire dans son *Essai sur les mœurs*[1], le chevalier de Jaucourt la traitent dans l'*Encyclopédie*. L'administration, ne tenant aucun compte des généreuses idées des publicistes, intervient avec rigueur. Par une *ordonnance du 5 avril 1762*, elle prescrit de rembarquer pour les colonies tous les esclaves qui sont en France. L'année suivante, Choiseul fit étudier la question de l'esclavage par les gouverneurs et les intendants des colonies.

Certains administrateurs proposent de rendre plus sévères les conditions de l'affranchissement. Les titres des noirs se prétendant libres devront être remis au procureur du roi chargé de les viser dans les trois mois. Pour les distinguer des noirs esclaves, on ferait porter

1. « Le sucre serait trop cher si l'on ne faisait travailler la plante qui le produit par des esclaves. Ceux dont il s'agit sont noirs depuis les pieds jusqu'à la tête et ils ont le nez si écrasé qu'il est presque impossible de les plaindre. On ne peut se mettre dans l'esprit que Dieu, qui est un être très sage, ait mis une âme, surtout une âme bonne dans un corps tout noir. Une preuve que les nègres n'ont pas le sens commun, c'est qu'ils font plus de cas d'un collier de verre que de l'or qui, chez des nations policées, est d'une si grande conséquence. De petits esprits exagèrent trop l'injustice que l'on fait aux Africains, car si elle était telle qu'ils la disent, ne serait-il pas venu dans la tête des princes de l'Europe qui font entre eux tant de conventions inutiles, d'en faire une générale en faveur de la miséricorde et de la pitié? » Montesquieu, *Esprit des lois*, liv. XV, chap. v.

aux nègres libres une marque distinctive : une médaille d'argent de la grandeur d'un écu de six livres suspendue au cou par une chaîne de laiton. La médaille porterait en exergue : « signum libertatis ». Tous nègres et négresses, mulâtres et mulâtresses, quarterons et quarteronnes libres, de douze ans et au-dessus, seraient munis de cette médaille. Des peines sont édictées contre les noirs qui ne se conformeraient pas à ces prescriptions ou prêteraient leur insigne. (Ces peines sont le fouet, la marque et, en cas de récidive, la galère perpétuelle.) L'auteur de ce projet s'étend sur les « avantages bien sensibles » qui résulteraient de son adoption [1]. D'autres conceptions, plus hardies, plus révolutionnaires, résolvent la difficulté par l'extinction progressive de l'esclavage. C'est l'avis du baron de Bessner, qui envoie au ministre un projet dans ce sens et propose d'en faire l'essai aux environs de Cayenne. Mais ce plan qui était le plus sage, sans aucun doute, était d'une réalisation difficile et prématurée. La question est cependant posée devant l'opinion et la passion va s'en mêler. « Quiconque justifie un si odieux système, écrit Raynal en 1770, mérite du philosophe un profond mépris et du nègre un coup de poignard » ; et il continue contre l'esclavage un réquisitoire éloquent nourri de faits en concluant à l'abolition volontaire, progressive et à brève échéance, ou à une épouvantable guerre civile [2]. Ce langage enflammé trouve de l'écho dans nos îles, moins chez les esclaves que chez les mulâtres libres. Beaucoup parmi ces derniers sont riches, intelligents, et ont été élevés dans les

1. Arch. col. Mémoire de Bosthon, conseiller au Cap.
2. Raynal, *Histoire philosophique et politique des établissements et du commerce des Européens dans les deux Indes.*

idées et les mœurs européennes. Ils s'épuisent en subterfuges de toute espèce pour effacer la distance qui les sépare du blanc; tandis que les blancs deviennent de plus en plus méprisants et hautains. Telle était la situation au moment de l'avènement de Louis XVI.

On se préoccupa de l'esclavage en même temps presque partout. C'est quatre années après l'apparition du livre de Raynal, en 1774, que Wilberforce, à peine âgé de seize ans, dévoile sa vocation philanthropique et publie dans un journal d'York une lettre sur le commerce des esclaves qui fait du bruit et attire l'attention sur son auteur; mais ce fut seulement six années plus tard que Wilberforce put défendre ses idées à la tribune [1].

L'esclavage des noirs était donc encore en 1763, bien que discuté, une institution parfaitement reconnue et prospère et l'Angleterre en avait concentré entre ses mains le commerce presque exclusif. Aussi nos établissements de la côte d'Afrique continuèrent à végéter entre les mains de la Compagnie. Par un arrêt du 31 juillet 1767, elle fut dépossédée au profit du Gouvernement du privilège qui lui avait été laissé de faire la traite. Ce commerce fut rendu absolument libre. « Le Roi, substitué à la Compagnie, se chargeait de l'entretien des comptoirs de la côte et percevait au profit du trésor le droit de 10 livres par tête de noir. Il se réservait d'accorder l'exemption de ce droit dans les cas où il le jugerait à propos et pour encourager ceux de ses sujets qui en auraient besoin [2]. » Un autre arrêt du conseil d'État du 30 septembre 1767 exemptait les négociants

1. Il fut élu au parlement en 1780.
2. Arrêt du conseil d'État du 31 juillet 1767.

des ports de Saint-Malo, du Havre et de Honfleur de ce droit de 10 livres par tête. Cette même année, l'abbé Demanet, ancien aumônier de Gorée, de retour en France, publiait une histoire de l'*Afrique française*[1], dans le but de faire connaître que le commerce de l'Afrique n'était pas, comme beaucoup de personnes le croyaient, perdu pour la France malgré la cession du Sénégal. L'*Afrique française*, c'est-à-dire l'étendue du pays comprise entre le cap Blanc et la rivière de Sierra-Leone pouvait facilement être exploitée par les rivières de Salam et de Casamance qu'il avait fait sonder. Demanet faisait appel à l'initiative privée et proposait de fonder des comptoirs sur les bords de ces deux rivières[2].

Les mesures prises par le Gouvernement donnèrent un nouvel essor au commerce de l'Afrique occidentale. L'exemption du droit de 10 livres à l'importation des noirs développa le commerce des esclaves. De 1767 à 1777, 30 000 nègres furent annuellement embarqués pour les colonies. Un noir coûtait alors, en moyenne, 100 livres sur la côte d'Afrique et se payait en marchandises; on le revendait 1 000 à 1 200 livres à Saint-Domingue, ce qui, en tenant compte des frais généraux et des pertes, représentait un bénéfice de 600 pour 100. Le marché d'esclaves s'étendit bien au delà de nos possessions et même au delà de l'*Afrique française* de Demanet, jusqu'à l'embouchure du Congo. Les ports de Marseille, de Saint-Malo et du Havre armaient annuellement plus de 90 navires négriers; il s'était fondé une compagnie non privilégiée, la Compagnie d'Angola, qui

1. Demanet, *Histoire de l'Afrique française*, Paris, 1767, 2 vol. in-12, avec cartes.
2. La Casamance ne fut occupée qu'en 1837.

faisait à elle seule la moitié du commerce des noirs. En 1772 une autre compagnie, la Compagnie de Guyane, obtint le monopole de la traite entre le cap Vert et la Casamance; elle devait transporter pendant dix ans en Guyane tous les nègres dont la colonie aurait besoin. Cette compagnie dura jusqu'à la Révolution.

CHAPITRE XVII

LES ILES DE FRANCE ET DE BOURBON DEVIENNENT PROPRIÉTÉS ROYALES

Missions officielles de Le Gentil et Rochon aux Seychelles et à Madagascar. — Absence de numéraire à l'île de France et à Bourbon. — Situation économique de ces deux colonies. — L'administration de la Compagnie y avait été assez paternelle. — Désordres dans l'administration de la justice. — Sa réorganisation. — Application du régime des colonies royales. — Arrivée de Poivre dans la colonie. — Ses voyages; il a noué les premières relations de la France avec l'Annam. — Bienfaits de l'administration de Poivre. — Importance militaire des îles de France et de Bourbon d'après les instructions remises à ses administrateurs.

Comme nous l'avons vu plus haut, la dépossession de la Compagnie des Indes ne s'arrêtait pas aux comptoirs de la côte d'Afrique et au seul privilège de la traite; le Roi avait décrété la liberté du commerce et repris à la Compagnie, outre le port de Lorient et nos possessions des Indes, les îles de France et de Bourbon avec leurs dépendances, c'est-à-dire les Seychelles et Sainte-Marie de Madagascar.

Les Seychelles avaient été explorées, notamment par Le Gentil et Rochon [1]; mais elles n'étaient pas colonisées,

1. Le Gentil, *Voyage dans les mers de l'Inde, fait par ordre du Roi, à l'occasion du passage de Vénus sur le disque du soleil,* le 6 juin 1761 et

et quant à Sainte-Marie de Madagascar, elle fut à peu près abandonnée après avoir été un instant occupée.

Bien que ni l'île de France ni Bourbon n'aient été prises par les Anglais, la guerre n'en avait pas moins eu sur ces colonies une influence funeste. Les petits blancs étaient, en 1763, dans une grande misère; des ouragans avaient détruit toutes les récoltes. Là plus que dans nos autres îles, on manquait de numéraire; les billets de la Compagnie perdaient les trois quarts de leur valeur et l'argent de France était remplacé par de la monnaie de papier. La théorie économique alors admise, plus préoccupée de la doctrine que des faits, regardait la monnaie d'or et d'argent comme la seule richesse. De là l'exclusion du numéraire dans les opérations commerciales, à cause du désir tout naturel de voir exporter de nos colonies non des monnaies françaises, mais des marchandises. De là aussi la valeur fictive donnée à la *monnaie coloniale*, dont la valeur nominale était à peu près double de la valeur intrinsèque. Les colons avaient bien pris l'habitude de stipuler en livres de sucre, de café et de tabac, au lieu de compter par livres et deniers; mais les étrangers préféraient de l'argent et nos colons qui achetaient leurs marchandises se voyaient obligés de donner la *monnaie coloniale* qui, selon l'intention du Gouvernement, devait servir aux échanges journaliers dans l'intérieur de nos possessions; ils payaient ainsi ces marchandises le double de leur valeur. Non seulement le commerce, mais les divers services de la colonie

le 3 du même mois 1769. — Alexis Rochon, *Voyages à Madagascar et aux Indes orientales*, accompagnés d'une carte de Madagascar, d'une carte de l'Inde orientale, d'un vocabulaire madécasse. Paris, 3 vol. in-8, 1767, 1768, 1770, 1771, 1773.

souffraient de ce manque d'argent et le Roi s'était vu dans la nécessité, à différents intervalles, de réapprovisionner de numéraire nos différentes colonies. En janvier 1766 il fit répandre, tant aux Antilles que dans nos îles de l'océan Indien, seize mille pièces de trente-six sous valant aux colonies trois francs; soixante-quatre mille pièces de dix-huit sous y valant trente sous; cent vingt-six mille pièces de neuf sous en valant quinze, etc.

Les fonds destinés à l'entretien et aux dépenses de souveraineté des deux îles étaient, au budget des colonies, confondus en 1768 dans une même assignation avec ceux destinés aux colonies d'Amérique. L'ensemble des frais d'administration s'élevait à 8 millions et les sommes affectées à cet objet n'avaient pas été augmentées pour le nouveau service des îles de France et de Bourbon. On avait même pris sur ce budget des sommes assez considérables pour acquitter les dépenses antérieures de nos colonies d'Amérique. Dès 1770, les îles de France et de Bourbon eurent un budget spécial, distinct de celui de nos colonies américaines. Un fonds de 4 millions fut destiné à faire face annuellement aux dépenses de l'administration royale [1].

Ces mesures ne suffisaient pas pour rendre la prospérité à nos deux colonies de l'océan Indien. A Bourbon, il y avait, en 1764, pour toute marine, deux chaloupes et deux goélettes. Un tiers seulement de la superficie cultivable était mise en valeur; on y récoltait du blé, du maïs, du riz que l'on exportait à l'île de France et un peu de café : 2 millions de livres environ; peu ou point

1. Arch. col.

de canne à sucre et de coton. Il n'y a qu'une seule sucrerie en 1767. Les propriétés sont mal délimitées, les concessions trop vastes, et cette situation est la cause d'éternels conflits et d'interminables procès. Il y a peu de gros bétail; les moutons qui vivent bien sur la côte meurent dans la montagne; les deux tiers des animaux domestiques sont des porcs ou des cabris. Les villes sont loin d'être, comme aux Antilles, élégantes et confortables; à Saint-Denis, il n'y a ni fontaine, ni pont, ni marché public. Bruno, introducteur des ambassadeurs près Monsieur, qui visita Bourbon en 1764, écrit : « Cette île est, comme vous savez, ouverte partout, n'ayant aucune fortification, aucun lieu de retraite; les différents quartiers, dont deux, Saint-Denis et Saint-Paul, sont assez considérables, sont répandus le long des côtes de façon à ne pouvoir se soutenir réciproquement. Je suis surpris que les Anglais n'y aient pas fait une descente dans la dernière guerre, quand ce n'eût été que pour brûler les différents quartiers ou les rançonner. Ce n'est point, à ce que je crois, négligence de leur part. Le salut de l'île Bourbon n'est dû qu'à la longue croisière que fut obligée de faire à Rodrigue l'escadre anglaise pour attendre en vain l'amiral Keppel [1]. »

L'île de France a un admirable port, celui de Port-Louis. Comme à Bourbon, un tiers des terres à peine est en culture; on y cultive surtout la canne à sucre et le café. Il y a très peu de bétail. Port-Louis, qui compte alors sept cents maisons, n'a pas de défenses et on n'a rien fait pour tirer parti de sa situation. « L'île de

1. Journal d'un voyage fait aux Indes orientales en 1764 par M. Bruno, introducteur des ambassadeurs près Monsieur, 1764-1771, vol. XCVIII de la *Correspondance générale des Indes*. (Arch. col.)

France manque de tout, écrit Bruno. Les Anglais, qui en connaissent la valeur mieux que nous, ne la perdent pas de vue, et vous pouvez compter que leurs premiers efforts, leurs coups de surprise tomberont sur elle. Aujourd'hui, elle n'est en aucune façon en état de se défendre.... Des ouvrages construits, les uns sont détruits, les autres inutiles[1]. »

On imputait à la mauvaise administration de la Compagnie la situation précaire où se trouvaient nos deux îles de l'océan Indien. A la vérité Bourbon et l'île de France avaient toujours été considérées, même par le Gouvernement, non comme des colonies de culture, mais comme des stations de relâche sur la route de l'Inde. L'administration de la Compagnie y avait été assez paternelle. Aux temps de sa richesse, cette Compagnie fournissait à tous les frais de souveraineté et le seul impôt perçu se bornait à des corvées de noirs employés aux travaux publics et principalement à la confection des chemins. Un impôt de capitation de vingt sols (monnaie coloniale) avait été établi dans le même but vers 1737. Il en fut ainsi tant que ces deux îles furent du domaine de la Compagnie des Indes[2].

Où le désordre était extrême, c'était dans l'administration de la justice, confiée au Conseil supérieur. Ce conseil, comme le précédent, le Conseil provincial, jugeait sur simple requête. Ce système favorisait la souveraineté arbitraire des chefs et leur cupidité. L'enquête que Choiseul fit prescrire à ce sujet ne tarit pas des doléances des malheureux justiciables.

1. Journal d'un voyage fait aux Indes orientales en 1764 par M. Bruno, introducteur des ambassadeurs près Monsieur, 1761-1771, etc.
2. Voïart, Annuaire de Bourbon. Archives de la Marine.

La vie, les biens, l'honneur du colon étaient à la discrétion du Gouverneur, toujours maître du Conseil par suite de la confiance qu'avaient en lui les Directeurs de la Compagnie. Le Conseil supérieur, aveuglément soumis au Gouverneur, était formé de commis de vaisseaux et d'écrivains devenus marchands, tous créatures des Directeurs. Les Conseillers étaient souvent juges et parties dans certaines affaires. Pour exercer le droit de récusation dans les cas prescrits par la loi, il eût fallu récuser tous les membres du Conseil. Outre ces inconvénients, « on ne peut dissimuler que plusieurs membres de ce Conseil ne fussent dominés par la cupidité, et n'eussent le cœur gâté et infecté de la rouille de l'avarice. Cette fortune considérable et rapide que plusieurs portèrent en France était faite en grande partie aux dépens de la Compagnie et du pauvre cultivateur. Un membre du Conseil entrait volontiers dans toutes les entreprises, se procurait des marchandises des magasins de la Compagnie et les faisait vendre en détail dans une boutique sans aucun scrupule avec un profit double ou triple de celui de la Compagnie [1]. »

Ce Conseil était bien plus sujet à caution et plus visiblement incompétent encore dans les affaires où la Compagnie était intéressée : « Qu'on juge après cela, dit le rapport que nous citons, si le citoyen n'avait pas droit de se récrier.... Aussi la voix publique de la colonie s'était-elle élevée souvent contre nombre d'arrêts du Conseil supérieur et s'il en eût été appelé au Conseil d'État, plusieurs eussent été cassés; mais les habitants, pauvres pour la majeure partie, n'étaient guère en état de recourir à ce premier tribunal du Royaume. »

1. Rapport des administrateurs de Bourbon. (Arch. col.)

La Bourdonnais, maître du pouvoir sans bornes qu'il tenait de la charte[1] même de la Compagnie, s'était efforcé de rendre la justice indépendante sans y réussir; son administration avait été un bienfait pour nos possessions et Bruno quittant pour la France les îles de France et de Bourbon écrivait : « Jusqu'à mon dernier passage à la fin de 1771 et au commencement de 1772, on ne voyait dans ces deux îles rien d'utile ni de commode qui n'ait été de M. de la Bourdonnais ».

Aussitôt la reprise de possession, un gouverneur et un intendant dont les attributions furent réglées par une ordonnance royale du 25 septembre 1766 vinrent au nom du Roi, en 1767, prendre le gouvernement de nos deux colonies de la mer des Indes : c'étaient de Bellecombe et de Crémont. Le premier soin du Gouvernement se porta sur la réorganisation de la justice. Un édit du mois de juin 1766 avait donné un nouveau Conseil supérieur à chacune des îles de France et de Bourbon. Il était composé du gouverneur, de l'intendant ou ordonnateur, de sept conseillers titulaires, d'un procureur général, d'un substitut et d'un greffier ; il y avait enfin quatre assesseurs nommés par les administrateurs (Ordonnance de septembre de la même année). Les membres du Conseil qui devaient résider au chef-lieu devaient se conformer à la coutume de Paris, aux lois particulières faites ou à faire pour les deux îles et enfin aux ordonnances royales enregistrées par les Conseils.

1. D'après les lettres patentes de 1664, la Compagnie possédant les colonies en toute propriété, seigneurie et justice, y avait en outre une souveraineté territoriale. Elle divisait l'île suivant son bon plaisir, disposait du commandement des troupes, nommait des juges. « Elle donnait même des ordres aux tribunaux. » (Voïart, Annuaire précité. Arch. de la Marine.)

La justice était en résumé constituée comme dans nos Antilles et la même procédure devait être suivie. L'administration royale avait commis la faute de nommer aux nouvelles fonctions plusieurs des employés de la Compagnie, qui tendaient à perpétuer les abus dont ils vivaient sous l'ancienne société. Quelques-uns des nouveaux magistrats continuaient à tenir des comptoirs et à se livrer au commerce; un nouvel édit de 1770 modifia de nouveau la composition et les attributions du Conseil supérieur. Le Commandant en second et le plus ancien Commissaire de la marine durent siéger au Conseil, celui-ci comme premier conseiller; enfin les deux Conseils devaient suivre, sans se permettre de délibérer à cet égard, les lois et règlements en vigueur pour les deux îles. Afin de régulariser les concessions, une ordonnance du 25 septembre 1766 institua un tribunal terrier. Il était composé du Gouverneur, de l'Intendant et de quatre conseillers pris dans le sein du Conseil supérieur, dont l'un devait remplir les fonctions de Procureur du Roi. La compétence de ce tribunal s'étendait, comme dans nos Antilles, à toutes les questions relatives aux délimitations de propriétés non encore mises en culture, à la pêche dans les rivières, la chasse, etc.

Enfin l'édit de 1770, qui avait modifié la composition et les attributions des Conseils supérieurs, institua dans chaque île une juridiction royale. Elle était composée d'un juge, d'un lieutenant de juge, d'un procureur du Roi et d'un greffier. Cette juridiction connaissait en première instance de tous les procès civils et criminels. On appelait de ses jugements au Conseil supérieur et en cassation au Conseil d'État. Grâce à ces dispositions, l'administration de la justice prit peu à peu une forme régulière.

L'administration royale introduisit à l'île de France et à l'île Bourbon les lettres patentes de 1723, plus connues sous le nom de Code noir[1]. Plusieurs décisions locales complétèrent ses dispositions; par exemple le concubinage avec les esclaves fut interdit sous peine de 300 livres d'amende; on défendit aux esclaves de jouer de l'argent. On fixa à deux livres de grain par jour la ration que leur devaient leurs maîtres; ceux-ci se virent imposer l'obligation de nourrir les vieillards et les infirmes, etc.

Les deux colonies bénéficièrent également de mesures économiques plus libérales. Ainsi les droits d'entrée qui étaient en 1766 de 6 pour 100 sur les marchandises de l'Inde, furent réduits à 3 pour 100 en 1770. Les marchandises d'Europe n'étaient soumises à aucun droit. Une ordonnance de la même année établit la liberté générale du commerce. Cette liberté subit une restriction, deux ans plus tard, par la défense qui fut faite d'embarquer les blés sur les navires marchands; les blés devaient servir à l'approvisionnement des troupes et des magasins pour le cas de guerre.

La traite, à cette époque, était faite par les vaisseaux du Roi, qui approvisionnaient les deux colonies des esclaves nécessaires aux travaux agricoles.

L'impôt de capitation fut fixé à 3 livres par tête de noir. (Il varia dans la suite et baissa à vingt sols en 1771 et 1772; il fut de 2 livres en 1773, etc.)

Le 19 juillet 1768 fut créée la caisse de la Commune et de l'Assemblée des notables. Cette Assemblée, dans le sein de laquelle était formée une chambre syndicale,

1. Ordonnance royale de décembre 1767.

véritable Conseil municipal pour les attributions, se réunissait trois fois par an au chef-lieu, sous la présidence de l'ordonnateur. Elle était composée de deux députés de chaque quartier. Dans nos îles de l'océan Indien comme dans nos Antilles, on voit poindre ici la vie locale.

Une réelle prospérité marqua l'époque du retour de ces îles à l'autorité royale. C'est à l'intendant de Crémont que Bourbon et surtout Saint-Denis sont redevables d'une foule de travaux d'utilité publique; il édifia les premières fontaines, jeta les premiers ponts,[1] construisit les premiers moulins; il se retira pauvre et vécut d'une pension qui lui fut supprimée lors de la Révolution.

Mais c'est surtout à Poivre, qui arriva à Port-Louis le 14 juillet 1767, comme Intendant général des îles de France et de Bourbon, que ces deux colonies doivent être reconnaissantes. Poivre était né à Lyon en 1719; il fut élevé à Paris au séminaire des missions étrangères. De bonne heure, il voyagea en Orient et en Chine, séjourna à Canton, où il sut se concilier les bonnes grâces du vice-roi. Il revenait en France en 1745, sur le *Dauphin*, lorsque ce navire fut attaqué par l'escadre du commodore Barnett. A cette époque la France était engagée dans la guerre de la succession d'Autriche et les Anglais couraient sus à tous nos bâtiments. Poivre tint pendant le combat une conduite héroïque : ne pouvant, comme serviteur de l'Église, prendre une part directe à la lutte, il parcourait le pont du navire animant les matelots de la voix et du geste quand un boulet lui enleva le poignet droit; bientôt après l'équipage était obligé de se rendre et le *Dauphin* fut conduit à Batavia où les Anglais ne sachant que faire de leurs prisonniers leur rendirent la liberté. Poivre gagna Pondichéry et revint en France avec La Bourdonnais. Sa blessure l'obligea de quitter les missions étrangères et il devint agent de la Compagnie des Indes. Il lui proposa d'établir un comptoir en Cochinchine et d'acclimater des plants d'épices dans les îles de France et de Bourbon. Ses observations, son expérience, les vues qu'il rapportait de l'Asie, la perfection avec laquelle il parlait le chinois, l'annamite et le malais fixèrent sur lui l'attention de la Compagnie. En mars 1749, il recevait la mission de fonder un comptoir en Chine; malheureusement Dupleix était hostile à ses projets, toutefois il réussit à Hué, obtint de Vo-Vuong, alors Choa du Sud, la permission de faire le commerce dans ses États; les lettres patentes conférées par Vo-Vuong nous donnaient en même temps la liberté d'établir un comptoir à Faï-Foo. Poivre avait ainsi noué les premières relations de la France avec l'Annam. Dans ses rapports [1] au ministre, il explique que Tourane serait plus commode que Faï-Foo pour y établir des magasins vastes et commodes. De retour en France, Poivre se fixa à Lyon. Le Roi lui accorda une gratification de 20 000 livres. L'Académie des sciences lui décerna le titre de correspondant. Quelques mois après, Choiseul le choisissait comme intendant des îles de France et de Bourbon. Jean-Daniel Dumas [2] était nommé Gouverneur général. Dumas et Poivre ne s'entendirent pas; c'est encore un exemple de la fâcheuse

1. Arch. de la Marine et des Colonies. Albert Septans, *les Commencements de l'Indo-Chine française*. Paris, Challamel, 1887.

2. Dumas avait été colonel d'infanterie durant les guerres du Canada, où il avait donné des preuves de sa valeur.

rivalité entre gouverneur et intendant, rivalité qui amena entre les deux hommes une lutte incessante. Ils s'accusèrent réciproquement d'incapacité et de malversation, mais cette fois le Gouvernement eut la main heureuse en rappelant Dumas, qui fut remplacé par le chevalier Des Roches. Poivre, débarrassé de son antagoniste, donna à toutes les forces de la colonie la plus heureuse impulsion. Il ranima l'agriculture et introduisit à l'île de France la culture des épices; ses premières tentatives d'acclimatation des arbres aromatiques dont la culture était monopolisée dans les îles Moluques dataient de 1750. Malgré la sévérité des lois bataves qui punissaient de mort ceux qui tentaient d'enlever des arbres à épices, Poivre était parvenu, à travers d'immenses difficultés, à se procurer à Timor quelques plants de muscadiers et de girofliers qu'il transplanta à l'île de France; mais Poivre quitta la colonie pour rentrer en France et la Compagnie des Indes, ne sachant pas apprécier le service important qu'il voulait lui rendre, laissa périr les plantations.

Une fois nommé intendant, Poivre reprit son projet et sa tentative fut couronnée de succès. Quand il rentra en France en 1773, il laissa nos deux colonies prospères; les produits de la terre avaient augmenté rapidement; la population s'était accrue. L'île de France et Bourbon produisaient, en 1763, 80 000 livres de blé, en 1772 plus de 2 000 000 de livres; 2 535 100 livres de café en 1763; en 1773, 4 000 000 de livres. En 1785, à l'île Bourbon, une seule plantation comptait 8 000 girofliers. Port-Louis avait triplé le chiffre de sa population; il y avait, en 1773, 30 000 colons au lieu de 10 000 en 1763. En 1763 nos deux colonies comp-

taient 300 têtes de bétail; en 1773 il y en avait 8 000. Poivre avait créé en outre des casernes, des magasins, des hôpitaux, développé la culture de la canne à sucre, amélioré les routes, embelli Port-Louis, créé une imprimerie, créé des forges qui fournissaient un fer aussi estimé que celui d'Europe. Bourbon a payé à Poivre sa dette de reconnaissance en lui élevant une statue dans la capitale de l'île, à Saint-Denis, à l'Hôtel du Gouvernement.

Quand Poivre se démit de ses fonctions, il fut très regretté. Le chevalier Des Roches avait essayé de fonder une ville dans l'intérieur de Bourbon; sa tentative avait échoué; complètement éclipsé par son rival qu'il jalousait, Des Roches avait repris contre Poivre les accusations de Dumas. Rappelés tous deux en France, ils durent rendre compte de leur administration au Roi. Une commission d'enquête formée de conseillers d'État où figurait d'Aguesseau s'occupa de l'examen de leurs griefs réciproques. Des Roches et Poivre ne parvinrent pas à prouver la vérité des allégations qu'ils s'étaient permises l'un contre l'autre. L'objet de la commission fut moins de punir les fautes des administrateurs que de connaître les abus introduits par leur division dans le gouvernement des deux îles [1]. Poivre n'eut pas de peine à prouver que toute son activité avait été employée au bien de nos colonies et il obtint une pension de 12 000 livres.

Choiseul n'ignorait pas l'importance des îles de France et de Bourbon comme stations militaires : « Ces îles, si nécessaires à notre commerce d'Asie comme points de relâche, disent les instructions remises à Poivre, ont un

1. Arch. col. Travail pour le Roi.

autre avantage qui mérite une singulière attention. Il a été donné à l'île de France de dominer par sa position tous les établissements des Européens dans les Indes orientales. Cette île est au centre de leurs comptoirs; ses ports, sa population, sa salubrité, ses subsistances sont avec sa position autant de moyens de défendre et d'attaquer avec encore plus d'avantage. A des armements affaiblis par une longue navigation, elle peut en temps de guerre opposer des vaisseaux bien équipés, des troupes fraîches, et l'immense mobilier que le luxe et l'avarice de l'Europe accumulent dans les différents comptoirs de l'Asie pourrait n'être pour l'île de France que l'objet d'une conquête toujours facile si cet établissement était porté à sa perfection. » Aussi, en même temps que Choiseul fait dresser un plan de défense pour Port-Louis, il fait construire des casernes, des arsenaux, des magasins pour y amasser du blé; les batteries doivent être pourvues de leurs canons. Trois bataillons en temps de paix, quatre en temps de guerre, avec un effectif total de quatre mille hommes, y tiendront garnison et seront entretenus en vivres et en effets par les deux colonies. Les régiments volontaires de l'île de France, de l'île Bourbon et de Port-Louis sont projetés et Beniouski, officier hongrois échappé du Kamchatka où il a été relégué par l'impératrice de Russie, maintenant au service du Roi, commande un corps de volontaires. On sait que cet aventurier reprit sous Louis XVI, à Madagascar, la tentative de Maudave, sans d'ailleurs réussir davantage [1].

1. Voir le travail précité de M. Pouget de Saint-André.

CHAPITRE XVIII

LA RÉFORME ÉCONOMIQUE

Vincent de Gournay défend la liberté du commerce dans les Conseils du Roi. — La liberté du commerce réclamée par les colonies. — Prospérité de la Guadeloupe; ses causes. — Choiseul revient au régime prohibitif. — Influence de Montesquieu dans les instructions aux gouverneurs des colonies. — Fausses interprétations. — Montesquieu est un historien et non pas un doctrinaire. — Le régime de la liberté des transactions tend à prévaloir de nouveau et définitivement à dater de 1767. — Ports francs créés à Sainte-Lucie, à Saint-Domingue, à la Guyane. — Augmentation du nombre des ports ouverts au commerce colonial. — Création d'une ligne régulière de paquebots entre la France et les Antilles. — Mesures générales prises pour augmenter la population de nos colonies. — Lutte économique entre la Martinique et la Guadeloupe. — Prospérité commerciale de nos colonies à la chute de Choiseul.

La doctrine qui condamnait les Compagnies privilégiées au nom de la liberté du commerce avait commencé à se préciser vers le milieu du XVIIIe siècle. Un des défenseurs les plus convaincus des nouvelles idées, l'intendant du commerce Vincent de Gournay, les propageait par sa parole et son action personnelle [1]; sa

1. Vincent de Gournay, intendant du commerce, a laissé peu d'écrits. Voir, à la fin du mémoire de Morellet sur la situation actuelle de la Compagnie des Indes, un travail attribué à Vincent de Gournay et intitulé : Observations sur le rapport fait à M. le contrôleur général par M. de S..., le 26 juin 1755, sur l'état de la Compagnie des Indes.

position officielle lui permettait de les soutenir dans les Conseils du Gouvernement. Habile négociant avant d'être membre du bureau du commerce, la pratique lui avait enseigné la formule : « laissez faire, laissez passer », comme la loi désirable d'une nouvelle politique commerciale. Dès 1753, Machault avait songé à autoriser officiellement le commerce des colonies avec les neutres pendant la durée de la guerre. En vain les Chambres de commerce de France protestèrent, en vain Forbonnais publia son « Essai sur le commerce des colonies [1] » ; l'autorisation officielle fut accordée en 1757. La Chambre de commerce de Nantes se souleva. Toutes les Chambres de commerce de nos ports, à l'exception de Saint-Malo, Marseille et Bayonne, suivirent l'exemple de Nantes et désavouèrent leurs députés. Saintard [2], membre du Conseil supérieur du Cap, publia une brochure où il montra que les manufactures ne seraient pas plus ruinées par le commerce des neutres que par le commerce périlleux des nationaux et qu'au contraire, en peu de mois, le commerce des neutres prendrait le cours d'un commerce national indirect et que nos manufactures en tireraient plus de bénéfices qu'elles ne l'auraient fait par le commerce national direct. Une lettre de Berryer, ministre de la marine, compléta, en mars 1759, la mesure prise par Machault : il annonça que les navires pris aux neutres leur seraient restitués et il recommanda aux administrateurs des colonies de favoriser le commerce des denrées étrangères, de préférence aux draps, aux

1. Voir l' « Essai sur le commerce des colonies », 1754.
2. La lettre d'un citoyen sur l'admission des navires neutres dans les colonies, annoncée pour les puissances neutres, 1756 (attribuée à Saintard, membre du Conseil supérieur du Cap).

soieries et autres marchandises appelées dans le langage économique du temps « marchandises sèches ». Cette recommandation n'eut pas d'effet et dans toutes nos colonies on s'approvisionna indistinctement et en fraude de toute sorte de marchandises étrangères; ainsi le besoin de la liberté commerciale déborde partout les lois et ordonnances qui tentent de la restreindre ou de l'enchaîner.

La Guadeloupe avait été pendant quatre années sous la dépendance de l'Angleterre, et ses exploitations avaient acquis, sous l'influence de nos rivaux, une prospérité qui lui était jusqu'alors inconnue. Le développement de la traite en était la cause; l'Angleterre avait importé dans l'île plus de vingt-cinq mille nègres; ainsi munie de travailleurs, elle était devenue d'un quart plus opulente qu'elle ne l'était avant la conquête. Avant la guerre, la Martinique et la Guadeloupe allaient chercher les blés, les bestiaux et les bois du Canada, mais le Canada n'appartenait plus à la France; aussi les colons redoutaient de voir rompre leurs relations commerciales avec l'Angleterre; ils favorisèrent l'établissement dans toutes nos Antilles, particulièrement à Saint-Domingue et à la Martinique, d'entrepôts considérables qui firent baisser tous les prix. La paix était à peine signée que les colonies demandaient à la métropole le maintien de la liberté du commerce.

Choiseul ne décréta pas, tout d'abord, la suppression du régime prohibitif, il le rétablit même à Saint-Domingue, à partir du 1er juin 1763 [1], à la Guadeloupe en

1. Saint-Domingue, pour ses fournitures de bestiaux, avait recours à la partie espagnole de l'île. Cette nécessité ne s'expliquait que par la négligence de nos colons à s'adonner à l'élève du bétail. Des négocia-

1764. Ce retour en arrière s'explique à la lecture des instructions, rédigées par les bureaux, qui furent remises aux administrateurs de nos îles en 1765; ces instructions sont précédées de considérations générales et théoriques qui méritent d'être citées à l'appui de nos précédentes assertions sur l'influence de l'*Esprit des lois*. Les goûts de nos écrivains de la marine pour la spéculation politico-économique s'y montrent dans tout leur jour. « Les colonies, y est-il dit, n'ont été instituées que pour opérer la consommation et le débouché des produits de la métropole; de cette destination suivent trois conséquences qui renferment toute la science de ces établissements.

« La première est que ce serait se tromper que de considérer nos colonies comme des provinces de France séparées seulement par la mer du sol national. Elles diffèrent autant des provinces de France que le moyen diffère de la fin; elles ne sont absolument que des établissements de commerce et pour rendre cette vérité sensible, il suffit d'observer que dans le Royaume l'administration ne tend à obtenir une plus grande consommation qu'en faveur du sol national et que dans les colonies, au contraire, elle n'affectionne le sol que dans la vue de la consommation qu'il opère. Cette consommation est l'objet unique de l'établissement qu'il faudrait abandonner s'il cessait de remplir cette destination.

« La seconde conséquence est que plus les colonies diffèrent de leurs métropoles par leurs productions, plus elles sont parfaites, puisque ce n'est que par cette

tions s'établirent entre Paris et Madrid pour régulariser l'importation des bêtes à cornes. (Affaires étrangères, correspondance avec l'Espagne, année 1763.)

différence qu'elles ont de l'aptitude à leur destination.

« C'est par cette heureuse différence des productions des colonies et de celles du Royaume que ces consommations restées sans prix, faute de consommateurs, ont pu être échangées pour des denrées qui n'avaient plus à craindre la même disgrâce; c'est par l'effet de cet échange qu'une multitude de travailleurs occupés dans le Royaume à l'approvisionnement des colonies existent sur le superflu des riches qui consomment les denrées de nos colonies, et qu'une multitude encore plus grande existe aux dépens de l'étranger que les denrées rendent tributaire de la France dans la balance du commerce.

« La troisième vérité qui suit de la destination des colonies est qu'elles doivent être tenues dans le plus grand état de richesse possible et sous la loi de la plus austère prohibition en faveur de la métropole. Sans l'opulence, elles n'atteindraient point à leurs fins; sans la prohibition, ce serait encore pire; elles manqueraient également leur destination et ce serait au profit des nations rivales.

« Il faut cependant observer qu'il peut y avoir des circonstances où la richesse et la prohibition dans les colonies seraient dans un état d'incompatibilité et alors la loi de la prohibition, tout essentielle qu'elle est, doit néanmoins céder; il faut créer, il faut conserver avant que de jouir et ce qui précède dans l'intention ne fait que suivre dans l'exécution.

« Cette exception des lois prohibitives a naturellement son application à la colonie de Cayenne et à celle de la Guyane. Cayenne n'a presque point de culture et la Guyane n'est encore qu'une vaste forêt. Les lois prohibitives prises dans toute leur autorité à l'égard de ces colonies ne feraient que s'opposer à leurs progrès sans aucune utilité pour la métropole; elle n'a d'intérêt à maintenir les lois prohibitives qu'autant qu'elles opèrent le retour au Royaume des richesses et de la culture des colonies; le premier soin du Gouvernement doit donc avoir pour objet l'existence de cette culture et de ces richesses sans lesquelles une colonie ne peut être qu'à charge à l'État....

« Les colonies fondées par les diverses Puissances ont toutes été établies pour l'utilité de leurs métropoles; mais pour se servir utilement des choses, il faut les connaître; et ces établissements occupés d'abord au hasard, formés ensuite sans connaissance de leur véritable utilité, sont encore aujourd'hui après un siècle de possession très imparfaitement connus ou même peut-être tout à fait ignorés de la plupart de ceux qui les possèdent: de là il est arrivé que les principales colonies anglaises ont été plus utiles à elles-mêmes qu'à leur métropole, que celles des Espagnols n'ont servi qu'à l'accroissement des Puissances étrangères et si la France seule a mieux profité de ses établissements en Amérique, il est peut-être juste d'avouer qu'elle ne doit cet avantage qu'à l'heureuse qualité d'un sol que sa nature conduisait invinciblement à sa plus utile destination.

« Les Anglais établis dans l'Amérique septentrionale n'avaient à offrir à la vieille Angleterre que des denrées semblables à celles du sol principal; mais entre les sexes semblables, la nature n'a mis ni fécondité ni subordination : la nouvelle Angleterre avait, aussi bien que sa métropole, le blé à qui appartient la force et la richesse; elle avait mieux que sa métropole, la pêche qui fonde la puissance maritime; elle avait mieux que sa métropole, le bois de construction, le goudron et une infinité d'objets qu'elle lui fournit.

« L'Angleterre ne pouvait donc avoir qu'un commerce passif avec sa colonie qui, marchant avec rapidité vers sa grandeur future, ne servait et ne sert encore sa métropole que pour arriver à l'indépendance.

« L'erreur de l'Espagne, dans l'usage qu'elle a fait de ses colonies, touchait de plus près à la manifestation du mal que sa méprise devait nécessairement opérer. Des richesses vaines qu'elle puisait dans les mines du nouveau monde lui donnèrent des espérances vaines; elle abandonna le travail, principe unique de la puissance parce qu'il est l'unique source de toute population et de toute richesse; son inertie accrut le travail étranger qui fournissait à ses besoins; elle s'est dépeuplée et elle est dans le fait devenue, par son or même, tributaire des nations qu'elle avait cru dominer.

« Les mines du Brésil n'ont pas mieux servi le Portugal; trompé comme l'Espagne, il ne reçoit l'or de ses mines que pour le restituer au travail de l'étranger qui l'approvisionne et parce que l'Angleterre fournit presque uniquement à la consommation de ce peuple. Le Portugal n'est plus en réalité qu'une colonie anglaise, d'autant plus utile à la Grande-Bretagne que, sans en avoir les charges, elle en reçoit tout l'office qu'une métropole peut attendre de sa colonie [1].... »

Ces quelques extraits des instructions de 1765 ne laissent aucun doute sur la pensée qui inspirait leurs rédacteurs; rapprochés des passages de Montesquieu dont

1. Collection Moreau de Saint-Méry. Recueil des instructions aux administrateurs.

nous avons déjà parlé, ils mettent à nu toute la science officielle. Cette science naïve est fort égoïste, car après avoir refusé au colon le droit du citoyen, elle lui demande le sacrifice de sa fortune, celui même de sa vie. « Un colon n'est autre chose qu'un planteur libre sur un sol esclave; ainsi un colon comme citoyen, comme libre, doit être sous la protection des lois; comme planteur, il acquiert un nouveau degré de considération proportionné à l'utilité de son travail.... Les revenus des îles à sucre, très réels pour l'État, ne sont qu'imaginaires pour la plus grande partie des habitants. Tout son travail, tout ce qu'il peut ajouter à son revenu par son économie et par ses privations est aussitôt rendu à cette même terre, par l'achat des nègres nécessaires. Nulle idée de jouissance avant le dernier terme de la culture possible. Avant ce terme, les commodités de la vie coûteraient trop à l'avarice; mais l'entreprise d'arriver jusqu'à ce terme est presque toujours plus longue que la vie; le colon a vu la fin de ses jours avant la fin de son œuvre; il a vécu dans l'indigence sur un sol tous les jours enrichi par son travail et qui n'a été riche que pour le Royaume. C'est à des biens de cette espèce que l'administration doit cependant appeler des propriétaires. C'est sur ce sol plein de mensonges pour celui qui lui confie ses sueurs et ses fonds, c'est sur ce sol encore homicide que le gouvernement doit fixer ces cultivateurs : il doit faire plus, il doit exciter en eux le désir de le conserver à la France et de le défendre jusqu'à l'effusion du sang [1]. »

« La colonisation est une œuvre de sacrifice et de

1. Moreau de Saint-Méry. Instructions aux administrateurs.

dévouement », a dit M. Paul Leroy-Beaulieu [1]; on voit par cette dissertation peu réjouissante que les bureaux des colonies en étaient fortement convaincus.

Plusieurs historiens [2] rejettent sur Montesquieu la responsabilité de ces idées; mais l'auteur de l'*Esprit des lois* ne développe ni ne préconise un système; il expose seulement ceux que l'histoire a recueillis; il montre les raisons de ce qu'on a fait dans le passé; le tort des bureaux et du Gouvernement fut d'en déduire des règles de conduite pour l'avenir. On hésita pendant deux ans, dans les conseils du Roi, entre Quesnay et Montesquieu; celui-ci l'emporta; le Gouvernement revint en 1765 au régime des prohibitions dont il s'était départi en 1763. En 1767, quand fut décidée la liquidation de la Compagnie des Indes, la liberté prévalut de nouveau.

Deux ports francs sont alors créés : l'un à Sainte-Lucie, au Carénage, l'autre à Saint-Domingue, au môle Saint-Nicolas; ils peuvent recevoir sous tous pavillons et entreposer des marchandises spécialement désignées : c'étaient des animaux domestiques destinés à l'acclimatation, des bois de toute sorte, des mâts, des cordages, des cuirs, des pelleteries, du goudron, etc. Les navires étrangers paient un droit de 1 pour 100 et ils ne peuvent en échange et pour leur retour que charger des produits de la colonie, des tafias, des sirops. Les navires français sont exemptés de tous droits et ils embarquent librement à destination de la France tous les produits des îles.

Ce n'était pas sans motif apparent et uniquement pour

1. *De la Colonisation chez les peuples modernes.*
2. Dessalles, *Histoire des Antilles.* Henri Martin. Lacour, *Histoire de la Guadeloupe.* Sidney, Dancy, etc.

obéir à la doctrine que le Ministre de la marine avait créé les ports francs de Sainte-Lucie et de Saint-Nicolas. L'Angleterre venait de prendre l'initiative d'une pareille mesure pour la Dominique et la Jamaïque, et le port du Roseau jouait le même rôle qu'à Sainte-Lucie le port du Carénage; elle menaçait ainsi d'accaparer le commerce des Antilles.

Les étrangers pouvaient donc apporter dans nos ports francs les marchandises dont l'importation était autorisée; mais le transport dans nos Antilles en était exclusivement réservé aux caboteurs français. Ces entrepôts n'eurent pas tout le succès qu'on s'en promettait. Choiseul voulait réserver le cabotage à nos nationaux. Or ce cabotage que la vapeur a rendu possible de nos jours n'était pas souvent praticable avec les navires à voiles. Les vents sont presque toujours contraires; il en est de même des courants très rapides dans cette partie de la mer et dans le golfe de Mexique. Aussi les bâtiments légers, fins voiliers, mettaient dix fois plus de temps pour remonter à Sainte-Lucie que pour en descendre. Quant aux lourds navires de commerce, il leur était absolument impossible de remonter, ils étaient contraints d'aller *tropiquer*, c'est-à-dire de s'élever dans l'est à une certaine distance des côtes du continent africain. A cette cause d'insuccès s'en ajoutaient d'autres, notamment l'échange qu'on imposait aux étrangers à la place de la vente.

Cependant l'entrepôt du Carénage attira l'attention sur Sainte-Lucie. Cette île avait eu jusque-là une réputation d'insalubrité qu'elle ne méritait pas; elle était considérée comme inhabitable pour les Européens; la sollicitude du Gouvernement à son égard fit changer l'opinion. Des concessions y furent accordées à des habitants de la Martinique; ils y créèrent de vastes exploitations qui réussirent fort bien. Des émigrants du Canada et de l'Acadie qui cherchaient à se fixer dans les colonies restées françaises se dirigèrent particulièrement vers la terre encore vierge de Sainte-Lucie, qui éprouva de ce fait une augmentation sensible de population. A peine peuplée en 1763, elle avait en 1773, 20 000 habitants, dont 16 000 de couleur et 4 000 Européens ou Acadiens. La culture du coton, de l'indigo, du café, du cacao s'y développa.

La Guyane obtint un privilège plus étendu encore que celui de Sainte-Lucie. Le commerce français qui savait la colonie peu opulente ne s'y rendait pas; à partir de 1768, le port de Cayenne est ouvert à tous les pavillons et pour toutes les marchandises.

Ces mesures accueillies aux colonies avec faveur semblaient, d'après les idées en cours, en opposition avec les intérêts du commerce métropolitain. Les fermiers généraux perdaient leurs droits sur les marchandises données en échange des bois et des bestiaux introduits par les étrangers et les colons, de leur côté, multipliaient les transactions clandestines. A Sainte-Lucie, par exemple, le Carénage était réservé au commerce international; or, il arriva qu'une foule de magasins s'établirent dans beaucoup d'autres endroits du littoral. L'importation n'y était pas restreinte aux seules marchandises tolérées; le commerce interlope ou simplement, comme on disait alors, l'*interlope* l'étendait à toutes les denrées : « J'ai vu des établissements se former en différents endroits comme à la Soufrière, à l'Anse de la Raye, au Vieux-Fort, à la faveur du commerce étranger,... écrit au ministre le gouverneur de la

Martinique dont dépendait Sainte-Lucie; le port du Carénage est une espèce de solitude; les établissements éloignés du chef-lieu seront la porte et le dépôt de la contrebande sans qu'on puisse y parer ». Le besoin de la liberté commerciale, là encore, violait les ordonnances ministérielles.

Choiseul avait augmenté le nombre des ports réservés au commerce colonial. Libourne, Cherbourg, Caen en 1756, Toulon en 1758 avaient reçu toute franchise à cet égard. Le Ministre l'accorda encore à Fécamp en 1763, à Granville et aux Sables-d'Olonne en 1764. En 1768 il permet d'introduire en France, sans payer de droits, les produits des colonies à condition qu'ils seront réexportés dans l'année.

Le commerce interlope était puni avec moins de sévérité. En 1768 une ordonnance du 22 mai modifie la législation draconienne de 1727 qui condamnait aux galères les capitaines pris en fraude. On adoucit la peine et on diminue l'amende des deux tiers.

A ces mesures libérales s'en ajoutent d'autres de nature à rapprocher les colonies de la métropole, à leur rendre les communications plus rapides et plus faciles avec cette dernière. En juillet 1763, une ligne régulière de paquebots avait été établie entre Rochefort et les Antilles. Il y avait un départ chaque mois. Le service comprenait la colonie de Guyane.

L'île de la Désirade reçut une destination particulière et fit un instant concurrence à la Bastille. Elle avait servi de lieu de dépôt pour les lépreux : une ordonnance du 15 juillet 1763 l'érigea en lieu de déportation pour les jeunes gens de mauvaise conduite, qui, sur la demande de leurs parents, pouvaient y être expédiés de France par le service mensuel des paquebots [1].

Des mesures générales avaient d'ailleurs été prises pour augmenter la population de nos colonies; de grands avantages étaient accordés à ceux qui s'y établissaient. Choiseul remit en vigueur les vieilles ordonnances de Colbert pour peupler nos colonies d'artisans, de manouvriers, d'agriculteurs. Aux artisans qui avaient travaillé pendant dix années dans nos colonies, il donnait la faculté de devenir maîtres sans avoir à faire face aux dépenses souvent onéreuses que leur réception à la maîtrise aurait exigées. Les étrangers qui avaient travaillé ou fondé des habitations et étaient restés dans la colonie pendant le même temps étaient naturalisés de droit. Tout soldat ayant six années de service et voulant se fixer aux colonies obtenait son congé, était entretenu pendant un an aux frais de l'État. Les protestants, les juifs n'étaient point exclus des faveurs du Gouvernement et pouvaient dans nos colonies pratiquer leur religion en toute liberté [2].

Nous avons dit les changements considérables qui s'étaient accomplis en Afrique et dans l'Extrême-Orient : la traite des nègres devenue libre en 1767 et le trésor

1. Ordonnance du 31 juillet 1763. « Il y aura à l'avenir neuf corvettes ou paquebots dans le port de Rochefort, destinés à porter dans ses colonies les ordres de Sa Majesté ainsi que les différentes lettres et paquets concernant son service. Ils seront commandés par des lieutenants de vaisseau. Il partira tous les mois et autant que possible le 10 de chaque mois, un de ces paquebots du port de Rochefort. Le service comprend la colonie de la Guyane, les îles du Vent et Sous-le-Vent et la Louisiane. Ils devront embarquer les jeunes gens de mauvaise conduite qui lui seront remis par le commandant de la marine à Rochefort. Ces paquebots feront également le service de la correspondance privée, etc. »

2. Ordonnance du 12 juillet 1763. Moreau de Saint-Méry.

percevant seulement un droit de 10 livres par tête de nègre importé; la suspension du monopole de la Compagnie des Indes et le libre commerce ouvert à tous les citoyens.

Ces réformes ménageaient la transition entre le régime exclusif et celui du libre-échange de la métropole et des colonies; elles eurent de bons résultats. Le commerce de la France avec les Antilles fit de grands progrès. De 1748 à 1755, la moyenne annuelle des importations en France avait été de 40 à 42 millions, celle des exportations de 20 à 22 millions. De 1764 à 1776, la moyenne des importations est de 156 millions et celle des exportations dépasse 30 millions. Et encore le commerce de Saint-Domingue ne figure pas dans ces chiffres.

Une nouvelle ville s'élevait au môle Saint-Nicolas où d'Estaing, gouverneur général de Saint-Domingue, avait, en 1765, installé des émigrants acadiens dans des maisons de bois; en 1768 elle possédait des maisons de pierre, des casernes, des hôpitaux et un port militaire. Encouragé par le succès, d'Estaing, avec l'appui du financier Bombard, tenta un autre établissement à quelques lieues du môle Saint-Nicolas. Il y installa 2500 Alsaciens ou Allemands destinés à la Guyane et donna à la nouvelle ville le nom de Bombardopolis; mais ces émigrants ne purent résister au climat, ils n'étaient plus en 1770 qu'au nombre de 300 à 400. Saint-Domingue était en 1775 la plus prospère de toutes nos îles. Elle employait 353 navires à son trafic avec la France où elle exportait 1236673 quintaux de sucre, représentant une valeur de 45 millions de livres; 459339 quintaux de café, valant 22 millions de livres. Le chiffre total de son exportation en France était de près de 100 millions de livres; et dans ce chiffre, outre le sucre et le café, figurent l'indigo, le cacao, le rocou, le coton, les bois, le chanvre, d'autres menues productions; son importation en marchandises de France atteignait 65 millions. 750 sucreries, 2600 indigoteries, 15 millions de cotonniers, 100 millions de pieds de café, 760 000 cacaoyers, 8 millions de bananiers formaient le plus gros appoint des richesses de Saint-Domingue. 76000 chevaux, 80000 bêtes à cornes représentaient la part de l'élevage. La population se répartissait entre 35 000 blancs, 25 000 hommes de couleur libres et 300 000 esclaves.

Il y eut entre la Martinique et la Guadeloupe une véritable lutte économique; la Guadeloupe l'emporta[1] et sa prospérité nuisit à sa voisine, d'ailleurs fort éprouvée par de terribles ouragans. La population resta stationnaire à la Martinique et le commerce, qui était de 26 millions en 1763, tomba à 18 millions en 1775. Au contraire la population de la Guadeloupe, de 10000 blancs en 1763, atteignit 15000 en 1775; le nombre des esclaves dans le même temps s'accroissait de 70000 à 80000. De grands travaux étaient entrepris : la ville de la Pointe-à-Pitre était fondée par Bourlamaque, gouverneur général de la Guadeloupe en 1763. Un bac avait été établi aux frais du trésor royal sur la Rivière Salée pour réunir la Grande et la Basse-Terre. Un tarif fort peu élevé en permettait l'accès aux noirs. C'est alors que le plan de la

1. Nous avons vu que Choiseul avait érigé chacune de nos colonies en gouvernement indépendant. Cette séparation cesse en 1768 et la Guadeloupe est placée sous la dépendance de la Martinique. On revient au premier système en 1775; alors a lieu une nouvelle séparation politique et commerciale moins absolue que la première, le cabotage restant permis entre les deux îles.

ville fut tracé et que des concessions exonérées de tout impôt attirèrent les habitants. La Pointe-à-Pitre comptait en 1770 plus de deux cents habitations; c'était un siège de juridiction et d'amirauté.

Marie-Galante faisait en 1775 un commerce de 5 à 6 millions, le chiffre total de celui de Cayenne atteint à peine 1 600 000 livres à l'exportation et 400 000 à l'importation. Au total, le mouvement de la navigation avec nos Antilles occupe vers 1775 six cents navires qui transportent pour 160 millions de marchandises [1]. Telle est la prospérité matérielle de nos Antilles. Il faut ajouter à ce tableau rapide ce que nous avons dit ailleurs des bienfaits de l'administration de Poivre à l'île de France et à Bourbon, pour être convaincu que la politique du Gouvernement commençait à porter ses fruits.

Choiseul avait songé à proclamer la liberté complète du commerce entre tous les ports de la France et les colonies quand survint sa disgrâce.

1. Sur ce chiffre, la consommation nationale est représentée par 70 millions, le reste, 90 millions, représente la réexportation des entrepôts de France.

CHAPITRE XIX

L'AFFAIRE DE PORT D'EGMONT, LA CHUTE DE CHOISEUL

Voyage de Bougainville aux Malouines. — Expulsion des Anglais. — Effet produit. — Nombreuses contestations avec nos rivaux, aux Indes, dans les îles Turques, dans l'îlot de Tintamarre, à Terre-Neuve. — En juin 1770, les relations entre la France, l'Espagne et l'Angleterre sont très tendues. — Ni Louis XV, ni Choiseul ne veulent la guerre. — La situation politique de l'Europe impose à la France une politique pacifique. — L'Espagne, au contraire, désire la guerre. — Négociations entre Paris, Londres et Madrid. — La diplomatie secrète. — Intrigues de cour contre Choiseul en France, contre Grimaldi en Espagne. — Elles poursuivent des buts opposés. — Lettre du Roi d'Espagne au Roi de France. — Disgrâce et exil de Choiseul à Chanteloup. — Rôle de l'abbé de la Ville. — Nouveau projet d'arrangement. — L'Espagne doit désavouer ses entreprises sur Port d'Egmont. — Discussion à la Chambre des communes et à la Chambre des lords de l'arrangement anglo-espagnol. — Évacuation des îles Malouines par les deux parties.

Dès l'année 1763, nos marins avaient reçu l'ordre de chercher un point de relâche et un lieu d'établissement dans les mers du Sud sur la route de l'océan Pacifique. Bougainville fit un voyage autour du monde sur la frégate du Roi la *Boudeuse* et la flûte l'*Étoile* et, de concert avec de Merville, explora les îles Malouines [1]. Ces îles

1. Bougainville, *Voyage autour du monde par la frégate du Roi la* Boudeuse *et la flûte* l'Étoile, en 1766, 1767, 1768, 1769, in-12, 1773.

offraient peu de ressources à la colonisation, mais étaient un poste utile par leur proximité de la colonie espagnole de Buenos-Ayres. Bougainville reconnut les Malouines et n'y trouva pour toute végétation que des joncs et des bruyères; il en prit solennellement possession au nom de la France, puis se rembarqua. A son retour, il convint avec le Ministre de la marine d'établir dans cette nouvelle et lointaine possession quelques familles acadiennes qui consentiraient à y passer; cent cinquante personnes se trouvaient ainsi y habiter, en 1767, vivant de la chasse et de la pêche, quand l'Espagne revendiqua notre colonie comme une dépendance du continent de l'Amérique méridionale. Le Roi reconnut les droits de Charles III et Buccarelli, gouverneur de Buenos-Ayres, reçut l'ordre de prendre possession de nos établissements. Or, dès les premiers jours du mois de janvier 1765, le commodore Byron, qui faisait voile vers le détroit de Magellan, avait touché aux Malouines et abordé à l'ouest dans un port déjà reconnu par Bougainville et nommé par lui *Port de la Croisade*; Byron y avait arboré le pavillon britannique sans laisser aucun habitant. Ce fut seulement en 1766 que les Anglais envoyèrent une colonie s'établir au Port de la Croisade, qu'ils avaient nommé *Port d'Egmont*. Le capitaine Macbride, commandant la frégate le *Jason*, visita l'établissement français au commencement de décembre de la même année, prétendit que ces terres appartenaient au Roi de la Grande-Bretagne, menaça de forcer la descente si on s'obstinait à la lui refuser et, après s'être expliqué avec le commandant, remit à la voile le même jour. Tel était l'état de la question quand les îles Malouines, appelées Falkland par les Anglais, furent, le 1er avril 1767, remises aux Espagnols dont le droit primitif se trouvait ainsi étayé par celui que nous donnait incontestablement le fait de première occupation.

Les Anglais paraissaient déterminés à ne tenir aucun compte de ces droits et le capitaine Hunt fut nommé au gouvernement de Port d'Egmont, à côté du sieur Ruiz Puente, gouverneur espagnol résidant à la Soledad; celui-ci protesta et somma le capitaine Hunt d'évacuer Port d'Egmont. Hunt répondit que, non seulement il n'évacuerait pas ces îles, mais que si les Espagnols ne sortaient pas, dans un délai de six mois, de la Soledad, les Anglais les en chasseraient. Ruiz Puente écrivit alors à Buccarelli, gouverneur de Buenos-Ayres, de lui envoyer les forces nécessaires pour résister (décembre 1769).

Buccarelli, appuyé des ordres de sa cour, arma cinq frégates avec des troupes de débarquement et confia le commandement de l'expédition au capitaine de vaisseau de Madariaga. Les cinq frégates espagnoles partirent de Montévidéo le 11 mai 1770 et arrivèrent en vue de *la Cruzada* (baie de la Croisade ou Port d'Egmont) le 6 juin. Aux sommations du commandant espagnol, les Anglais répondirent qu'ils se défendraient jusqu'à la dernière extrémité; Madariaga fit débarquer quelques soldats, tira deux coups de canon qui n'endommagèrent ni la frégate anglaise mouillée dans le port, ni la colonie et uniquement pour intimider les Anglais : ceux-ci en effet cédèrent au premier feu, hissèrent le drapeau blanc et demandèrent une capitulation qui leur fut accordée. Le commandant de l'expédition et Ruiz Puente décidèrent d'établir une petite garnison au Port de la Cruzada et il fut convenu avec le capitaine Hunt qu'il s'embarquerait le 20 juillet sur sa frégate, avec son monde, ses armes et ses bagages (10 juin) [1].

Dès que la nouvelle de cet acte de violence fut connue, la rupture entre les cabinets de Madrid et de Saint-James parut imminente. A la vérité, ce prétexte pouvait n'être pas le seul et les rapports entre Versailles, l'Escurial et Londres n'avaient pas cessé un instant d'être fort tendus depuis la dernière paix; les navires français et espagnols avaient reçu l'ordre, au lendemain même du traité de Paris, de refuser au pavillon anglais, où qu'il se rencontrât, le salut d'usage. Partout, sur terre comme sur mer, le moindre contact faisait surgir des prétextes d'offense et des menaces de collision [2]. Aux Indes, nos nationaux avaient, il est vrai, été invités à rallier notre pavillon; cependant, comme nous l'avons vu, un grand nombre d'entre eux restés au milieu des Anglais servaient dans les armées des nababs autrefois attachés à la France. Verelst, le gouverneur anglais du Bengale, avait fait combler de vive force par des ouvriers anglais le fossé que Chevalier avait fait creuser à Chandernagor pour l'écoulement des eaux.

Puis, et pour rester sur le seul terrain colonial, matière à tant de contestations, c'était la question des îles Turques et des Caïques, où les habitants de Saint-Domingue allaient charger le sel qui s'y trouve en abondance. Ces îles faisant partie du domaine espagnol

1. Archives des Affaires étrangères, Espagne, année 1770.

2. « S'ils veulent un salut, on se contente de le leur refuser; s'ils font une insulte, c'est aux cours respectives à apprécier et à convenir de la réparation de l'offense;... dans les circonstances actuelles il faut avoir la tête très froide. » Conduite à tenir au cas où les Anglais se livreraient à des insolences. Instructions aux capitaines de vaisseaux, 1764.

étaient considérées comme neutres par les Anglais. Pour faciliter la navigation dans les îles Bahama et prendre position dans les îles Turques, le gouvernement français avait résolu d'élever deux phares sur les deux plus grandes d'entre elles. De Guichen était parti de Brest sur le vaisseau le *Brillant* et, après s'être renforcé à Saint-Domingue de la frégate la *Bergère* et de deux détachements de troupes, avait, le 31 mars 1764, rasé les établissements anglais sur le territoire contesté. Le 3 juin suivant, Petit, capitaine de port au Cap, avait jeté les fondations d'un des deux phares, quand l'amiral Burnaby, commandant l'escadre anglaise de la Jamaïque, porta plainte à d'Estaing. En même temps, Shirley, gouverneur anglais des îles Bahama, réclamait l'évacuation des îles Turques. Une négociation s'engagea entre les deux cabinets de Londres et de Paris. L'ambassadeur d'Angleterre fut admis à prouver que les îles Turques dépendaient du gouvernement de Bahama. Il réclama en même temps une indemnité pour les Anglais chassés de ces îles. Cette indemnité lui fut accordée; elle était de 196 151 livres 13 sols 5 deniers. Ce fut dans les îles Turques que l'Angleterre établit plus tard les « Providenciers ».

Notre diplomatie était plus heureuse avec l'îlot de Tintamarre, ainsi appelé sans doute à cause du bruit des vagues qui battent la côte, bruit qui peut être entendu d'un point quelconque de la colonie. Cet îlot, à trois quarts de lieue au nord-est de Saint-Martin, n'a pas plus de 175 hectares de superficie; il était depuis 1724 la propriété d'un Français du nom d'Alet. Alet s'était marié avec une créole de Saint-Christophe qui lui avait apporté quelques nègres en dot; roi dans son île qu'il espérait mettre en valeur par la culture, Alet s'était convaincu de l'inutilité de ses efforts; tournant ses regards d'un autre côté, il s'était amassé une fortune en convertissant en chaux les rochers de son domaine; ses nègres l'assassinèrent et son fils vendit le royaume paternel à un baronnet anglais du nom de Payn. Payn s'était soumis aux lois de la France; mais en 1763 ses héritiers refusèrent de reconnaître notre souveraineté. L'îlot de Tintamarre devint ainsi le sujet d'une négociation où l'Angleterre échoua.

Les contestations, à peine apaisées sur un point, renaissaient aussitôt sur un autre. A Terre-Neuve, aux îles de Saint-Pierre et Miquelon, nos rivaux prétendaient avoir conservé le droit de pêcher et de sécher la morue concurremment avec nos marins [1].

En ce qui regardait l'Espagne, le cabinet de Saint-James réclamait injustement une rançon de 2 millions pour la restitution de Manille et ne cessait d'incommoder Charles III de réclamations humiliantes.

Enfin, quand, en juin 1770, la question de Port d'Egmont vint tendre encore les relations entre l'Angleterre et les deux cours alliées de France et d'Espagne au point de les rompre, les hostilités étaient partout, sans que la guerre fût déclarée. Cependant ni Louis XV ni Choiseul ne la voulaient, le Roi parce qu'elle devait le gêner et l'inquiéter dans sa mollesse, le ministre parce que le moment ne lui semblait pas propice et qu'il sentait la difficulté de satisfaire aux engagements du *Pacte de famille*. Le sentiment public, en France, était, du reste,

1. Voir, à la fin du volume, notre chapitre spécial sur cette question, que son importance nous oblige à traiter à part.

en ce moment, opposé à la guerre. Les désastreuses opérations de l'abbé Terray venaient de troubler l'ordre de nos finances; notre crédit était perdu et le Roi, qui manquait chaque jour à ses engagements, ne pouvait se flatter de fournir aux frais de la lutte.

Si l'on tournait ses regards du côté de l'Europe, la situation politique était fort troublée et là encore la position de Choiseul était difficile; les embarras et les périls se multipliaient autour de lui. Les affaires de Pologne se compliquaient, s'embrouillaient; l'indépendance de ce pays était menacée par la Russie, la Prusse et même l'Autriche qui cherchaient à s'en arracher des lambeaux. D'un autre côté, les Turcs qu'il encourageait à la résistance contre la tzarine n'étaient pas heureux; l'Anglais Elphinston, au service de la Russie, venait de détruire la flotte du capitan-pacha dans le golfe de Tchesmé, menaçait de forcer les détroits, et Catherine, fière de ses succès, n'épargnait pas ses railleries au *souffleur de Moustapha*[1] qui, par l'intermédiaire de Tott, réorganisait l'artillerie ottomane et fortifiait les Dardanelles. Le mariage récent du Dauphin qui fut Louis XVI et de l'archiduchesse Marie-Antoinette, semblait devoir resserrer les liens de l'alliance franco-autrichienne; mais les intrigues de Frédéric, son entrevue avec Joseph II à Neisse, sa visite à Neustadt[2] défendaient à Choiseul de se faire illusion sur la sincérité de l'union avec la cour de Vienne, et les protestations cauteleuses et mensongères de Kaunitz ne l'abusaient pas. Secourir la Pologne, c'était donc avoir à lutter contre la Russie, la

1. L'impératrice de Russie désignait ainsi le principal ministre de Louis XV.
2. Voir Albert Sorel, *la Question d'Orient au* XVIIIe *siècle*.

Prusse et l'Autriche réunies. Déjà une escadre venue de Saint-Pétersbourg, après s'être ravitaillée dans les ports britanniques, s'acheminait vers Port-Mahon, et l'Angleterre, qui concentrait ses ressources navales [1], semblait vouloir s'unir à la Russie. La lutte exclusivement maritime, le corps à corps avec l'Angleterre que Choiseul avait préparé jusque-là était donc en ce moment impossible et aboutissait fatalement à la guerre continentale qu'il tenait à éviter.

L'Espagne semblait, par contre, désirer saisir l'occasion de relever le gant et il se forma au sein du Conseil des ministres de Charles III un parti d'autant plus décidé à l'action qu'il se sentait — au contraire de ce qui se passait en France — appuyé de l'autorité du Roi et soutenu par l'opinion. Quelques années auparavant, le 20 janvier 1767, le marquis de Grimaldi écrivait au prince de Masserano, ambassadeur d'Espagne à Londres : « La prudence ne permet point à l'Espagne ni à la France d'entrer en guerre avant deux ans, c'est là le motif qui nous fait patienter dans la ridicule demande de deux millions pour la rançon de Manille et dans l'affaire des îles Malouines; ces îles étant trop voisines du continent espagnol, nous nous opposerons toujours à tout établissement des Anglais d'un côté ou de l'autre du détroit de Magellan. » Dès lors, l'Espagne avait garni

1. « Selon le plan d'armement que suit l'Angleterre, elle pourra mettre en activité au printemps prochain 63 vaisseaux de ligne. 58 frégates et 48 corvettes, en tout 169 navires de guerre de toute grandeur. Il faut au moins 50 000 matelots pour armer ce nombre de vaisseaux et il n'y en a encore que 40 000 de votés; ainsi, il est à présumer que si la guerre se déclare ou qu'elle paraisse inévitable, le Parlement sera obligé, avant la fin de la session, de voter 10 000 matelots de plus. *Tableau de la marine anglaise. Le comte de Guine à l'abbé de la Ville*, décembre 1770. (Arch. des Aff. étr.)

ses colonies de troupes, armé sa marine, réglé ses finances et préparé le coup de force du 10 juin. Si l'on ajoute à cela que, à cette date, les Anglais étaient un peu pris au dépourvu, il pouvait sembler naturel à Charles III et à ses ministres de soutenir une démarche qu'ils n'avaient pas faite au hasard et dont il leur était aisé de prévoir les suites. « Le Roi d'Espagne et son ministère, écrivait notre ambassadeur à l'abbé de la Ville, s'occupent très sérieusement des mesures à prendre pour soutenir la guerre avec l'Angleterre si l'expédition de Buenos-Ayres la rend inévitable. Le plan pour compléter l'armée de terre et pour assurer des recrues de bonne qualité est arrêté : on ne tardera pas à l'exécuter ; les autres dispositions pour la défense des Indes espagnoles sont également convenues; tous les ministres de Sa Majesté catholique y concourent avec zèle et le public, instruit par des lettres de Buenos-Ayres des raisons qui ont déterminé M. de Buccarelli à vouloir chasser les Anglais de l'établissement qu'ils ont formé aux îles Malouines, approuve extrêmement la conduite vigoureuse de cet officier[1]. »

Dans l'impossibilité où Choiseul se trouvait de soutenir notre alliée et de s'engager à sa suite, il lui fallait trouver un moyen d'accommodement qui, dans l'affaire pendante, satisfît à la fois l'orgueil de l'Angleterre et l'honneur de l'Espagne; c'est là l'objet de sa correspondance avec le cabinet de Madrid.

Les Anglais demandaient le rétablissement du *statu quo* à la date du 10 juin, jour auquel ils avaient été expulsés de la Cruzada ou Port d'Egmont; mais ils exi-

1. Octobre 1770. Correspondance avec l'Espagne. Arch. des Aff. étr.

geaient le désaveu par le Roi d'Espagne de l'entreprise de Buccarelli dans des termes qui lui semblaient humiliants pour sa couronne. Charles III prétendait que la menace de Hunt, cause du conflit, avait été faite sans ordres, et le prince de Masserano en avait reçu l'aveu de lord Weymouth lui-même; il était impossible à Buccarelli de ne pas y répondre et il l'avait fait d'après ses instructions. Il était donc aussi facile à l'Angleterre de désavouer son agent, qu'impossible au gouvernement espagnol de dégager sa responsabilité. « Il est bien dur d'être réduit à demander la réciprocité par rapport au désaveu, écrivait le prince de Masserano en racontant son entretien avec lord Weymouth, puisqu'il est certain, ainsi qu'ils en conviennent eux-mêmes, que la menace du capitaine Hunt est réelle et qu'il l'a faite sans ordres. » Néanmoins, sur les instances de Choiseul, Charles III consentit au désaveu réciproque; mais, après cette première concession, notre ministre apprit du comte de Fuentès, l'ambassadeur d'Espagne à Paris, que le cabinet de Londres ne se tenait pas pour satisfait et exigeait le blâme de Buccarelli; de plus, le ministère britannique était très belliqueux, et le Roi d'Angleterre, dans son discours au Parlement, déclarait que « si l'Espagne ne lui donnait pas satisfaction, il la prendrait lui-même [1] ».

Dès lors, il n'y avait plus de doute, aux yeux de Charles III; l'Angleterre voulait la guerre et ne négociait que pour gagner le temps de s'y préparer. Le prince de Masserano reçut l'ordre de s'en tenir à ses dernières déclarations et Choiseul, persuadé que la rupture était

1. 1er décembre 1770. Corresp. avec l'Esp. Arch. des Aff. étrang.

inévitable, écrivait à Grimaldi le 10 décembre : « Vous savez, mon cher camarade, où en est votre négociation à Londres; c'est-à-dire qu'elle est finie, et qu'aux hostilités près, vous êtes en guerre, car je ne présume pas que l'intention du Roi d'Espagne soit de revenir de lui-même sur les ordres antérieurs qu'il a donnés au prince de Masserano. Il faut désavouer, sinon il faut prendre le parti d'entrer en guerre vers la fin de janvier. Je croirais qu'il faut nous mander le jour que vous arrêteriez les vaisseaux anglais dans vos ports et que vous mettriez un embargo général afin que nous fussions ici préparés pour en faire autant; la déclaration viendrait la semaine après.

« Vous êtes éclairci, ajoutait-il, sur la position; ainsi c'est au Roi d'Espagne à prendre son parti, selon que sa sagesse lui dictera. Je ne vous dirai pas tout ce qu'il y a à dire sur l'incertitude des événements d'une guerre entreprise surtout pour un aussi petit objet; sur les dépenses de cette guerre, sur sa durée : vous savez sur tous ces objets ce qu'il y a à dire et à réfléchir; je ne crois pas que l'on puisse jamais sacrifier l'honneur de sa Couronne; mais je ne pense pas, à vrai dire, que celui de la Couronne d'Espagne soit compromis dans cette occasion[1]. »

Dès que Louis XV vit que les négociations tournaient à la guerre, il redoubla de froideur à l'égard de son Ministre. Depuis longtemps, en effet, une défaveur ostensible planait sur le crédit de Choiseul et faisait présager sa chute comme inévitable. Déjà, en 1765,

1. Correspondance avec l'Espagne. Choiseul au marquis de Grimaldi, 10 décembre 1770. Arch. des Aff. étrang.

celui-ci avait fort mécontenté le Roi en le détournant de prendre Mlle d'Esparbès [1]. En 1770, de nouveaux favoris, le duc d'Aiguillon, le chancelier Maupeou, l'abbé Terray demandent chaque jour le renvoi du Duc, qui est d'ailleurs l'ennemi de la maîtresse régnante comme il l'était de la d'Esparbès. La Du Barry était intéressée à écarter de son royal amant le Ministre qu'on lui avait appris à redouter, elle avait le mot d'ordre de la coterie et elle en entretenait le Roi en secret; l'histoire a gardé le souvenir de ce badinage qui consistait pour elle à jongler avec deux oranges : l'une retombait dans sa main quand l'autre en était rejetée; les mots « saute, Choiseul » — « saute, Praslin », accompagnaient le jeu et lui donnaient toute sa malice.

De leur côté les adversaires du Ministre l'accusaient de vouloir la guerre; ils imputaient à ses suggestions l'attaque des Espagnols contre l'établissement anglais des îles Falkland et expliquaient son intention supposée par le désir de se perpétuer au pouvoir en se rendant nécessaire. La vérité est qu'il mettait à prévenir cette guerre impolitique et inopportune autant d'ardeur qu'il en déployait à s'y préparer; mais dans la négociation avec l'Angleterre, il avait un juste sentiment de la

1. Elle avait déjà obtenu un logement à Marly quand le contrôleur général Laverdy s'émut. Choiseul avait appuyé ses réclamations au Roi qui renvoya l'intrigante; mais le Ministre ayant rencontré celle-ci dans le grand escalier, la prit familièrement par le menton et lui dit en riant : « Petite, vos affaires vont mal ». Le Roi entrevit la scène; il avait cédé avec peine aux représentations de Choiseul, à qui il montra désormais beaucoup de froideur. Choiseul et son cousin de Praslin lui avaient demandé la permission de se retirer. Le Roi leur écrivit de rester; c'est alors que le mémoire dont nous avons cité plus haut divers extraits lui fut présenté par Choiseul disant ces mots : « Votre Majesté l'exige; il viendra un temps où, après tous ces témoignages de bonté, elle m'exilera. » La prédiction allait bientôt avoir son effet. (Voir Giraud, *Journal des Savants*, 1881.)

dignité des deux cours qu'unissait le « Pacte de famille », et entendait n'arriver aux limites des concessions extrêmes qu'en abandonnant le terrain que pied à pied.

Cependant, au gré du monarque indolent que chagrinaient les alarmes intéressées des courtisans, l'affaire engagée n'était pas poussée assez promptement à sa fin; Louis XV n'osait pas prendre le parti de renvoyer un ministre qu'il ne savait ni accuser ni défendre et son apathie naturelle luttait seule contre la brusque résolution qu'on lui voulait suggérer; c'est alors que nous le voyons reprendre ses habitudes de mystère et de diplomatie clandestine si chères à sa politique personnelle. Le 15 décembre, il écrivait secrètement au Roi d'Espagne la lettre suivante que nous citons en entier [1] :

« Monsieur mon frère et cousin,

« Les liens du sang qui nous unissent de si près et l'amitié intime qui subsiste heureusement entre nous, exigent que je m'explique directement et confidemment avec Votre Majesté sur le danger prochain où nous sommes de nous trouver engagés dans une nouvelle guerre. Je serai toujours disposé, plus encore par inclination qu'en vertu de notre pacte de famille, à faire cause commune avec Votre Majesté et à ne point mettre de différence dans mon cœur entre mes intérêts et les siens. J'ai ordonné, en conséquence, qu'on préparât des armements maritimes et qu'on fît avancer sur les côtes de mon royaume toutes les troupes nécessaires soit pour leur défense, soit pour être embarquées sui-

1. Corresp. avec l'Espagne, Aff. étr. (Cette lettre ne figure pas dans le recueil de M. Boutaric.)

vant les désirs de Votre Majesté. Elle fait, de son côté, les dispositions les plus rigoureuses pour mettre ses domaines en Amérique et en Europe à l'abri de toute insulte. Notre conduite à cet égard est une preuve évidente qu'aucun motif de faiblesse ou de crainte ne détermine nos résolutions; mais il est de la justice et de la bonté de Votre Majesté d'examiner avec sa pénétration et sa prudence ordinaire si la discussion qui s'est élevée au sujet du Port Egmont, mérite qu'on en vienne aux dernières extrémités pour la terminer. Les Anglais ont fait un établissement dans les îles Malouines et je sais qu'aucun titre ne les y a autorisés; mais ils étaient en possession, lorsqu'ils en ont été chassés par les armées de Votre Majesté. Il est constant par toutes les lois qu'un possesseur dépouillé doit être rétabli, avant de discuter le fonds de ses prétentions. C'est ce que les Anglais demandent à Votre Majesté au moyen d'une déclaration pure et simple qui renferme le désaveu de la voie de fait dont ils se plaignent et le rétablissement des choses dans l'état où elles étaient avant cet événement. Votre Majesté voudrait que la cour de Londres prît un engagement, tant pour fixer le temps où les Anglais évacueraient ensuite le Port Egmont, que pour convenir que les deux Puissances ne formeraient désormais aucun établissement dans les îles Malouines. Rien ne serait plus raisonnable ou plus digne de la prévoyance sage et éclairée de Votre Majesté; mais les Anglais paraissent s'y refuser obstinément.

« Dans ces circonstances, je crois que Votre Majesté peut, sans blesser ni son honneur personnel ni la dignité et les intérêts de sa Couronne, commencer par donner sa déclaration sans exiger aucune condition. Si les

Anglais sont de bonne foi, ils ne tarderont pas à donner à Votre Majesté la satisfaction qu'elle désire et s'ils ne le sont point, nous aurons du moins prolongé la paix et nous aurons le temps de nous préparer à la guerre. Résolu, comme je le suis, d'en partager toute la dépense et le hasard, je ne dois cependant pas dissimuler à Votre Majesté que l'état actuel de mes finances, de la réparation desquelles je m'occupe, et l'intérieur de mon Royaume, où je travaille à rétablir solidement l'ordre et la subordination, auraient encore besoin de quelque temps de calme. Ce repos me mettrait en état de concourir dans la suite plus efficacement aux vues de Votre Majesté contre les desseins ambitieux et avides des Puissances jalouses de la grandeur et de la prospérité de notre Maison. J'espère que cette considération fera impression sur le cœur de Votre Majesté.

« La guerre est un fléau redoutable pour les souverains et pour les peuples. Ce n'est que forcément et après avoir épuisé toutes les voies de la conciliation compatibles avec l'honneur, que nous devons recourir à ce dernier moyen de nous faire justice. Le sang et les trésors de nos sujets sont entre nos mains un dépôt sacré que nous ne devons sacrifier que pour des causes justes. Il n'est pas vraisemblable que celle du Port Egmont paraisse, aux yeux de l'Europe, un motif légitime de troubler le repos public. Je prie instamment Votre Majesté de vouloir bien peser toutes ces réflexions que je dépose avec une entière confiance dans le sein de mon plus proche parent et de mon ami le plus cher et le plus fidèle.

« Je n'ai communiqué à aucun de mes ministres la lettre que j'écris à Votre Majesté et je lui demande de vouloir bien aussi en réserver la connaissance pour sa seule et secrète information.

« Je suis, avec la tendresse la plus constante, Monsieur mon frère et cousin,

« De Votre Majesté,

« Bon frère et cousin :

« Louis. »

Cependant Choiseul voulait tenter un dernier effort en faveur de la paix. De concert avec l'ambassadeur d'Espagne à Paris, le comte de Fuentès, il modifia dans un sens plus conciliant les termes de la note espagnole qui devait être expédiée à Londres et prit la responsabilité d'envoyer de nouvelles instructions au prince de Masserano. « Vous serez peut-être fâché contre moi, mon cher camarade, écrivait-il à de Grimaldi, que j'aie envoyé à Londres un projet sur un objet qui regarde directement l'Espagne, aussi simple et un peu contraire dans la forme à vos instructions; mais songez, mon cher camarade, que les îles Falkland appartiennent à l'Espagne ainsi que tout l'accessoire de l'affaire, mais que la guerre appartiendra à la France comme à l'Espagne.

« Je désire, ajoutait-il, que le prince de Masserano prenne sur lui *sub spe rati* de donner mon projet. Comme le *spe rati* est très incertain de votre part, il me fournira une occasion naturelle, vu ma proposition, d'aller en Espagne passer huit jours avec vous et faire taire ici les méchants propos que l'on tient au Roi que j'excite la guerre par ambition personnelle ainsi que M. de Praslin. »

En effet, les adversaires du Ministre sentaient l'avantage qu'il pouvait retirer du maintien de la paix et cherchaient à ne lui pas laisser le temps de réussir; ils redoublaient leurs attaques et jetaient la défiance dans l'esprit du Roi. Sans doute, disaient-ils, le Duc exhorte le marquis de Grimaldi à défendre la cause de la paix, mais il engage secrètement le marquis d'Ossun, son ami, à encourager le parti de la guerre et détruit sous main l'effet des dépêches officielles qu'il communique au Conseil. Qu'est son dernier projet de conciliation? Un expédient, une satisfaction de pure forme; les Anglais ne s'en contenteront vraisemblablement pas, à en juger du moins par le ton où sont montés leurs exigences et leur langage. Choiseul a profité de son crédit qui est grand à Madrid pour tourner les esprits à la guerre [1]; Sa Majesté Catholique et ses ministres ont pris le parti bien arrêté de la faire et la négociation ne fera pas un pas tant qu'il sera en place; et Louis XV, sans rien décider, prêtait l'oreille aux propos de ses nouveaux conseillers qui lui montraient le salut dans un changement de politique et par conséquent de ministre.

Les modifications que Choiseul avait introduites dans la note espagnole avaient en effet soulevé au sein du ministère de Charles III les plus vives oppositions et l'adversaire du marquis de Grimaldi, le comte d'Aranda, qui cherchait à le supplanter dans la faveur de son maître et était à la tête du parti de la guerre, animait contre le premier ministre une cabale redoutable.

« Le marquis de Grimaldi, écrivait d'Ossun à Choiseul, à qui j'ai communiqué votre nouveau plan de conci-

1. « Personne n'ignorait le crédit prodigieux que M. de Choiseul avait sur le Roi d'Espagne, dont il se vantait lui-même, au point que je lui ai ouï dire qu'il était plus sûr de sa prépondérance dans le cabinet de Madrid que dans celui de Versailles. » Mémoires du baron de Besenval, édition Berville et Barrière, 1821, t. I, p. 257.

liation, n'y est pas personnellement contraire; mais sa position est très délicate. Les avis de deux de ses confrères et celui de M. le comte d'Aranda qui les a entraînés, sont pour la guerre; ils représentent vivement que si Sa Majesté Catholique déférait aux deux propositions anglaises — le désaveu et le blâme de Buccarelli, — elle blesserait essentiellement la dignité et les droits de sa Couronne. L'objet principal de M. le comte d'Aranda et de ses adhérents est de discréditer M. le marquis de Grimaldi dans l'esprit de la nation espagnole, et de le faire regarder comme vendu à la France et comme peu jaloux de l'honneur, de la gloire et des intérêts de la monarchie; ces Messieurs ont monté la nation à désirer la guerre avec une ardeur qui approche de l'enthousiasme. Le Roi Catholique est vivement affecté de la hauteur du ministère britannique; il a des anciens griefs contre les Anglais et, de plus, de la propension aux sentiments des anciens chevaliers et, quoique ce Monarque dise qu'il désire le maintien de la paix, je dois croire qu'il incline intérieurement à la guerre. »

Le Roi d'Espagne sentait que la guerre allait lui échapper et sachant que Louis XV y était personnellement opposé, il jugea à propos de venir à la charge et d'appuyer la lettre de notre ambassadeur d'une missive qui serait de nature à faire impression sur le cœur du Roi son allié. Il lui écrivit la lettre suivante qui est tout entière de sa main et porte la date du 22 décembre [1].

1. Le Roi d'Espagne n'avait pas encore, à cette date, reçu la lettre de Louis XV.

« Monsieur mon frère et cousin,

« Je ne dois pas différer de témoigner à Votre Majesté les tendres sentiments de reconnaissance qu'a réveillés dans mon cœur le rapport que m'a fait le comte de Fuentès des expressions de Votre Majesté au sujet de la guerre dont les Anglais nous menacent. Je suis bien plus flatté de reconnaître que les dispositions de Votre Majesté partent de l'amitié et du cœur, plus que des obligations des traités et de la propre convenance, quelque claires et évidentes que l'une et l'autre puissent être. Mais que Votre Majesté me permette d'entrer un peu en matière sur l'affaire présente pour lui faire connaître le retour sincère de mes sentiments pour sa personne et la justification de ma conduite depuis la dernière paix. Connaissant combien Votre Majesté désirait la conservation de la paix et surtout l'avantage qu'elle procurait à nos Royaumes, j'ai non seulement dissimulé une infinité d'événements injustes et contraires aux traités et au droit des gens de la part des Anglais; mais j'ai eu le plus grand soin d'éloigner tout prétexte à cette nation de nous chercher querelle, ne prenant même aucune résolution qui pût induire de loin un prétexte aux Anglais de nous faire la guerre sans la consulter auparavant avec Votre Majesté et en avoir son approbation. Tel a été l'ordre que je donnais en 1764 à l'égard des établissements que les Anglais cherchaient à faire dans l'Amérique méridionale. Il fut trouvé convenable et nécessaire par Votre Majesté et son ministère et, sur le consentement que j'en reçus, il fut expédié. C'est pourtant cet ordre même qui cause la querelle présente ou qui sert de prétexte. Informé comme j'étais, que Votre

Majesté et ses ministres craignaient de voir commencer une guerre, il n'y a eu d'expédients que je n'aie adoptés pour satisfaire l'orgueil anglais jusques à aller même au delà de ce que l'honneur et la dignité de ma couronne auraient dû permettre. Je pense même que cette faiblesse qu'on marquait a contribué peut-être à rendre le ministère anglais plus difficile. Rien n'a suffi; comme Votre Majesté a été informée, on veut en Angleterre une bourre qui nous déshonore, qui discrédite nos Puissances dans le monde et, ce qui est très apparent, tirer cet avantage dans le moment, pour en faire son profit d'ici à peu de temps pour des querelles qui seront plus directes de Votre Majesté et de ses sujets relativement aux affaires du Levant. Si ce n'était pas pour un projet pareil, comment le roi d'Angleterre se serait-il engagé, dans sa harangue, à continuer les frais immenses de ses armements, quand même l'affaire des Malouines serait accommodée? Mais, puisque malgré cela les ministres de Votre Majesté exigent, suivant ce qu'ils ont fait connaître à mon ambassadeur, qu'il faut passer par-dessus ces considérations, ne s'arrêtant qu'au moment, sans songer à un avenir prochain, je suis toujours disposé à tel expédient d'accommodement qui ne blessera pas directement l'honneur et la dignité; car je suis bien sûr que, sortant des mêmes aïeux que Votre Majesté, elle en est aussi jalouse que moi, qu'elle ne le voudrait pas et ne se laisserait pas induire par les faux raisonnements de ceux qui ne cherchent qu'à colorer les objets selon leurs vues. S'il y a un moyen encore de parvenir à ce qu'on désire, ce sera, à mon avis, celui d'adopter un système contraire à celui que les ministres de Votre Majesté ont suivi jusqu'à présent; c'est-à-dire d'accé lérer et d'augmenter, autant qu'il sera possible, les préparatifs que Votre Majesté leur avait ordonnés. Je crois que ceux que j'ai disposés ont contenu les Anglais jusqu'à présent; la célérité que j'y ai fait employer a assuré tous les transports sans crainte d'insulte, ce qui sera douteux d'hors en avant. J'ai ordonné qu'on en envoye un état détaillé au comte de Fuentès pour qu'il le communique aux ministres de Votre Majesté, et si elle daignait ordonner à ceux-ci de faire part au susdit ambassadeur de ceux qu'il lui plaira de disposer et avec le vrai moyen de concerter et de combiner nos mesures réciproques à tout événement, les miennes se régleront toujours sur les sentiments de la plus tendre amitié et du vif intérêt que je prends à la gloire de Votre Majesté, aux intérêts de sa Couronne que je regarde comme inséparables de ceux de la mienne et à notre union sincère qui fait notre sûreté et mon bonheur.

« Je suis, Monsieur mon frère et cousin,

« De Votre Majesté,

« Bon frère et cousin :

« CHARLES. »

Pendant que les deux souverains se faisaient leurs confidences, que le Roi d'Espagne proposait de devancer l'action de l'Angleterre et, en vertu des traités qui le liaient avec nous, cherchait à obtenir de Louis XV le concours armé que celui-ci voulait éviter de lui donner, les ministres de l'Escurial et de Versailles échangeaient notes sur notes sans résultat. La coterie hostile à Choiseul sentait croître l'impatience du Roi et ne négligeait rien pour la grandir, tout en se ménageant l'appui de la favorite en la comblant d'hommages empressés. Le crédit de Grimaldi, l'auxiliaire du Duc à la cour d'Espagne, n'était pas moins menacé par la coterie d'Aranda que celui du premier ministre de Louis XV par la coterie d'Aiguillon, et l'abbé Beliardi écrivait à Choiseul :

« Je plains votre sort en France, comme celui de M. le Marquis de Grimaldi en Espagne : tous les deux vous voulez conserver la paix et vous y faites tout ce qu'humainement la prudence et l'esprit vous suggèrent.... Sa Majesté Catholique aurait consenti au plan que vous aviez proposé; mais ce prince est persuadé que tout accommodement ne saurait être qu'un palliatif, puisque les Anglais veulent la guerre et qu'ils ne cherchent qu'à gagner du temps pour se mettre en état de commencer les hostilités [1]. »

Mais à l'heure où l'abbé lui écrivait ce billet, Choiseul était sur la route de l'exil. Que s'était-il passé? Le baron de Besenval le raconte dans ses Mémoires et son récit vraisemblable a été reproduit par la plupart des historiens. Nous avons vu d'Aiguillon et ses amis accuser le Duc de manquer de franchise, de détruire sous main l'effet des dépêches pacifiques qu'il communiquait au Roi. Disons de suite que Choiseul a toujours protesté contre cette duplicité qui n'a jamais été prouvée. Le dessein arrêté qu'il avait de conserver à la guerre un caractère exclusivement maritime, aussi bien que la volonté si nettement formulée du Roi, lui indiquaient comme une nécessité de l'heure présente le maintien de la paix. Il avait vu la faute capitale commise en 1756,

1. L'abbé Beliardi au duc de Choiseul, Madrid, 27 décembre 1770. Arch. des Aff. étr.

lors de cette révolution diplomatique à laquelle il avait cependant contribué et qui, contrairement à nos traditions nationales, faisait de l'Autriche notre alliée, nous entraînait dans une lutte continentale dangereuse et sans profit, et il tenait désormais à éviter pareille faute : « Cette nouvelle alliance, disait-il au Roi dans le mémoire si élevé de ton qu'il lui avait remis en 1765, fit négliger la guerre de mer et d'Amérique qui était la véritable guerre ». Et il insistait sur l'obligation d'isoler l'Angleterre avant de rien entreprendre contre elle. Or il est évident, pour qui connaît l'état de nos relations extérieures et la situation politique de l'Europe à l'époque qui nous occupe, qu'une guerre exclusivement maritime était impossible et eût fatalement entraîné un conflit général. Pourquoi donc Choiseul aurait-il ainsi, à la légère, compromis le résultat de ses efforts et tombé en 1770 dans la faute qu'il regardait comme nécessaire d'éviter cinq années auparavant? D'ailleurs le seul souci de conserver sa place lui faisait une loi d'obéir à Louis XV et l'intérêt particulier du Ministre était ici d'accord avec l'intérêt public.

Quoi qu'il en soit, et en présence des refus réitérés de Charles III et de la correspondance de d'Ossun, le Roi, qui jusque-là n'avait pas fait grand état des propos qu'on lui avait tenus à l'endroit de son Ministre et voyant que rien n'avançait, commença d'avoir quelques soupçons. Pour s'en éclaircir et sur les conseils des ennemis du Duc, Louis XV fit venir l'abbé de la Ville, premier commis des affaires étrangères. L'abbé, dans la circonstance, desservit fort Choiseul et fut l'intrument de sa disgrâce. Choiseul avait eu quelques torts, à ses yeux : outre qu'il avait toujours conservé, même comme ministre de la marine [1], la correspondance avec l'Espagne, bien souvent, au lieu de recourir à son premier commis, il écrivait ses dépêches lui-même. Le soin qu'il avait de ne pas laisser l'abbé pénétrer ses vues prêtait à l'accusation de duplicité formulée contre lui et indisposait le premier commis qui voyait dans ce procédé un défaut d'égards, sinon un manque de confiance. Le secret dissentiment qui régnait entre le Ministre et son subordonné se trouvait encore accru par une froideur presque hostile que Choiseul ne perdait pas l'occasion de lui manifester; il ne lui épargnait ni les blessures d'amour-propre ni les mortifications, commettant ainsi, dit Besenval, la double faute d'indisposer son second et de le garder.

Louis XV ayant donc mandé l'abbé l'interrogea sur les intentions de son maître et lui demanda où en étaient les négociations. De la Ville répondit que le ministre avait depuis longtemps l'habitude d'expédier, de sa main, les dépêches d'Espagne sans les communiquer à personne; mais qu'il était facile à Sa Majesté d'éprouver le Duc en lui ordonnant d'écrire à Madrid que la paix était absolument nécessaire et qu'aucune considération ne déterminerait la France à soutenir la guerre; l'obéissance ou le refus de Choiseul donnerait la mesure de la sincérité de ses intentions. Or Choiseul venait d'expédier de nouveaux courriers à Londres et à Madrid, la réponse demandait du temps et nous venons de voir qu'il ne l'attendait pas avant le 10 janvier.

Dès que vint le jour du Conseil, le Ministre des affaires étrangères lut la correspondance d'Espagne; il expli-

1. Il avait passé à son cousin Praslin le département des affaires étrangères.

qua que Charles III voyait dans la présence des flottes russe et anglaise dans la Méditerranée, de nouvelles preuves qu'il existait une entente secrète entre la Russie et l'Angleterre, que cette dernière Puissance était résolue de faire la guerre et, selon toutes les apparences, de coopérer à l'abaissement sinon à la ruine des Turcs et détruire du même coup notre commerce et le prestige du Roi dans l'Orient. « Le caractère du Roi d'Espagne, ajoutait notre ambassadeur, est tourné à l'héroïsme;... si le ministère britannique se prêtait à désavouer les menaces faites par M. Hunt, le Roi d'Espagne ne balancerait pas à désavouer, de son côté, l'entreprise violente de M. de Buccarelli et à consentir que les Anglais se rétablissent à Falkland comme ils y étaient avant leur expulsion, sous une réserve réciproque du droit respectif des parties intéressées. Cette égalité de procédé satisferait le Roi Catholique et justifierait ses démarches aux yeux de la nation espagnole, qui s'est animée à un degré qu'on ne peut s'empêcher de qualifier de fanatisme.... Les villes, les provinces, le haut clergé, les moines, le public offrent à l'envi leurs biens, leurs revenus, leurs personnes pour faire la guerre à l'Angleterre. Et si le Roi d'Espagne voulait lever trente et quarante mille hommes de plus, imposer de nouveaux tributs, emprunter de l'argent, il trouverait ses sujets empressés à le satisfaire. » Le Roi interrompit son Ministre, — « avec un certain tremblement dans le menton, raconte Besenval, qui était la marque sûre de son trouble intérieur », et lui ordonna d'écrire à Sa Majesté Catholique qu'il était, quoi qu'il puisse arriver, fermement décidé à maintenir la paix ou tout au moins à ne pas prévenir les hostilités de l'Angleterre. Choiseul, tombant dans le piège qui lui était tendu, ne manqua pas d'objecter qu'il convenait, avant de parler à Charles III un langage aussi catégorique, d'attendre l'accueil qui serait fait à son nouveau projet d'arrangement, les courriers expédiés à Londres et à Madrid devant être de retour au plus tôt dans les premiers jours de janvier. Le Roi accueillit cette réponse sans répliquer et leva le Conseil; puis, il fit appeler l'abbé de la Ville, lui ordonna d'écrire au Roi d'Espagne qu'il allait changer son ministère et lui recommanda de garder le secret.

Choiseul, que l'attitude et la froideur du Roi avaient sans doute frappé, écrivit aussitôt à d'Ossun en termes qui se faisaient de plus en plus pressants : « Je ne ferai, Monsieur, disait-il, qu'une seule réflexion que j'ai déjà faite mille et mille fois, c'est que la décision de la paix ou de la guerre dépend de la volonté de l'Espagne, qu'il est bien démontré que le Roi et les ministres d'Angleterre ne veulent pas la guerre; mais qu'ils ne peuvent pas, sans risquer beaucoup, se départir de leurs demandes simples. Ainsi la question se réduit donc à présent à savoir si le Roi d'Espagne veut dire qu'il est fâché de l'entreprise du 10 juin et qu'il consent que les choses soient rétablies ainsi qu'elles l'étaient avant cette époque; s'il le veut dire, la paix est faite pourvu que ce courrier soit revenu le 10 du mois prochain; s'il veut ajouter quelque chose à cette déclaration, la guerre est certaine. C'est à l'Espagne à juger si la question présente mérite la guerre, à peser les inconvénients et les hasards; je me borne à vous assurer que la France sera fort fâchée de faire la guerre pour un aussi petit objet et que, si j'avais l'honneur de conseiller le Roi d'Espagne, je me flatterais de lui persuader de faire donner la déclaration de la satisfaction purement et simplement. » Cette lettre était expédiée le dimanche 23 décembre. Le lendemain le Ministre recevait du Roi le billet suivant : « J'ordonne à mon cousin le Duc de Choiseul de remettre la démission de sa charge de secrétaire d'État et de surintendant des postes entre les mains du duc de la Vrillière et de se retirer à Chanteloup, jusqu'à nouvel ordre de ma part[1]. »

La nouvelle de la disgrâce du Duc arriva à Madrid le 31 décembre. « Le Roi rentrait de la chasse, écrit d'Ossun, je l'ai informé que Votre Majesté avait été obligée de remercier MM. de Choiseul et de choisir d'autres ministres. » — « Je suis fâché pour le bien du service du Roi mon cousin, répondit Charles III, que MM. de Choiseul aient mérité cette disgrâce. »

La disgrâce de Choiseul, en effet, c'était l'effacement de la France; mais Louis XV s'en inquiétait peu; heureux du prétexte qu'on lui avait fourni, il se sépara de son principal ministre avec une joie puérile; le duc de Praslin partagea le sort de son cousin. L'opinion qui n'avait pas cessé de soutenir Choiseul lui fut fidèle; elle commençait à prendre conscience d'elle-même et protestait contre la scandaleuse faveur des ennemis du Duc et les caprices d'un pouvoir inconsistant et faible. « Il n'y a jamais eu de regrets aussi unanimes, dit Mme du Deffand; il n'y a peut-être pas vingt personnes qui osent marquer de la joie. » Des vers en l'honneur du Ministre pleuvaient de toutes parts, en même temps que des épigrammes à l'adresse de ses ennemis. Voltaire faisait de Choiseul un nouveau Barmécide et écrivait à la duchesse, sa femme :

1. Voir sur l'authenticité des termes de ce billet la « Correspondance secrète de Louis XV », de Boutaric, t. I, p. 415, note.

Votre départ est un triomphe auguste,
Chacun bénit Barmécide le juste,
Et la retraite est pour vous une cour [1].

Le pèlerinage de Chanteloup fut en effet en grand honneur à la ville et à la cour; un prince du sang, le duc de Chartres, s'y rendit.

On pouvait craindre que la chute du négociateur du « Pacte de famille » n'entraînât celle de sa politique. Cette seule perspective suffisait à accroître les exigences de nos ennemis et Louis XV eut à cœur d'y parer. « J'empêcherai l'impression que pourrait faire dans les Cours étrangères, et surtout dans les ennemies, le parti que j'ai pris contre le Duc de Choiseul, non seulement en chargeant mes ambassadeurs de déclarer, dans toutes ces Cours et dans toutes les occasions, combien les engagements du « Pacte de famille » me sont chers et sacrés; mais j'ordonnerai de plus ici à mon ministre des affaires étrangères de le donner publiquement à connaître à tous les ambassadeurs et ministres résidant à ma Cour [2]. »

Le cabinet de Saint-James n'ayant pas reçu la satisfaction qu'il demandait rappela, le 14 janvier, Harris, son chargé d'affaires à Madrid. Les successeurs de Choiseul étaient résolus à tous les sacrifices pour complaire au Roi, et l'Espagne, abandonnée à ses seules forces, dut se résigner à suivre les conseils de Louis XV. Le prince de Masserano remettait au Foreign-Office, le 22 janvier, le texte de la déclaration exigée par les Anglais. L'Espagne y désavouait son entreprise sur le port et le fort d'Egmont et s'engageait à rétablir les autorités anglaises

1. Voltaire, Lettre CII; Benaldaki à Caramoufti, femme de Giafar le Barmécide.
2. Boutaric, t. I, p. 418. Ouvrage précité.

dans la situation où elles se trouvaient avant le 10 juin 1770. Toutefois la question de droit, c'est-à-dire celle de la propriété des îles Malouines, était réservée et devait être traitée dans des négociations ultérieures; l'Angleterre avait exigé le désaveu de Buccarelli comme la condition *sine qua non* de la reprise des négociations.

Dès que le comte de Fuentès eut fait savoir à Versailles la détermination de Charles III, Louis XV qui, jusque-là, avait différé de répondre à la lettre de Sa Majesté Catholique du 22 décembre, lui adressa deux missives. L'une fait partie de la correspondance secrète, l'autre de la diplomatie ministérielle. Toutes deux sont identiques quant au fond. Outre que l'intrigue n'a rien à faire ici, la diplomatie confidentielle n'existe plus que de nom; c'est une habitude vieille déjà et sans portée. La première de ces lettres, qui est plus explicite, a été reproduite par M. Boutaric; citons cependant cet extrait de la seconde : « Les nouveaux ordres que Votre Majesté a donnés à son ambassadeur ne peuvent que m'être infiniment agréables dans les circonstances présentes. Les motifs d'équité et de prudence auxquels Votre Majesté condescend ne peuvent pas compromettre sa gloire. Si, contre toute vraisemblance, cette condescendance n'avait pas les suites que nous en attendons, Votre Majesté peut compter sur le concours de toutes mes forces pour le soutien de la cause qui deviendrait la mienne propre. Le marquis d'Ossun doit avoir déjà mis sous les yeux de Votre Majesté l'état actuel de ma marine et celui des mesures que je prends pour en augmenter les forces et l'activité. Nous n'avons besoin que de gagner du temps pour assurer nos succès. Je suis frappé de la vraisemblance des vues que Votre Majesté suppose à l'Angleterre pour se combiner avec la Russie. Ce sera toujours avoir dérangé leurs projets que de leur ôter le prétexte qu'ils cherchent pour commencer la guerre. » De son côté, la Vrillière écrivait à d'Ossun : « Les Anglais sont-ils absolument déterminés à faire la guerre? Nous touchons au moment de savoir à quoi nous en tenir et nous connaîtrons, à l'accueil qu'ils feront à la déclaration que le Roi d'Espagne a consenti de leur faire remettre, quelles sont leurs véritables dispositions [1]. » Les dispositions de l'Angleterre n'étaient pas aussi belliqueuses qu'elles le paraissaient; outre que ses colonies d'Amérique lui créaient de sérieux embarras, elle s'inquiétait des succès des Russes en Orient.

Cependant, dès que lord North eut lu à la Chambre des communes la déclaration signée de l'ambassadeur d'Espagne et l'acceptation de lord Rocheford [2], les principaux membres de l'opposition soulevèrent le plus violent tumulte; ils exprimèrent leur étonnement que le ministère se fût contenté d'une satisfaction aussi mince; les armements considérables de l'Angleterre, le préjudice causé au commerce par la crainte et l'éventualité de la guerre, exigeaient, disaient-ils, une satisfaction plus éclatante que la simple restitution de l'île : « Ils traitèrent, raconte notre ambassadeur, cet arrangement de scandaleux et d'infâme, donnant aux ministres actuels les épithètes les plus odieuses, n'attribuant qu'à leurs lâchetés et à l'envie extrême de garder leurs places, l'accommodement honteux qu'ils venaient de faire [3]. » Puis, ils

1. La Vrillière à d'Ossun, 22 janvier 1771. Arch. des Aff. étr.
2. Il avait succédé à lord Weymouth, démissionnaire.
3. Ministère des affaires étrangères. Correspondance du comte de Guines, 24 janvier 1771.

demandèrent communication de la correspondance. Lord North en profita pour gagner un peu du temps nécessaire à les calmer et fit remettre la discussion au mois suivant. Pitt, de son côté, renouvela les mêmes attaques à la Chambre Haute. « Il ajouta seulement, écrit le comte de Guines, à la demande de la communication des papiers de l'affaire, celle des pièces auxquelles la France avait eu quelque part; lord Rochefort affirma qu'il n'y en avait aucune et nia que la France eût été pour rien dans le cours de la négociation [1]. »

La discussion reprit, le 13 février, par une proposition de lord Beauchamp dont l'objet était de présenter au Roi une adresse de remerciements pour l'accommodement honorable qui venait d'être conclu. L'opposition répondit que, pour la rendre telle, il aurait fallu que l'Espagne payât les frais des armements de l'Angleterre, la rançon de Manille et punît sévèrement ou même livrât Buccarelli à l'Angleterre. Elle attaqua, en outre, le ministère, sur la faiblesse qu'il avait eue de laisser insérer dans la déclaration de l'Espagne la réserve de son droit sur l'île Falkland, dont lord Anson et lord Egmont défendaient la possession comme utile à la navigation anglaise dans les mers du Sud. « N'était-ce pas là, ajoutaient les membres de l'opposition, une belle occasion de faire la guerre à l'Espagne, le meilleur moyen de rompre le « Pacte de famille », puisque la France semblait n'avoir ni la volonté ni le pouvoir de faire la guerre et que le ressentiment de la défection de son alliée amènerait certainement Sa Majesté Catholique à se séparer du Roi de France? »

1. Ministère des affaires étrangères. Correspondance du comte de Guines, 24 janvier 1771.

Lord North répondit que jamais, depuis le début de la négociation, il ne s'était départi de ses exigences et que l'insulte commise par un gouverneur espagnol était entièrement effacée par le désaveu de son gouvernement et la restitution des îles. Il exposa les incertitudes d'une guerre contre les forces réunies de deux maisons de Bourbon [1] et montra les avantages de la paix. L'opposition répliqua que le ministère n'avait fait que retarder la guerre. « La paix ne devrait-elle durer qu'une année, répliqua lord North, je me croirais fort heureux de l'avoir assurée pour ce terme d'une manière honorable. »

Cette déclaration, jointe aux mesures pacifiques du ministère britannique — cessation de la presse des matelots, des levées de recrues, réduction de l'effectif des troupes, — était de nature à tranquilliser les cabinets de Versailles et de l'Escurial sur la sincérité de l'Angleterre qui, peu de temps après, proposa de fixer au 10 avril la date du désarmement réciproque. Enfin le gouvernement espagnol, qui s'était empressé de donner une exécution prompte et entière aux engagements qu'il avait pris, reçut de lord North l'assurance que les îles Falkland seraient évacuées, peu après le rétablissement des autorités anglaises à Port Egmont.

Cependant, ni l'Espagne, ni la France ne se hâtaient de désarmer, malgré les démarches réitérées de lord Harcourt, l'ambassadeur du roi Georges à Paris, et cela sur les conseils de Francès, notre chargé d'affaires à

1. « La France, disait lord North, a une armée qui, depuis la paix, a été mise sur le pied le plus respectable et environ 60 à 70 vaisseaux de ligne; tandis que l'Espagne a elle-même une armée considérable avec une marine composée de 54 vaisseaux de ligne. » Extrait de ce qui s'est passé à la Chambre des communes le 13 février 1771, pièce jointe à la lettre du comte de Guines du 8 février.

Londres. « Il n'y a nul danger, écrivait-il au duc de la Vrillière, de tenir les ministres anglais dans l'incertitude, sur la résolution de la cour de Madrid. Nous tirerons un très grand avantage de leur inquiétude, en les confirmant dans la persuasion où ils doivent être de l'union des deux Cours. Nous les engagerons à se rendre plus faciles; leur sécurité ne peut qu'être dangereuse et leur donner de l'audace [1]. »

De son côté, le ministère britannique ne se pressait pas de donner suite à sa promesse d'évacuation; lord Rochefort répondait aux instances du prince de Masserano que « l'Espagne ayant été près de six mois pour accorder une satisfaction à l'Angleterre sur une insulte manifeste, il était impossible au ministère d'abandonner les îles six semaines après la réparation, sans donner lieu aux soupçons d'une conciliation conditionnelle [2] ». Il convenait, en effet, aux ministres britanniques, de ne point prêter le flanc à de nouvelles attaques et de prendre, pour les éviter, les mesures de prudence convenables. C'est dans ce sens que l'ambassadeur d'Espagne fut invité à préparer, pour le mois de juin suivant, un mémoire où il proposerait l'abandon mutuel. Lord North affirma qu'il répondrait à ce mémoire concerté d'une façon satisfaisante. Il tint sa parole. Le Port d'Egmont fut évacué par les Anglais, l'année suivante, et les Malouines demeurèrent sans maître.

1. Francès au duc de la Vrillière. Arch. des Aff. étr. Correspondance avec l'Angleterre, 7 mars 1771.
2. *Idem*, 8 mars.

CHAPITRE XX

L'INFLUENCE DE CHOISEUL SURVIT A SA CHUTE. HEUREUSES CONSÉQUENCES DE SON ADMINISTRATION AUX COLONIES

Choiseul n'a pas pu réaliser tout le bien qu'il aurait voulu. — Défauts qu'on peut lui reprocher. — Nouvelle tentative à la Guyane sur les instances de notre ambassadeur à Londres. — Choiseul encourage les voyages d'exploration autour du monde. — Choiseul et l'Égypte. — Jugement de Talleyrand sur lui. — Aperçu de l'ensemble de son administration. — Prospérité de Saint-Domingue. — Son opposition avec le sombre tableau de Raynal. — L'effort maritime. — Les résultats ne se font sentir qu'après la chute du Ministre. — Abrégé de la situation économique de nos colonies à la veille de la Révolution. — Conclusion.

Bien que Choiseul fût disgracié en 1770, l'impulsion qu'il avait donnée durant son administration subsista longtemps après lui. Les registres des archives de la Marine où sont consignés les « faits et décisions des ministres » constatent que l'abbé Terray et de Boynes furent les continuateurs de Choiseul et « se conduisirent d'après les mêmes principes »; l'administration de la marine et des colonies, avec les réformes qu'il y introduisit, resta à peu près la même jusqu'à la Révolution. L'abbé Terray, qui succéda par intérim au duc de Praslin le 24 décembre 1770, fut remplacé par Bourgeois de Boynes, le 9 avril 1771. Turgot occupa le ministère à la mort de Louis XV; il y resta cinq semaines, puis vint M. de Sartines, qui d'ailleurs ignorait les affaires de la marine, comme ses prédécesseurs, et fit peu de changements; son ordonnance de 1775, qui règle l'administration coloniale, reproduit celle de 1766.

Le temps (1761 à 1770) pendant lequel Choiseul avait administré nos colonies ou exercé son action sur elles était insuffisant pour l'entière réalisation de ses vues. On peut lui reprocher, cependant, d'avoir manqué d'esprit de suite et de méthode, qualités nécessaires pour mener à bien l'œuvre entreprise; mais il ne faut oublier ni la position incertaine du Ministre, sans cesse ébranlé dans son crédit, ni les menaces perpétuelles de guerre, qui, au lendemain même du traité de Paris, furent sa constante préoccupation et détournèrent à chaque instant son attention. Il n'est donc pas étonnant que le souci de la défense maritime l'ait conduit à négliger des intérêts plus pacifiques et des réformes dont tout le monde sentait le besoin, sans que personne en eût d'ailleurs une conception bien nette.

Les tentatives de colonisation n'avaient pas réussi. Celle de la Guyane avait abouti à un désastre et celle de Madagascar, due à l'initiative privée du comte de Maudave, n'avait pas reçu d'encouragements suffisants.

Quant à l'ensemble des changements que nous l'avons vu introduire dans l'administration des colonies, celle-ci, outre son désordre antérieur, souffrait des mêmes maux que l'administration de la métropole, une rénovation générale était impossible; mais le premier ministre de Louis XV en appréciait la nécessité et il s'y acheminait par des mesures de détail. Ambitieux du bien public, il avait le feu sacré. Il dirigeait tout; mais il dirigeait quelquefois de loin et de haut et il eut souvent le tort de ne pas s'arrêter assez aux détails. Il était obligé, pour l'exécution de ses projets, de s'en remettre à des agents de second ordre qu'il ne sut pas toujours choisir. En outre, au lieu de procéder avec cette lenteur et cette timidité qu'on a reprochée à Colbert et qui n'étaient, chez ce grand esprit, que les signes de la sagesse et de la prudence, Choiseul semble au contraire trop impatient des résultats. Cette vivacité lui a été reprochée comme de la frivolité; il prêta d'autant plus à cette critique que la tournure de son esprit le portait à mêler la gaîté aux affaires les plus sérieuses. Mais s'il fut sujet à quelque illusion, on s'est grandement trompé quand on a fait de lui un brouillon. Il fut au contraire un grand débrouilleur, si on me permet l'expression, et se tira avec honneur de situations difficiles, grâce à sa ténacité, à sa confiance en lui-même et dans les forces de la France. Son insuccès à la Guyane trouvera peut-être grâce quand on songera à l'étendue des responsabilités qu'il encourait : il eut dans les mains les Affaires étrangères, la Guerre, la Marine avec les Colonies et on est obligé de convenir qu'il avait l'ambition des grandes affaires.

Les événements du Kourou, en portant un coup si funeste aux desseins du Ministre, avaient retenti douloureusement dans son cœur : « J'en ai eu de grands chagrins, écrivait-il au Roi; mon expérience m'a appris à me réformer [1] ». Les troubles des colonies anglaises lui faisaient encore regretter davantage l'échec de la colonisation par les blancs, d'autant plus que le comte de

1. Mémoire remis au Roi en 1765.

Guerchy, notre ambassadeur à Londres, ne lui cachait pas la joie qu'éprouvaient les Anglais de l'insuccès de notre tentative. Guerchy, qui en connaissait les causes, engageait Choiseul à tenter une nouvelle épreuve [1]. On ne s'y décida que trois années plus tard. Choiseul, Praslin, Dubuc, qui avait succédé à Acaron, et le baron de Bessner, que nous avons vu jouer un rôle dans l'expédition de 1763, tentèrent d'établir, sur les bords de l'Approuague, des nègres et des Indiens sous la direction de colons européens. Une Compagnie se fonda, mais sans privilège exclusif, au capital de 2 400 000 livres, sous le nom de Compagnie de l'Approuague. Des colons expédiés de France furent dirigés sur la rive droite du Tonnegrande, à dix lieues de Cayenne. Cette nouvelle tentative ne réussit pas plus que la première; elle coûta seulement moins d'hommes et moins d'argent. Après deux années d'efforts, il fallut l'abandonner. La Compagnie perdit 800 000 livres. Ce nouvel insuccès fit oublier la Guyane jusqu'en 1777. Jamais on n'avait fait tant d'efforts et tant d'efforts infructueux pour coloniser un pays. C'est par suite de cette sollicitude pour nos possessions d'Amérique, sollicitude qui s'étendait fort loin puisque nous l'avons vu atteindre les îles Malouines, que Choiseul avait négligé la grande île africaine. D'un autre côté, il encourageait les voyages de nos explorateurs.

Nous avons dit le voyage de Bougainville et Merville à la recherche d'un point de relâche et d'un lieu d'établissement dans l'océan Pacifique. C'est dans le même but que Fleurieu rédigea les instructions de La Pérouse.

1. Mémoire du comte de Guerchy, 1765.

Bougainville et de Surville avaient découvert, dans le sud de la Nouvelle-Guinée, l'archipel des îles de la *Louisiade*, où ils avaient donné aux principaux havres les noms de Port Choiseul et Port Praslin [1]. Ces voyages révélaient la hardiesse de nos marins en même temps que le zèle du Ministre dont la voix dominait dans les Conseils du Gouvernement. Ce zèle clairvoyant, éclairé par des vues nouvelles, guidé par un sûr instinct de l'avenir, prévoyait la nécessité d'un solide établissement de la France en Égypte. S'il faut en croire Talleyrand, qui fut reçu très jeune dans la société de Choiseul, celui-ci lui aurait confié qu'il avait formé le projet de négocier la cession de l'Égypte à la France [2]. Talleyrand, qui, avec d'autres jeunes hommes dont l'ancien ministre de Louis XV aimait à s'entourer dans la solitude de Chanteloup, avait pris ses conseils et pénétré ses vues, a dit de lui que « c'était l'homme qui avait eu le plus d'avenir dans l'esprit ».

A défaut d'application et de gravité, il avait, en effet, beaucoup d'esprit de pénétration et, comme homme politique, un grand désir et le pouvoir de réparer; comme administrateur, un besoin de progrès, souvent tiraillé entre les opinions contraires, les théories opposées, ce qui le condamnait parfois à l'indécision, à la contradiction même, au regret du bien qu'il aurait voulu faire; mais ses efforts n'étaient point stériles.

1. *Découverte des Français en 1768 et en 1769 à la terre des Arsacides*, avec des cartes et plans du port Praslin, de la baie de Choiseul, etc., in-8, 1771 (anonyme). L'ouvrage est attribué à de Fleurieu.

2. Talleyrand, *Essai sur les avantages à retirer des colonies nouvelles dans les circonstances présentes*. Mémoire lu à la séance publique de l'Institut, le 25 messidor an v.

En matière administrative et judiciaire, des ordonnances et des règlements uniques, plus clairs et plus simples, d'une exécution et d'une application plus faciles avaient succédé au chaos des anciens textes. Le gouvernement ecclésiastique était subordonné au pouvoir central. La justice n'était plus à la discrétion de l'autorité despotique du Gouvernement militaire ou peu scrupuleuse d'une Compagnie de marchands; la législation nouvelle restreignait les pouvoirs de l'État-Major aux temps de crise et de péril. La vie locale commençait à s'éveiller par la création de chambres syndicales où chaque quartier élisait deux députés; c'étaient par leurs attributions de véritables conseils municipaux. Le gouverneur n'était plus un tyran qui vexait les cultivateurs, rançonnait le commerce et décidait arbitrairement du sort des habitants. Les colons assemblés avaient été appelés à éclairer sur leurs besoins le pouvoir central et un grand nombre de coutumes de nos îles avaient reçu force de lois et étaient codifiées. Les intendants chargés du recouvrement des finances ne décident plus seuls de leur emploi; les Conseils souverains ont voix au chapitre. Nous avons vu que, outre leurs attributions judiciaires, ces Conseils ont le droit d'enregistrement et de *représentation* (non de remontrance); ils ne votent pas l'impôt; mais ils le répartissent et ils en surveillent la perception; ce sont donc à la fois des *Parlements* et des *États provinciaux* qui prennent quelquefois le nom d'*Assemblées nationales*, comme à Saint-Domingue. En faisant de nos colonies un empire unique soumis à l'administration et à la juridiction royale, Choiseul faisait œuvre de centralisation; là l'ancien régime devançait encore le nouveau, le Ministre sentait néanmoins le bienfait de certaines libertés. Les Conseils sont en effet composés de planteurs; leurs fonctions sont gratuites; leur mode de recrutement en faisait ainsi une aristocratie analogue à celle des Assemblées de notables; c'était un acheminement vers les Assemblées coloniales qui furent instituées sous Louis XVI, en même temps que les Assemblées provinciales de France. Si dans le règlement des affaires générales, les colons n'avaient pas plus qu'au commencement de notre siècle l'initiative et la décision suprême, ils étaient tout au moins consultés et on tenait plus de compte de leurs conseils.

« J'ai toujours pensé, écrivait de Peinier, intendant de la Guadeloupe en 1763, qu'il était juste d'instruire les colons et ceux qui contribuent aux impositions de ce qu'elles rapportent à la caisse du roi; c'est en quelque sorte alléger les charges que de mettre ceux qui sont obligés de les porter en état de connaître qu'elles ne sont que ce qu'elles ont dû être [1]. » Aussi le tableau des impositions ainsi que le montant des recettes effectuées étaient communiqués aux conseils souverains, aux assemblées nationales.

La liberté commerciale progressait elle-même en dépit des théories bureaucratiques et des instructions de 1765. Certes les étrangers étaient toujours exclus; mais malgré les réclamations de la métropole, la création des ports francs, le libre commerce des Indes, avaient été une atteinte à des doctrines qui voyaient une perte partout où nos rivaux avaient réalisé un gain. Ici l'influence de Montesquieu était bienfaisante. « C'est la concurrence, avait-il dit, qui met un prix juste aux mar-

1. Arch. col.

chandises et qui établit les vrais rapports entre elles. » Cette idée allait faire son chemin. Montesquieu et Vincent de Gournay posaient avant Adam Smith le problème du libre-échange que nos économistes, si sévères pour le passé, ne semblent cependant pas avoir encore résolu. On ne pouvait demander à Choiseul d'en trouver la solution.

Il avait déjà beaucoup fait en brisant, le premier, les liens du pacte colonial et en traitant les colonies non en pays conquis, comme le voulaient ces mêmes instructions de 1765, rêveries politiques, économiques à la rédaction desquelles il n'avait eu aucune part, qu'il ignorait peut-être même; mais comme des provinces nouvelles d'une plus grande France : *la France d'outre-mer*, qui avait droit à tous les bienfaits publics, à toutes les prospérités dont jouissait la métropole.

Un service régulier de transports par diligences et des postes aux lettres avaient été organisés dans toutes les paroisses de nos colonies. Des privilèges avaient été accordés à des imprimeurs et des journaux et gazettes fondés dans la plupart de nos possessions. Outre de nombreuses librairies, il y avait en 1771 deux imprimeries à Saint-Domingue. Les « Affiches américaines », une gazette hebdomadaire, paraissent au Cap depuis 1764; en 1777 on y publie aussi une gazette médicale. Une école de belles-lettres et de géométrie avait été instituée à Port-au-Prince en 1765; des théâtres s'étaient ouverts. Nos colonies acquéraient ainsi peu à peu les douceurs d'une société polie et civilisée et les dures exigences des instructions de 1765 restaient à l'état de théorie. Le sombre tableau que Raynal traçait de Saint-Domingue commençait à s'éclairer. « Les villes de la colonie et en général toutes celles des îles d'Amérique, présentent un spectacle bien différent des villes de l'Europe. En Europe, nos cités sont peuplées d'hommes de toutes les classes, de toutes les professions, de tous les âges : les uns riches et oisifs, les autres pauvres et occupés, tous poursuivant dans le tumulte et dans la foule, l'objet qu'ils ont en vue, ceux-ci le plaisir, ceux-là la fortune, d'autres la réputation ou le bruit du moment qu'on prend souvent pour elle, d'autres enfin leur subsistance.... A Saint-Domingue et dans le reste de l'archipel américain, le spectacle des villes est uniforme et monotone. Il n'y a ni nobles, ni bourgeois, ni rentiers. Elles n'offrent que des ateliers propres aux denrées que le sol produit et aux différents travaux qu'elles exigent. On n'y voit que des commissionnaires, des aubergistes et des aventuriers, s'agitant pour trouver un poste qui les nourrisse, et acceptant le premier qui se présente. Chacun se hâte de s'enrichir, pour s'éloigner d'un séjour où l'on vit sans distinctions, sans honneurs, sans plaisirs et sans autre aiguillon que celui de l'intérêt. Personne ne s'arrête là avec le dessein d'y vivre et d'y mourir [1]. »

« La marine opérera le salut du royaume ou sa décadence », avait écrit Choiseul au Roi en se chargeant de ce département trop négligé jusque-là ; et en même temps il montrait la puissance croissante de l'Angleterre aspirant à la domination universelle par l'agrandissement ininterrompu de son domaine d'outre-mer et l'accroissement de ses forces maritimes. C'est alors que notre infanterie est embarquée sur des vaisseaux de guerre ; que la carrière du Grand-Corps est ouverte à tous les

1. Raynal, *Histoire politique et philosophique des deux Indes.*

jeunes gens d'une « honnête éducation », aux aventuriers même, qui se distinguent au service de la mer. L'ordre du « tableau », qui a toujours découragé le travail et le talent, cesse de présider aux promotions et les élèves de la marine royale qui montrent le plus d'aptitude et d'intelligence peuvent arriver au commandement avant l'âge où la décrépitude physique ordonne de le quitter. « Il faut avancer les jeunes gens, il y en a qui feront honneur au siècle », écrivait-il en 1765 : « J'ose vous assurer, Sire, ajoutait-il, qu'en 1769 votre marine sera suffisante à la défense de nos possessions, et sera plus forte qu'elle n'a été dans les temps les plus brillants de Louis XIV. » Et la marine royale, qui comptait 44 vaisseaux et 10 frégates après la guerre, pouvait mettre en ligne, en 1771, 72 vaisseaux, 37 frégates et 62 bâtiments légers[1].

Nos ports étaient partout agrandis, relevés, fortifiés, les milices réorganisées, la marine rétablie. Choiseul ne craignait plus, selon son expression, « les coups de bâton avec l'Angleterre ». Il nous avait donné la Corse et avait répondu aux réclamations de lord Rocheford « qu'il ne ferait pas un seul pas dans sa chambre même pour rassurer l'Angleterre là-dessus ». Les services qu'il avait rendus ne portèrent leurs fruits que plus tard. La guerre de l'indépendance des États-Unis d'Amérique, guerre exclusivement maritime et coloniale, devait les révéler tout à fait. Grâce à lui la France put sans désavantage lutter avec l'Angleterre. Les troupes royales trouvèrent dans les milices un appui sérieux; c'est grâce à elles que le marquis de Bouillé s'empara de la

1. Arch. de la marine. — Faits et décisions des ministres.

Dominique, que d'Estaing prit Saint-Vincent et la Grenade, que l'amiral de Grasse s'empara de Saint-Christophe, ce berceau de la civilisation française aux Antilles, etc. Enfin, le pavillon français put avec les secours des îles de France et de Bourbon reparaître avec gloire aux Indes orientales sous la conduite de l'héroïque bailli de Suffren. La France au traité de Versailles reprenait rang parmi les puissances coloniales. Nous ne reviendrons pas sur ce que nous avons dit plus haut des progrès économiques de nos Antilles et des îles de France et de Bourbon à la chute du ministre. Aussi bien les chiffres sont une matière aride dont nous avons peut-être déjà fatigué le lecteur; mais ce n'est pas faire trop d'honneur à Choiseul que d'attribuer à ses efforts la cause de la prospérité de nos établissements d'outre-mer à la veille de la Révolution; les ministres de Louis XVI étaient trop occupés à l'intérieur pour introduire dans nos colonies des changements bien considérables. Jamais celles-ci n'ont été aussi florissantes qu'en 1785. Aux Antilles et à la Guyane il y a 70 000 blancs, 50 000 hommes de couleur libres et 650 000 esclaves; 20 000 blancs et 80 000 esclaves à l'île de France et à Bourbon; 100 000 Hindous dans nos possessions de l'Inde et 25 à 30 000 indigènes dans nos comptoirs reconquis du Sénégal et de la côte occidentale d'Afrique. La seule navigation des Antilles occupe 900 navires au long cours. L'importation des Antilles en France s'élève à 240 millions et l'exportation de France aux Antilles à 150 millions. Or ces 150 millions représentent le tiers du chiffre total de nos exportations.

Ce sont là les résultats de deux siècles d'efforts que les guerres de la Révolution, pourtant si glorieuses, vont de nouveau compremettre. Ainsi, grâce aux efforts de Choiseul, à la période d'affaissement et de revers du traité de Paris avait succédé une ère de relèvement et de succès. La monarchie lui est redevable du rayon de gloire qui éclaira ses derniers jours; la France lui doit d'être entrée plus vaillante et comme rajeunie dans l'ordre de ses destinées nouvelles.

APPENDICE

CHAPITRE XXI

LA QUESTION DE TERRE-NEUVE, SES ORIGINES

Cosouveraineté de la France et de l'Angleterre à Terre-Neuve. — Etendue respective des deux dominations. — Plaisance, le chef-lieu des établissements français. — Saint-Jean, le chef-lieu des établissements anglais. — La possession de l'île de Terre-Neuve sert seulement à l'établissement de pêcheries. — Traité d'Utrecht. — En cédant aux Anglais l'île de Terre-Neuve, la France conserve une partie de ses pêcheries, et retient le droit de pêche sur le rivage qui lui est réservé. — La pêche française continue à Terre-Neuve après le traité d'Utrecht sur le même pied qu'antérieurement à ce traité. — Ordonnance de 1681 qui règle la police de la pêche. — Manière de pratiquer la pêche. — La morue n'en est pas le seul produit. — La pêche du saumon. — Les croiseurs de la marine royale française sont chargés de maintenir l'ordre dans nos pêcheries. — Comment le système anglais de la « concurrence » est né des violences de la guerre de Sept Ans et n'a jamais éte ni légitimé ni consacré en droit. — Droit exclusif des pêcheurs français. — Interprétation du texte de l'article 13 du traité d'Utrecht. — Des négociations s'engagent à Londres. — Violences des Anglais à Terre-Neuve et plaintes de nos pêcheurs. — Magon et Bretel, envoyés à Londres comme délégués techniques. — René de Chateaubriand, délégué de la chambre de commerce de Saint-Malo; son refus. — Prétentions des Anglais. — Instructions de Guerchy. — Pourquoi le cabinet de Londres ne veut pas abandonner le « système de la concurrence ». — Considérations invoquées par Magon et Bretel. — Chateaubriand propose d'abandonner aux Anglais une partie de nos côtes en échange de l'abandon de leur « système de la concurrence »; refus de Choiseul. — Projet d'arbitrage de Magon et Bretel.

Avant le traité d'Utrecht, la France et l'Angleterre se partageaient la souveraineté de l'île de Terre-Neuve :

situation analogue à celle qu'occupent encore aujourd'hui la Hollande et le Portugal à Timor, l'Angleterre et la Hollande à Bornéo, l'Allemagne et l'Angleterre dans la Nouvelle-Guinée ou même la France et l'Angleterre aux Indes, avec cette différence que les établissements qu'eurent dès le début les nationaux des deux pays à Terre-Neuve étaient limités au seul objet de la pêche. Les Anglais occupaient la côte est, les Français les rivages du sud, de l'ouest et une partie de la côte nord-est. Le grand nombre de villages, de havres, de caps qui portent encore aujourd'hui des noms bretons et normands, malgré les efforts faits pendant ces dernières années pour les angliciser, attestent notre ancienne domination, beaucoup plus étendue, bien mieux assise, dès le début de l'occupation, que celle de nos voisins. Aussi quand lord Baltimore tenta de s'établir sur nos côtes, il dut renoncer à ce projet; cédant à l'hostilité de nos nationaux, il se rembarqua et se rendit alors dans le Maryland où il fonda la ville qui porte son nom.

Le chef-lieu des établissements français était à Plaisance, où le Roi entretenait un gouverneur et une garnison de cinquante hommes, celui des établissements anglais à Saint-Jean. A cette époque lointaine, ni la France ni l'Angleterre ne songeaient à prendre possession de l'intérieur du pays, l'Angleterre moins même que la France. Les armateurs de la Cité ne voyaient en effet, dans l'île de Terre-Neuve, qu'un « navire mouillé près des bancs pour la commodité des pêcheurs anglais[1] », et le gouvernement, dans cette pêche lointaine, qu'une école et une pépinière de matelots. Ce dernier s'oppo-

1. Hepple Hart, *New foundland. Past Present and Future.* Lecture faite le 10 février 1882 à la *Society of arts.*

sait même de toutes ses forces à l'établissement d'une population sédentaire et y mettait une foule d'entraves dont la plupart n'ont disparu qu'au commencement de notre siècle; il n'était pas permis de pénétrer dans l'île à plus de six milles des côtes ni de se livrer à aucune autre occupation que la pêche. Aussi notre colonie de Plaisance, plus florissante que sa rivale, fut toujours victorieuse quand la guerre entre les deux nations la mit aux prises avec la colonie anglaise de Saint-Jean. En 1708, notamment, Saint-Jean tomba en notre pouvoir et l'île entière à sa suite, à l'exception de la Carbonnière qui, pendant plusieurs années, fut la seule place où flottassent encore les couleurs anglaises. Malheureusement, la vaillance de notre colonie, ses glorieux exploits, ne nous profitèrent pas, et la France, au traité d'Utrecht, sacrifia l'île de Terre-Neuve à l'Angleterre en ne retenant qu'une partie des anciens droits souverains dont elle jouissait sur le rivage Français (French shore). Pour écarter toute chance d'agression nouvelle, le cabinet de Londres prit le soin de stipuler que nous ne pourrions plus « fortifier aucun lieu ni y établir aucune habitation en façon quelconque, si ce n'est des échafauts et cabanes nécessaires et usités pour sécher le poisson »[1]. Nous cédions en même temps la ville et le fort de Plaisance, toutes nos possessions dans l'île de Terre-Neuve, en renonçant à « prétendre quoi que ce soit sur ladite île et les îles adjacentes en tout ou en partie[2] », mais nous conservions nos anciennes pêcheries et le droit de prendre et de sécher le poisson sur toute l'étendue de la côte, « depuis le lieu appelé cap de Bonavista jusqu'à

1. *Traité d'Utrecht*, art. XIII.
2. *Traité d'Utrecht*, du 11 avril 1713, art. XIII.

l'extrémité septentrionale de ladite île et, de là, en suivant la partie occidentale, jusqu'au lieu appelé pointe Riche [1] ».

Le droit de pêche ainsi délimité nous était reconnu sans aucune réserve en faveur des Anglais, sans restriction, quant à l'espèce de poisson qui fait l'objet de la pêche. La possession de l'île de Terre-Neuve semblait d'ailleurs devoir se réduire, même pour l'Angleterre, au seul usage des côtes et on ne prévoyait guère, à l'époque qui nous occupe, que, pénétrant à l'intérieur, son génie colonisateur eût jamais à s'y déployer. Aussi nos marins se consolaient facilement de la cession de l'île : « Nous pouvons abandonner ces terres, disaient-ils; n'avons-nous pas quelque chose de plus précieux : le droit de pêche ».

Conformément aux stipulations du traité d'Utrecht, nos pêcheurs continuèrent à se livrer à leur industrie sur la côte qui leur était réservée comme ils le faisaient avant la cession de l'île, c'est-à-dire suivant les règles de l'ordonnance de 1681 sur la marine.

Les armements étaient et sont encore de deux sortes, les armements pour les « grands bancs » et les armements pour la côte avec sécherie à terre. Ces derniers avaient besoin d'une réglementation spéciale pour déterminer l'ordre d'occupation des havres de pêche, prévenir les compétitions et assurer la libre jouissance des places. C'était le but de l'ordonnance de 1681 dont les dispositions n'avaient d'ailleurs pas été dictées par l'arbitraire; elles n'étaient que la codification des usages des pêcheurs bretons qui, de leur propre initiative et pour

1. *Traité d'Utrecht*, du 11 avril 1713, art. XIII.

faire cesser de fréquentes contestations sur le choix des havres, étaient convenus entre eux d'un règlement homologué au Parlement de Rennes, le 31 mars de l'année 1640.

Aux termes de ce règlement, celui des capitaines de navires qui arrivait le premier à la côte recevait le titre d'« amiral de la pêche »; il devait jeter l'ancre dans la baie du « Petit Maître », en un endroit nommé « le Crocq ». Il y hissait son enseigne, choisissait aux environs la place qu'il jugeait à propos avec l'étendue de plage nécessaire aux sécheries et en rapport avec le nombre d'hommes dont se composait son équipage. Puis, il était tenu d'installer au « Crocq » un tableau sur lequel il inscrivait la date de son arrivée et le nom du havre qu'il avait choisi. Les autres maîtres de navires faisaient sur le tableau les mêmes déclarations suivant l'ordre de leur arrivée. Chacun s'emparait alors de l'échafaut et des cabanes qu'il trouvait dans la place qui lui était échue. Il arrivait parfois que le propriétaire qui n'était pas arrivé à temps pour choisir le même havre, était obligé d'envoyer chercher les barques, le sel et les instruments de pêche qu'il avait laissés l'année précédente, à vingt ou trente lieues de l'endroit où il se trouvait établi. Mais ce désagrément, qui était comme la punition des retardataires, n'arrivait que rarement, car la pratique tendait à rappeler les pêcheurs à la place qu'ils occupaient d'ordinaire et dans les établissements délaissés par eux à leur dernière campagne. L'ordonnance de 1681 [1] n'avait guère fait que retrancher de ces dispositions le titre « d'amiral » au premier arrivant, mais

1. Ordonnance de 1681. (Commentaires de Valin, 2 vol. in-4, 1766.) — Art. I, II, III et suiv. du livre V, au titre VI.

l'usage le lui conserva jusqu'au commencement de ce siècle.

Donnons encore quelques indications sur la manière dont se pratiquait alors la pêche de la morue; elles sont nécessaires pour l'intelligence de ce qui va suivre.

L'armateur qui envoyait pour la première fois ses navires à la côte de Terre-Neuve était obligé d'emporter avec lui non seulement les ustensiles de pêche et le sel, mais encore des barques de pêche pouvant contenir deux ou trois hommes d'équipage. Pour transporter ces barques, elles étaient démontées par morceaux enfouis dans le sel qui leur servait comme de garniture durant la traversée; à leur arrivée, elles étaient montées et calfatées. Un équipage de cent hommes supposait vingt à vingt-cinq barques de pêche. C'est dans ces petits bateaux qui parcourent la côte à deux ou trois lieues de distance que se fait la pêche de la morue. Les pêcheurs se servent de lignes de fond garnies d'une centaine d'hameçons appâtés avec de la boëte (harengs, encornets) ou avec des coques [1]. Enfin des embarcations

1. La pratique est encore aujourd'hui à peu près la même; mais les navires armés pour Terre-Neuve ne sont plus obligés d'emporter leurs barques. On trouve à Saint-Pierre et Miquelon des embarcations à fond plat appelées « doris » qui valent en moyenne 130 francs pièce. On a essayé d'en construire en France avec le même bois et de la même manière; mais elles ne valent jamais, paraît-il, les « doris » américaines. Deux hommes montent une doris. Ils se servent de lignes de fond nommées « harouelles », qu'on tend le soir pour les lever le lendemain. On pêche aussi avec la ligne à main tenue en mouvement selon le procédé américain, qui, d'après quelques pêcheurs, est préférable, car il permet d'éviter l'usage de la boëte, les coques et l'encornet constituant une amorce suffisante.

Différents genres de pêche sont usités par nos bâtiments. Ainsi, il y a la pêche sédentaire dans une baie réservée pour ceux qui y ont obtenu des places; la pêche nomade en défilant le golfe, en dégrat; la pêche dans les baies communes pour les défileurs de golfe ou les « banquiers ». Enfin des pêcheurs sur le banc obtiennent des places

plus grandes et plus solides servent pour la pêche avec les grandes sennes[1]. Le produit de la pêche se rapporte tous les jours à un « échafaut[2] » construit sur le bord de la mer où on « décolle », on « habille » la morue; ces opérations consistent à enlever la tête et les viscères; c'est l'œuvre d'un certain nombre d'hommes d'équipage qui restent à terre à cet effet. Le poisson est ensuite tranché, salé et mis à sécher sur la « grave » — c'est-à-dire sur le galet de la grève. — Des cabanes en bois pour le logement du capitaine, des officiers et des matelots, des magasins de dépôt pour les ustensiles de pêche, le sel, et pour divers usages, toutes constructions temporaires, complètent l'installation d'une pêcherie. A la fin de la saison, le capitaine fait échouer les barques, remiser les ustensiles dans les magasins, mettre le sel qui lui reste, en « silos », en le garantissant des injures de l'air par d'épaisses touffes de gazon.

La morue était le produit principal de la pêche sur les côtes de Terre-Neuve; ce n'était pas le seul, et la prise du saumon se faisait avec succès dans plusieurs havres du rivage français, notamment dans la « baie aux Lièvres », dans la « baie des Cheminées » et dans la « baie Blanche ». Un rapport de pêche de l'année 1763 nous apprend que dans la grande saumonerie de la baie aux Lièvres, le saumon a fourni jusqu'à 20 barriques de

de sécherie à la côte, d'autres embarquent directement les produits de la pêche. Voir Henri de la Chaume, *Terre-Neuve et les Terre-Neuviennes*, in-18, Plon, 1886. — A Shea, *New foundland, its fisheries and general resources*.

1. La senne, très employée par nos pêcheurs, est un filet de 100 à 120 brasses de longueur sur une largeur variant de 50 à 100 pieds au centre, mais se rétrécissant aux extrémités. Cette senne est projetée autour d'une troupe de poissons et resserrée. Elle est alors amenée de l'eau renfermant, souvent, de 40 à 50 tonnes de poisson.

2. Aujourd'hui « chauffaud ».

salaison par jour, et plus de 1 200 barriques dans une année [1]. Le même rapport contient quelques détails sur la manière de pratiquer cette pêche spéciale. On barre l'embouchure des rivières avec des filets de 50, 60 et 70 brasses de longueur, mariés ensemble et disposés en zig zag pour donner moins de prise à la force du courant. On les tend avec des flottes de liège et des plombs au fond du filet. Le saumon, qui aime l'eau douce et ne s'éloigne jamais des côtes qu'il longe de pointe en pointe, se trouve pris par les ouïes dans les mailles des filets tendus, soit qu'il remonte, soit qu'il descende le cours des rivières où il aime à frayer.

La police de la pêche était assurée par les bâtiments de guerre de la marine royale, chargés de faire respecter les règlements, d'aplanir les contestations, de garantir aux pêcheurs la libre jouissance de leurs droits et d'expulser au besoin les bâtiments anglais qui venaient en pêche dans les eaux réservées aux Français.

Tels étaient les usages et les règles de la pêche de Terre-Neuve au siècle dernier, tels qu'ils découlaient du traité d'Utrecht. L'Angleterre les respecta jusqu'à l'époque de la guerre de Sept Ans.

Durant les hostilités de cette guerre, plusieurs havres de la côte affectée à la pêche française furent occupés par nos ennemis dans l'espoir que les conditions de la paix nous obligeraient à abandonner le territoire réservé. Le traité de Paris ayant, à Terre-Neuve, rétabli les choses sur leur ancien pied et n'ayant fait que confirmer le traité d'Utrecht sans y rien changer ni y ajouter, les Anglais devaient évacuer les places qu'ils occupaient sur

1. Archives de la marine.

la côte française. Cette obligation que leur imposait implicitement le traité de Paris, les mettait en demeure de faire cesser un état de fait contraire au droit. Nos voisins éprouvaient d'autant plus de répugnance à abandonner leurs positions que les pêcheurs anglais à Terre-Neuve réclamaient en termes fort vifs contre l'abandon de leurs intérêts et que leurs plaintes trouvaient de l'écho dans la métropole. Il est certain qu'en 1763 l'opinion publique en Angleterre, peu satisfaite des conditions, cependant si onéreuses pour nous, du traité de paix, cherchait par tous les moyens possibles à les aggraver. Pour répondre à ce sentiment et éviter à ses marins l'évacuation de leurs établissements sur les plages françaises de Terre-Neuve, le cabinet de Londres se trouva dans l'obligation de défendre dans les négociations avec la France la théorie de la « pêche concurrente » inventée par les intéressés, c'est-à-dire le droit pour les pêcheurs anglais de faire sur les côtes de Terre-Neuve qui nous étaient réservées par le traité d'Utrecht, concurrence aux pêcheurs français.

Le droit exclusif des pêcheurs français résultait bien, cependant, de l'esprit sinon des termes mêmes du traité d'Utrecht et des négociations qui l'avaient précédé et eût été réellement illusoire si les Anglais avaient pu le partager. Dans ce dernier cas, en effet, les négociateurs anglais auraient formulé des restrictions; or le silence des textes ne pouvait être interprété contre nous, ni contre l'usage établi. Suivant l'expression de Louis XIV dans sa lettre à nos plénipotentiaires du 9 janvier 1713, une partie des côtes avait été « spécifiée » pour la pêche des Français, et l'autre « spécifiée » pour la pêche des Anglais, ce partage si clair excluait donc toute immixtion des sujets de l'une des deux Puissances dans le domaine de l'autre.

Dans le cas où quelque doute aurait subsisté sur cette interprétation de l'article 13 du traité d'Utrecht, il aurait fallu recourir à ce qui s'était pratiqué avant les hostilités puisque, en cette matière, le traité de Paris avait eu pour but de rétablir le *statu quo ante bellum*. A moins de dérogation expresse, les traités entre gouvernements sont, comme les engagements entre particuliers, soumis aux principes généraux du droit et le mode d'exécution d'un contrat en doit déterminer le vrai sens. Or de 1713 à 1755, jamais les Anglais n'étaient venus ni n'avaient prétendu troubler la pêche française de la pointe de Bonavista au cap Riche. L'idée de la pêche concurrente n'était qu'une invention récente, le résultat d'espérances déçues, de l'animosité et de la tension qui subsistaient dans les rapports de la France et de l'Angleterre après la paix. Des négociations s'engagèrent après sa signature sur ce sujet délicat.

Des plaintes sans nombre parvenaient de tous les ports du royaume, déplorant les violences des Anglais et réclamant une active intervention du gouvernement; celles des armateurs de Saint-Malo, Granville, Bayonne, Saint-Jean de Luz, se faisaient particulièrement pressantes. On venait en effet d'apprendre que les barques françaises échouées sur la côte avaient été brûlées sur les ordres de la frégate anglaise la *Terpsichore*. Les chambres de commerce de Saint-Malo et de Granville proposèrent d'envoyer à leurs frais à Londres des délégués techniques qui devaient assister notre ambassadeur, le comte de Guerchy. Dès que Choiseul eut accepté cette proposition, Magon et Bretel, l'un armateur de Saint-

Malo, l'autre de Granville, rédigèrent différents mémoires où ils résumaient les griefs de nos pêcheurs, et partirent pour Londres.

Le choix de la ville de Saint-Malo ne s'était pas tout d'abord arrêté sur Magon, mais sur un gentilhomme breton sans fortune, René de Chateaubriand. René de Chateaubriand, qui n'est autre que le père de l'auteur des *Martyrs*, était un de nos plus vaillants pêcheurs de la côte de Terre-Neuve et faisait, comme il l'écrit à Guerchy, « le commercé de la morue par lui-même »; il s'était même enrichi à ce commerce, mais fort infatué de sa noblesse, il n'avait pas cru devoir accepter l'offre de la Chambre de Saint-Malo « à cause de sa naissance [1] ». Il adressa à notre ambassadeur un mémoire dont nous reparlerons ci-après.

Les prétentions de nos voisins ne se bornaient pas seulement à revendiquer le droit à la pêche concurrente; ils demandaient encore que le terme de cette pêche fût, pour nos marins, fixé au 10 septembre au lieu de la date de fin octobre usitée jusque-là et qu'à cette date du 10 septembre, non seulement les pêcheurs français eussent évacué les côtes de Terre-Neuve, mais encore remporté leurs barques et bateaux de pêche échoués sur la grève pour servir l'année suivante. Le 11 novembre 1763, le duc de Praslin écrivait à Guerchy : « La prétention des Anglais est toute nouvelle pour vous.... M. de Neville [2], dans sa relation, prétend que M. le duc de Choiseul et moi avons reconnu le droit de

1. Chateaubriand à Guerchy, Arch. des Aff. étr., 30 janvier 1764. — Cf. Chateaubriand, *Mémoires d'outre-tombe*, t. I, p. 32 : « Mon père s'enrichit dans les colonies et jeta les fondements de la nouvelle fortune de sa famille ».

2. L'un des négociateurs anglais du traité de Paris.

propriété des Anglais sur l'île de Terre-Neuve et que de là découle le droit à la pêche concurrente.... Or il résulte des négociations du traité d'Utrecht, que la France ne doit pas la liberté de la pêche et sécheries de la morue sur une partie des côtes de Terre-Neuve à une concession de la part de l'Angleterre; mais à une exception qu'elle a eu soin de stipuler dans la cession qu'elle a faite à l'Angleterre en cédant à la vérité la plus grande partie de ses droits; mais en se réservant une autre partie de ces mêmes droits qu'elle possédait seule au moment de la cession de la propriété de l'île et qui consistent dans l'usufruit d'une certaine étendue de ces côtes pendant une partie de l'année.... Il est vrai que les Anglais ont toujours fait la pêche du loup marin dans le courant de l'hiver sur les côtes réservées par la France; mais avec l'attention de leur part de les quitter à l'arrivée des Français au commencement de l'été, *preuve certaine qu'ils savaient n'avoir pas le droit d'y rester*. C'est un fait affirmé par les négociants français qui ne sera pas démenti par les Anglais.

« Vous devez donc insister sur le désistement de la prétention de concurrence des Anglais avec les Français sur les côtes entre Bonavista et pointe Riche, et demander que l'on n'ajoute aucune nouvelle condition pour le temps de quitter la pêche et que les choses restent comme elles ont été stipulées dans l'article XIII du traité d'Utrecht, quant à l'exercice et au temps de la pêche et conformément à l'usage qui s'est pratiqué depuis 1713. En conséquence, vous tâcherez d'engager le ministère britannique à donner des ordres si précis au gouverneur de Terre-Neuve et aux commandants des vaisseaux ou frégates qu'on y enverra, qu'à l'avenir la pêche des Français sur les côtes qui leur sont réservées ne puisse subir aucun trouble ni empêchement.

« D'ailleurs, cet objet de la pêche a toujours été considéré de notre part comme si important que cet article a été la première et la principale condition de la paix; que la négociation a été longtemps arrêtée et que nous n'aurions pas conclu avec les Anglais si nous n'avions regardé la pêche comme assurée aux Français, que la conservation de ce droit deviendrait illusoire si le seul terrain qui nous est réservé se trouvait commun avec les sujets de Sa Majesté Britannique; que je me suis souvent expliqué avec M. de Bedford que si les Anglais voulaient rendre notre droit de pêche illusoire, ils altéreraient nécessairement la bonne intelligence que nous désirons maintenir entre les deux nations, attendu que jamais la France ne peut abandonner un intérêt si essentiel.

« Or, nous apprenons des différents ports que les Français ont fait une fort mauvaise pêche et avec perte; ainsi nous sommes dans le cas de réclamer sur un objet qui est de la plus grande importance pour le commerce et la navigation. »

Ces instructions, que leur grande netteté et leur admirable précision nous ont obligé à citer, ne laissaient guère de prise aux arguments de nos adversaires. Nous nous heurtions, d'ailleurs, à certaines obligations qui pesaient sur le programme politique même du cabinet anglais. « La situation du ministère britannique qui s'est engagé à soutenir le principe de la concurrence, écrit Guerchy — de Grenville, premier lord de la Trésorerie, l'avait déclaré devant le précédent Parlement, — lui interdit de revenir en arrière, quand bien même on réussirait à le persuader intérieurement. Aussi, dès que notre ambassadeur voulut entamer la négociation, le cabinet de Londres montra peu d'empressement de répondre à ses avances et proposa de différer les pourparlers jusqu'à l'arrivée du commandant de l'île de Terre-Neuve, le capitaine Graves. Guerchy n'en remit pas moins à lord Halifax, le 9 février, un projet de convention qui établissait notre droit à la pêche exclusive et plusieurs mémoires rédigés de concert avec nos deux délégués techniques et qui venaient à l'appui de nos revendications. Outre les arguments de droit, Magon et Bretel faisaient intervenir des considérations de fait qui montraient le vrai sens des prétentions des pêcheurs anglais et leur secret dessein de ruiner la pêche française à Terre-Neuve et de la rendre impossible. Il est facile de se rendre compte, en effet, d'après ce que nous avons dit des usages de la pêche et du mode de prise de possession des havres de la côte, que notre droit de prendre et de préparer la morue serait devenu illusoire avec le principe de la concurrence. Les Anglais occupant le golfe Saint-Laurent et le cap Breton pouvaient arriver bien avant nos pêcheurs; ils pouvaient encore passer l'hiver à la côte, y conserver leurs places pendant l'été et en envahir la partie qui nous était réservée avant le retour de nos marins. En une année, la pêche anglaise serait arrivée à exclure entièrement la pêche française ou bien lui aurait laissé des positions si désavantageuses qu'on n'aurait eu aucun intérêt à courir les risques d'un armement coûteux et d'un voyage lointain pour aller recueillir les restes de nos concurrents. « On ne craint pas de le dire, écrivaient Magon et Bretel à Choiseul, il vaudrait mieux n'avoir que vingt lieues de côtes sur lesquelles nous pourrions faire exclusivement la pêche et la sécherie des morues que d'en avoir cent sur lesquelles les Anglais auraient la concurrence avec les Français[1]. » Chateaubriand, de son côté, venait d'adresser dans le même sens un mémoire à Guerchy. « Au cas, y disait-il, où l'Angleterre ne voudrait pas se départir de la concurrence contraire au droit des traités, ce qui rendrait notre pêche impossible, je crois que pour la conserver, il vaudrait mieux céder une partie des côtes réservées à la France »; et il indiquait avec l'autorité que lui donnait son expérience, comme devant être abandonnée de préférence, la partie de ces côtes comprise entre la pointe de Bonavista et le cap Touliguet[2].

Quant à l'usage de laisser sur les grèves de Terre-Neuve les barques de pêche, le sel, les ustensiles, les échafauds et les cabanes, il était bien établi par le texte de l'ordonnance de 1681, resté en vigueur durant les cinquante dernières années. Jamais les Français n'avaient remporté leurs barques, jamais les Anglais ne l'avaient exigé; eux-mêmes en usaient ainsi sur leurs côtes; n'était-ce pas assez pour en conclure que le droit de pêche entraînait celui de mettre en dépôt tout ce qui est nécessaire pour l'exercer? Aurait-il donc fallu construire tous les ans des barques neuves pour les brûler à la fin de la campagne au départ de Terre-Neuve? Il ne pouvait, en effet, être question de les réembarquer pour la France, car un équipage d'une centaine d'hommes ne supposait pas moins de vingt-deux bateaux de pêche; or, après avoir été montés de pièces et de morceaux enfouis dans le sel et déjà fort embarrassants au départ de France, après avoir été calfatés, il n'était guère possible de les

1. Arch. de la Marine, dossier Terre-Neuve.
2. Arch. des Affaires étrangères, 30 janvier 1764.

démonter et encore moins de les incorporer dans une cargaison de morues sèches pour les promener dans les différentes escales du retour. Fallait-il prendre le parti de les mettre en dépôt à Saint-Pierre et Miquelon? Mais cette formalité aurait pris un mois de temps au commencement de la campagne pour les aller prendre et un mois à la fin pour les rapporter, et les pêcheurs anglais auraient été en pleine campagne, alors que les pêcheurs français se seraient mis en état de la commencer. Ainsi, non seulement le droit, la pratique constante, mais encore des raisons tirées des nécessités pratiques plaidaient en notre faveur.

A d'aussi excellents arguments, Magon et Bretel voulaient ajouter le poids d'une consultation des jurisconsultes anglais, afin, disaient-ils, « de vaincre la nation anglaise avec ses propres forces et donner au ministère britannique des armes contre les clabauderies du parti de l'opposition ». Mais à cette époque, l'arbitrage international n'était pas encore envisagé comme un moyen de trancher certaines contestations juridiques issues d'interprétations divergentes des textes des traités et n'était pas né aux pratiques courantes de la diplomatie. Quant à soumettre ouvertement aux juristes de Londres le différend qui intéressait leur nation, c'était là un moyen qui n'offrait aucune garantie de justice et d'impartialité. Bretel imagina un expédient auquel il proposa à Guerchy de recourir. Il rédigea un mémoire dans lequel la contestation était déguisée sous la forme d'une querelle entre deux paroisses irlandaises désignées par les initiales B. et G., pour une communauté de pâturages à moutons. Il s'efforça de rendre les deux espèces aussi identiques que possible quant au fond et évita, dans la forme de ménager la France pour ne pas laisser deviner le mot de l'énigme. Le mémoire fut traduit en anglais, puis remis à un prêtre irlandais qui devait en son nom requérir les consultations des principaux jurisconsultes de Londres. Ainsi fut fait. Guerchy écrivait à Choiseul, le 10 février 1764 : « J'ai fait remettre dans un anglais qui fût exactement, selon la diction irlandaise, le mémoire à consulter que vous a communiqué le député de Granville, attendu qu'il est censé venir de cette partie de l'Angleterre. Il est actuellement entre les mains de M. York, un des plus célèbres jurisconsultes de l'Angleterre qui, selon l'usage de ce pays-ci, fait le métier de simple avocat quoiqu'il ait été procureur général. Je compte faire donner aussi ces jours-ci une seconde copie de ce mémoire à son successeur, M. Norton, qui a ainsi que lui la plus grande réputation[1]. » Ni Guerchy, ni son ministre ne se faisaient du reste illusion sur la portée de l'expédient imaginé par Bretel et Choiseul écrivait à Londres à la date du 27 février 1764 : « Quant à la consultation de la question simulée qui a été rédigée par le député de Granville, je crois comme vous que quand même elle serait décidée favorablement par les plus habiles avocats, nous n'en tirerions pas grand avantage. Le ministère britannique ne manquera pas de prétexte pour éluder la justesse de la comparaison du cas proposé avec celui de la stipulation de l'article 13 du traité d'Utrecht; mais vous ne pouvez refuser au député de Granville la satisfaction de faire cette épreuve[2]. » Cet arbitrage masqué, qui n'offrait aucune chance de succès, fut en effet abandonné dans le cours des négociations.

1. Arch. des Affaires étrangères.
2. *Idem.*

CHAPITRE XXII

LA QUESTION DE TERRE-NEUVE (SUITE) SOLUTION QU'ELLE REÇOIT AU TRAITÉ DE VERSAILLES

Projet d'arrangement provisionnel de Guerchy. — Choiseul préfère l'échange des instructions à remettre aux commandants des croiseurs français et anglais à un arrangement qui ne serait pas une entière reconnaissance de nos droits antérieurs. — Arrivée du capitaine Grave; son mémoire. — Conférences entre le comte de Guerchy et lord Halifax. — Insistance de notre ambassadeur; énergie de son attitude. — Envoi d'un courrier à lord Hereford, ambassadeur d'Angleterre à Paris, afin de connaître le dernier mot du cabinet de Versailles. — Le cabinet de Londres persiste dans ses prétentions. — Rupture des négociations. — Toutes les difficultés restent en suspens jusqu'au traité de Versailles du 3 septembre 1783. — Déclarations du roi George III. — Conclusions. — Les droits actuels de la France. — Ils subsistent tels qu'au lendemain du traité d'Utrecht.

Cependant Guerchy n'avait encore reçu aucune réponse au projet de convention ni aux mémoires qu'il avait adressés à lord Halifax le 9 février. L'arrivée du capitaine Grave, qui devait marquer le début des négociations, semblait par son retard devoir les rejeter à une époque indéterminée. La saison de la pêche approchait et il devenait nécessaire, pour prévenir le retour de conflits incessants, d'établir un régime provisoire qui, tout en réservant les questions pendantes, assurât à nos pêcheurs la sécurité qu'ils réclamaient avant d'entreprendre leurs armements. Guerchy, sur les vives instances de Magon et de Bretel, rédigea de concert avec eux un projet de *modus vivendi* ou, comme on disait dans la langue diplomatique du temps, « d'arrangement provisionnel » pour l'année 1764 et le remit à lord Halifax dans le courant de février. Ce projet réservait dans le préambule les droits des deux nations. Les pêcheurs anglais y étaient provisoirement admis à la concurrence, mais seulement pour l'année en cours; toutefois, les concurrents anglais de nos nationaux devaient s'assujettir aux lois en usage sur le territoire réservé à la France, c'est-à-dire aux règles de l'ordonnance de 1681. Quant a la police de la pêche, elle devait être faite par les chefs des escadres française et anglaise, chacun d'eux ayant sur leurs nationaux respectifs la juridiction exclusive. Enfin on devait s'entendre sur la manière de régler les contestations entre Français et Anglais.

Guerchy avait fait ces propositions au cabinet de Saint-James sans l'assentiment de celui de Versailles, qui lui reprocha vivement son initiative. Choiseul voulait éviter de signer tout instrument qui n'aurait pas consacré une entière reconnaissance de nos droits antérieurs; il avait rejeté le projet de transaction imaginé par Chateaubriand et proposait de suppléer à toute convention en donnant aux commandants français et anglais de la station navale de Terre-Neuve des instructions concertées dont les deux cours se communiqueraient des copies. « Cette méthode serait beaucoup meilleure, écrit-il à notre ambassadeur, le 27 février 1764, parce que la cour britannique pourrait induire d'une convention respective d'accommodement sur cette matière que nous nous désistons de nos droits, au lieu que les instructions qu'elle donnerait à ses gouverneurs et capitaines de vaisseaux, ne peuvent jamais faire titre contre nous. » Guerchy n'eut d'ailleurs pas l'embarras de retirer son projet d'arrangement. Lord Halifax refusa de l'accepter sous le prétexte qu'il était contraire aux lois de l'Angleterre, celles-ci ne permettant pas d'appliquer les lois françaises aux sujets anglais. En même temps, lord Halifax, répondant aux mémoires de Guerchy et à son projet de convention du 9 février, lui présenta un contre-projet rédigé par le « bureau des plantations ». On y parlait du droit de la nation anglaise à faire la pêche en commun avec les Français; on y établissait les amiraux anglais juges des querelles entre Français et Anglais sans aucune réciprocité en faveur des amiraux français. Guerchy se récria, formula de nombreuses observations, repoussa les prétentions anglaises comme inconciliables avec notre dignité, alléguant que « si les lois de l'Angleterre ne permettaient pas, comme le lui avait dit lord Halifax, que les Anglais fussent jugés par des Français, l'honneur de la Couronne de France ne permettait pas aux pêcheurs français de recevoir la loi sans réciprocité [1] ».

Sur ces entrefaites le capitaine Graves arriva à Londres; Guerchy remit aussitôt au cabinet de Saint-James un nouveau mémoire où il rappelait les principaux arguments à l'appui de nos droits à la pêche exclusive, et où il s'élevait contre une invention [2] des géographes anglais,

1. Arch. des Aff. étr., Guerchy à Choiseul, 21 février 1764. Arch. des colonies, Choiseul à Guerchy, 27 février 1764.
2. Cette invention n'était pas récente, elle remontait au temps de la

que le ministère britannique mettait à profit et qui déplaçant la position de la pointe Riche pour la confondre avec le cap Ray, tendait à nous faire perdre une soixantaine de lieues de côtes. Le capitaine Graves produisit dans le courant du mois de mars un contre-mémoire où il soutenait pour les pêcheurs anglais le droit à la concurrence; il y établissait, en outre, que le séjour des Français à la côte de Terre-Neuve ne devait pas se prolonger au delà du 10 septembre au lieu du terme de fin octobre établi par l'usage et, qu'enfin, nos pêcheurs n'étaient autorisés à laisser sur la côte ni dépôts de sel, ni ustensiles, ni bateaux de pêche.

Dans de pareils termes, la négociation pouvait se prolonger indéfiniment sans la moindre chance d'aboutir. Tout accord devenant impossible, Guerchy fit part à lord Halifax du projet du cabinet de Versailles qui consistait à remettre aux commandants français et anglais des escadres chargées de la police de la pêche des instructions analogues et conciliantes. Le cabinet de Saint-James accepta cette proposition et, vers la fin de mars, il communiquait à notre ambassadeur un projet d'instructions destinées aux commandants britanniques; un des articles de ce projet portait qu'en cas de dispute entre les pêcheurs français et anglais, le capitaine du navire pêcheur anglais qui se trouverait « amiral du havre », selon l'usage établi, serait seul juge des différends qui pourraient survenir entre les sujets des deux nations. Guerchy représenta aussitôt à lord Halifax, avec toute la force et la vivacité qu'exigeait une pareille

guerre de la succession d'Autriche; mais les Anglais s'étaient désistés de cette prétention au traité d'Aix-la-Chapelle qui, en 1748, termina cette guerre.

prétention, qu'il était impraticable qu'il y pût souscrire, « la dignité de la France et le préjudice qui en résulterait pour les sujets du Roi s'y opposant absolument[1] ». Le ministre anglais répondit que ce n'était là qu'un simple projet et qu'avant de donner le texte définitif, il était nécessaire de prendre l'avis de l'amirauté, du « bureau des plantations » et d'en conférer avec le conseil du Roi chargé de le rédiger. Quant à l'indemnité pour les bateaux de pêche qui avaient été incendiés, lord Halifax convenait de la justice de cette réclamation; il attendait de nouvelles informations qui permissent de constater l'étendue et la valeur du dommage causé. Ce n'était pas toutefois une affaire arrêtée, car n'ayant, disait-il, que sa voix au Conseil, sa façon de penser ne pouvait être décisive. Enfin il déclara qu'il ne pourrait donner son approbation aux ordres de la cour de France à ses capitaines de vaisseaux en croisière à Terre-Neuve, s'il y était fait mention du droit exclusif de la France à la pêche de la morue[2] (17 avril 1764).

Notre ambassadeur écrivait au département des Affaires étrangères, le 18 avril 1764 : « Ce n'est certainement pas faute de conférences longues et fréquentes avec milord Halifax si je ne parviens pas à finir quelque chose concernant la pêche de la morue. J'en ai encore eu hier une de près de trois heures avec ce ministre, qui ont presque toutes été employées à discuter de nouveau cet objet. » Puis il ajoutait, pour expliquer l'entêtement du cabinet anglais : « J'ai eu l'honneur de vous mander dans le courant de cet hiver que l'engagement de soutenir les prétentions de la nation à la concurrence avait été pris d'une

1. Aff. étr. Guerchy à Choiseul, 30 mars 1764.
2. Arch. des Aff. étr.

manière bien formelle à la Chambre des communes dans la session du Parlement de 1762, immédiatement après la signature des préliminaires de la paix, ce qui a encore été confirmé depuis ce temps-là dans la session suivante[1]. »

Notre ambassadeur revint cependant à la charge le lendemain et crut le moment venu d'accentuer l'énergie de son attitude et de parler plus haut et plus ferme. Il connaissait les dispositions pacifiques de lord Halifax. Il lui représenta que la concurrence était inadmissible, que les choses devaient être rétablies sur leur ancien pied, que c'était son dernier mot si l'on tenait à conserver la paix, qu'il avait dit toute sa pensée et n'avait point d'ordres secrets. Mais laissons la parole à notre ambassadeur qui, dans une lettre à Choiseul du 19 avril, lui rend compte de son entrevue avec le ministre anglais : « Avouez, Milord, disait Guerchy, que si vous interprétez la lettre du traité d'Utrecht en votre faveur, vous ne pouvez au moins disconvenir que le sens est pour nous, puisque, si les ministres plénipotentiaires qui l'ont rédigé avaient voulu établir une concurrence entre les deux nations, ils seraient en même temps convenus du *quomodo*; car la pêche se faisait, pour lors, comme aujourd'hui, et vous voyez l'embarras où nous sommes pour prendre les mesures nécessaires à cet objet; au lieu de cela, les Français y ont toujours pêché seuls. Quelle preuve plus évidente peut-on avoir que c'était l'intention des deux puissances contractantes? D'ailleurs, en supposant même que cet article fût louche et en partant tous deux du même principe (celui de rester en paix),

1. Aff. étr., 18 avril 1764.

dites-moi, je vous supplie, laquelle des deux couronnes serait plus dans le cas de faire un sacrifice, ou de la France qui n'a plus que cette partie de côte pour pêcher, ou bien de l'Angleterre qui vient d'en acquérir par le traité de Paris une étendue beaucoup plus grande que ses sujets n'en ont besoin pour cet usage. — Il ne m'a répliqué autre chose à cela, sinon que le roi de France était le maître de faire à cet égard ce qu'il jugerait à propos et que le roi de la Grande-Bretagne n'avait pas le même pouvoir. — Je lui ai représenté que jamais je ne me satisferais de pareille réponse sur cet objet ou sur tout autre, attendu que le Roi m'avait accrédité auprès de Sa Majesté Britannique et que si Elle ne pouvait pas traiter avec son ambassadeur, il faudrait donc qu'Elle trouvât bon qu'on donnât des lettres de créance pour le Parlement comme on en donne pour la république de Pologne. »

« Il m'a ensuite ajouté que si je persistais à annoncer que, dans les instructions que le Roi donnerait au commandant de ses vaisseaux de guerre, on ferait mention du privilège exclusif et que j'eusse ordre de les communiquer ici, il ne les recevrait pas si ce droit exclusif y était inséré et que, par cette raison, il ne me communiquerait pas celles du roi de la Grande-Bretagne en m'assurant, toutefois, qu'elles ne contiendraient pas moins les ordres les plus précis de ne point troubler les Français dans leur pêche. — J'ai cru devoir lui répondre sans hésiter, qu'il ferait sur cela ce qu'il voudrait et que je ne pouvais pas invoquer le traité d'Utrecht pour le forcer à me faire cette communication, mais que, si par l'événement il arrivait que les Français manquassent encore leur pêche cette année, nous serions pour lors fondés, après avoir épuisé en vain tous les moyens de conciliation et de complaisance, d'en employer d'autres et que, quoique je ne pusse pas disconvenir que la France n'était pas encore remise des fatigues de la dernière guerre, je croyais que le Roi ne balancerait pas à la recommencer avec un aussi juste motif. »

« Ce langage vous paraîtra peut-être un peu trop fort, monsieur le duc; mais j'ai cru ne courir aucun risque dans les circonstances présentes. » Le ministère anglais désirait le maintien de la paix; une reprise des hostilités eût amené sa chute. Notre ambassadeur pouvait, dans ces conditions, concevoir quelque espérance de l'énergie de son attitude.

« Je crois pouvoir vous assurer que la fermeté de mon propos a fait impression sur milord Halifax, car il a repris tout de suite : « J'aimerais beaucoup mieux que « ceci se passât d'une manière amicale, en nous commu- « niquant réciproquement nos instructions. — Milord, « lui ai-je dit, ce n'est pas moi qui le refuse. » — Il est encore revenu à la charge en me demandant si réellement je n'étais pas autorisé à me relâcher sur ce point. — Je l'ai fort assuré du contraire et que tout ce que je pouvais peut-être prendre sur moi serait de promettre qu'il ne fût pas parlé dans nos instructions du privilège exclusif s'il voulait supprimer dans celles du roi de la Grande-Bretagne, l'expression de la « pêche en commun, conformément au traité d'Utrecht », ainsi que je le lui avais proposé d'abord. J'ai cru lui devoir ajouter que, cependant, dans ce cas-là, il était vraisemblable qu'on insérerait dans les nôtres que « *cette pêche en commun aurait lieu pour cette année* », sans rien spécifier de plus. Il s'est encore récrié sur ces mots « cette année » en voulant me persuader qu'ils étaient inutiles.... Je n'ai pas adopté cette opinion et d'ailleurs je lui ai encore dit que si la Grande-Bretagne ne prenait pas, dès cette année, toutes les précautions possibles et indispensables pour faire jouir tranquillement les Français de la pêche, le Roi n'attendrait pas plusieurs années pour tâcher de se la procurer par lui-même. »

« Tout cela s'est passé, au reste, sans chaleur ni menaces ; mais, au contraire, avec un ton d'amitié, tel qu'est toujours celui qui règne dans nos conversations [1]. »

Le cabinet de Londres — pas plus que celui de Versailles, d'ailleurs — n'avait envie de recommencer la guerre; la rupture de la paix, c'était le retour de Pitt aux affaires; un langage énergique ne pouvait donc que peser avantageusement sur les intentions des ministres en place et les faire revenir quelque peu de leur opiniâtre résistance.

Guerchy insista de nouveau sur l'indemnité à accorder pour l'incendie de nos bateaux, sur la nécessité de laisser à nos pêcheurs la liberté de couper le bois pour la réparation de leurs échafauts ou chauffauds, et combattit encore la proposition du capitaine Graves qui voulait fixer à une date déterminée et trop rapprochée, comme celle de la fin de septembre, le départ de nos pêcheurs de la côte de Terre-Neuve. Le traité d'Utrecht n'avait en effet spécifié aucune date pour l'époque de ce départ, et il suffisait qu'un petit nombre de nos pêcheurs n'eussent pas fini de sécher leurs poissons pour qu'ils fussent fondés à rester le temps nécessaire à cet effet. Lord Halifax se montrait moins rebelle sur tous ces points; il ajoutait que s'il s'élevait quelques disputes

1. Aff. étr. Guerchy à Choiseul, 19 avril 1764.

entre les Français et les Anglais, il fallait les laisser juger par les amiraux des deux nations, que cela s'était passé ainsi l'année précédente d'une façon supportable, sans qu'il fût besoin d'en faire la matière d'une prescription spéciale. Le cabinet de Londres ne cédait pas sur la position de pointe Riche et promettait un mémoire détaillé sur ce sujet; mais il n'était pas éloigné de convenir avec notre ambassadeur qu'aucun pêcheur ne devrait s'établir dans l'intervalle contentieux.

Cependant le conseil du Roi qui devait rédiger les instructions des commandants de Terre-Neuve n'avait pas encore donné sa réponse et, bien que lord Halifax la fît pressentir incessante, il ne cachait pas à notre ambassadeur qu'il avait envoyé un courrier à lord Hereford, ambassadeur d'Angleterre à Paris, pour savoir les dernières intentions du cabinet de Versailles et éprouver si le langage de Guerchy était conforme à ses instructions. Le courrier revint vers la fin d'avril.

Lord Hereford confirmait à lord Halifax la sincérité de l'attitude de notre ambassadeur qui était bien le fidèle interprète des vues du cabinet de Versailles; mais il lui apprenait aussi que tout en se préparant à la guerre, la France épuisée était encore hors d'état de l'entreprendre, que le Roi et l'opinion publique y étaient opposés et que, d'ailleurs, il ne pouvait être question de rouvrir les hostilités pour cette seule affaire, si digne d'attention qu'elle fût.

Et cependant rien n'était aussi préjudiciable aux intérêts de nos pêcheurs que l'état d'incertitude où ils se trouvaient : « L'avenir est le plus intéressé, écrivaient Magon et Bretel; tant que les choses resteront dans l'état actuel, le découragement paralysera nos armateurs et continuera de produire ses mauvais effets; nous pensons qu'il est absolument nécessaire de terminer incessamment cette négociation par un arrangement quelconque. — Il faudrait traiter cette question les armes à la main. Le ministère est raisonnable et bien disposé; mais l'attitude de la nation anglaise le met hors d'état de rien conclure [1]. »

Lord Halifax l'avait déclaré à Guerchy; il savait, d'après les récentes informations de lord Hereford, que la France désirait le retour des hostilités et n'attendait pour les provoquer qu'une occasion favorable, dès qu'elle aurait refait ses forces; mais à quoi bon, disait lord Halifax, céder sur Terre-Neuve, puisque tôt ou tard et pour mille autres raisons la guerre était inévitable? Il fallait donc s'attendre à voir le cabinet de Londres persister dans ses prétentions. Et, en effet, aussitôt le retour du courrier expédié à lord Hereford, Sa Majesté Britannique tint conseil; le lendemain, c'était le 23 avril; Guerchy se rendit chez lord Halifax pour en connaître l'issue : « Le conseil que j'avais eu l'honneur de vous annoncer, monsieur le Duc, écrit notre ambassadeur à Choiseul, devoir se tenir incessamment, au sujet de la pêche de la morue, a eu lieu hier au soir. Milord Halifax m'en prévint, le matin, à la cour. J'ai été aujourd'hui chez ce ministre pour en savoir le résultat. Il m'a dit que sur ce que j'avais persisté à déclarer que le roi ferait insérer dans les instructions à expédier pour les officiers de ses vaisseaux destinés à aller cette année à Terre-Neuve, notre prétendu droit de notre privilège exclusif de pêche, le conseil de Sa Majesté Britannique ne pouvait rien

1. Arch. col. Dossier Terre-Neuve, 21 avril 1764.

changer au projet des siennes, ne recevrait pas la communication des nôtres et ne ferait pas part à la France de celles qui allaient être expédiées au commandant de l'île de Terre-Neuve; que, cependant, il m'assurait qu'on aurait la même attention pour ordonner que les Français ne fussent pas troublés dans cette pêche que si le ministre britannique m'avait communiqué ces instructions. »

« J'ai répondu à milord Halifax que je ne pouvais rien ajouter à ce que je lui avais dit précédemment sur cela, et que puisque le roi de la Grande-Bretagne jugeait à propos de prendre ce parti, le Roi en ne communiquant pas ses instructions n'en donnerait pas moins également les ordres les plus précis pour éviter toute querelle entre ses sujets et les Anglais; que je voyais bien qu'il fallait s'en remettre pour le surplus à la Providence.... »

« Les députés de Saint-Malo et de Granville que je laisse partir d'après les instances qu'ils m'ont faites, ce matin, ne trouveront plus leur présence ici nécessaire. »

« Il ne peut plus être question de discuter davantage cette affaire pour le moment présent. J'aurais désiré pouvoir la terminer d'une manière plus satisfaisante et plus conforme aux intentions du Roi; mais je crois pouvoir vous assurer qu'il n'a pas dépendu de moi et qu'il était impossible dans la circonstance présente d'obtenir rien de plus[1]. »

Toutes les difficultés que la guerre de Sept Ans avait fait naître à Terre-Neuve restèrent donc en suspens après le traité de Paris. Nos pêcheurs ne renoncèrent point cependant à leurs lointaines expéditions. Ni les démêlés incessants avec les Anglais, ni les violences des croiseurs

1. Aff. étr., dépêche de Londres du 24 avril 1764.

britanniques, ni les ordonnances peu conciliantes des gouverneurs de l'île de Terre-Neuve, qui comme Hugh Palisser et Shuldam ne firent que renchérir sur leurs instructions pour aigrir les rapports des sujets des deux nations, ne parvinrent à décourager les entreprises de nos marins. La correspondance de Dangeac, gouverneur de Saint-Pierre et Miquelon qui, dès 1763, était allé reprendre possession de ces îles au nom du Roi, est remplie de leurs doléances : « Je désirerais bien voir enfin régner la tranquillité dans cette colonie, écrit Dangeac le 22 juillet 1767; je prévois que c'est difficile, pour ne pas dire impossible.... Le gouverneur (Palisser) ne se départ que très faiblement de l'idée où il a toujours paru être qu'il peut nous faire la loi [1].... »

L'histoire de nos pêcheries de Terre-Neuve, dans l'intervalle qui sépare la paix de Paris de la guerre de l'Indépendance américaine, est celle du désordre et du conflit en permanence. Nos pêcheurs arrêtés, leurs établissements pillés, leurs engins confisqués, des réclamations nombreuses réitérées qui se croisent entre Paris et Londres, tel est, durant cette période, le bilan de la correspondance de la France et de l'Angleterre au sujet de Terre-Neuve. C'est l'état de guerre qui subsiste là comme au Bengale.

Le comte du Châtelet qui avait succédé à Guerchy au commencement de l'année 1768, était accablé de plaintes au sujet des vexations des Anglais à la côte de Terre-Neuve. Il écrit à Choiseul, le 20 mars 1770 : « Il faut reculer autant que possible l'époque où ce sujet de conflits, qui renaît chaque année, en engagera un plus

1. Arch. col. Dossier Terre-Neuve.

sérieux entre les deux nations. Je ferai de mon mieux pour faire sentir au ministre d'Angleterre la nécessité d'y pourvoir par des règlements justes et conformes aux stipulations du traité.... Mais je ne suis pas payé pour prendre beaucoup de confiance dans les dispositions du ministère anglais et je ne peux vous répondre que de mon zèle sur cet objet important. »

Il fallut en effet nos succès de la guerre d'Amérique pour apaiser la longue querelle qui durait depuis vingt années. Ce fut pour en prévenir le retour qu'au traité de Versailles du 3 septembre 1783, la France fit à la Grande-Bretagne le sacrifice d'une partie des côtes qui lui avaient été réservées par l'article 13 du traité d'Utrecht. D'après l'article 5 du traité de Versailles, la France renonçait à son droit de pêche depuis le cap de Bonavista jusqu'au cap Saint-Jean situé sur la côte orientale de Terre-Neuve, mais continuait à en jouir conformément au traité d'Utrecht sur le reste du rivage français, c'est-à-dire depuis le cap Saint-Jean jusqu'au cap Ray, en passant par la côte occidentale [1].

Au traité de Versailles étaient jointes une déclaration et une contre-déclaration que nous devons, à cause de leur importance, citer en entier.

1. *Traité de Versailles* du 3 septembre 1783. — Art. 5. S. M. le Roi T. C. pour prévenir les querelles qui ont eu lieu jusqu'à présent entre les deux nations, Française et Anglaise, consent à renoncer au droit de pêche qui lui appartient, en vertu de l'article 13 sus-mentionné du traité d'Utrecht, depuis le cap de Bonavista jusqu'au cap Saint-Jean, situé sur la côte orientale de Terre-Neuve, par les 50 degrés de latitude septentrionale. Et S. M. le Roi de la Grande-Bretagne consent, de son côté, que la pêche assignée aux sujets de S. M. T. C., commençant audit cap Saint-Jean, passant par le nord et descendant par la côte occidentale de l'île de Terre-Neuve, s'étende jusqu'à l'endroit appelé cap Ray, situé au 47°50 de latitude. Les pêcheurs Français jouiront de la pêche qui leur est assignée par le présent article, comme ils ont eu le droit de jouir de celle qui leur est assignée par le traité d'Utrecht. »

Déclaration du roi George III.

« Le Roi étant entièrement d'accord avec S. M. T. C. sur les articles du traité définitif, cherchera tous les moyens qui pourront non seulement en assurer l'exécution *avec la bonne foi* et la ponctualité qui lui sont connues, mais, de plus, donnera, de son côté, toute l'efficacité possible *aux principes qui empêcheront jusqu'au moindre germe de dispute à l'avenir*.

« A cette fin, et pour que les pêcheurs des deux nations ne fassent naître des querelles journalières, S. M. B. prendra les mesures les plus positives pour prévenir que ses sujets ne troublent en aucune manière, par leur concurrence, la pêche des Français pendant l'exercice temporaire qui leur est accordé sur les côtes de l'île de Terre-Neuve, et elle fera retirer, à cet effet, les établissements sédentaires qui y seront formés. S. M. B. donnera des ordres pour que les pêcheurs français ne soient pas gênés dans la coupe des bois nécessaires pour la réparation de leurs échafaudages, cabanes et bâtiments de pêche.

« L'article 13 du traité d'Utrecht et la méthode de faire la pêche qui a été de tout temps reconnue, sera le modèle sur lequel la pêche s'y fera. On n'y contreviendra pas, ni d'une part, ni de l'autre, les pêcheurs français ne bâtissant rien que leurs échafaudages, se bornant à réparer leurs bâtiments de pêche et n'y hivernant point, les sujets de S. M. B., de leur part, ne molestant aucunement les pêcheurs français, durant leurs pêches, ni ne dérangeant leurs échafaudages durant leur absence.

« Le Roi de la Grande-Bretagne, en cédant les îles

de Saint-Pierre et Miquelon à la France, les regarde comme cédées afin de servir réellement d'abri aux pêcheurs français et dans la confiance entière que ces possessions ne deviendront point un objet de jalousie entre les deux nations, et que la pêche entre lesdites îles et celle de Terre-Neuve sera bornée à mi-canal. »

Contre-déclaration du Roi de France.

« Les principes qui ont dirigé le Roi dans tout le cours des négociations qui ont précédé le rétablissement de la paix, ont dû convaincre le Roi de la Grande-Bretagne que S. M. n'a eu d'autre but que de la rendre solide et durable, en prévenant autant que possible, dans les quatre parties du monde, tout sujet de discussion et de querelle. Le Roi de la Grande-Bretagne met incontestablement trop de confiance dans la droiture des intentions de S. M. pour ne pas se reposer sur l'attention constante qu'elle aura d'empêcher que les îles de Saint-Pierre et Miquelon ne deviennent un objet de jalousie entre les deux nations.

« Quant à la pêche sur les côtes de Terre-Neuve, qui a été l'objet de nouveaux arrangements dont les deux souverains sont convenus sur cette matière, elle est suffisamment exprimée par l'article 5 du traité de paix signé aujourd'hui, et par la déclaration remise également aujourd'hui par l'ambassadeur extraordinaire et plénipotentiaire de S. M. B. et Sa Majesté déclare qu'elle est pleinement satisfaite à cet égard.

« Pour ce qui est de la pêche entre l'île de Terre-Neuve et celles de Saint-Pierre et Miquelon, elle ne pourra être faite, de part et d'autre, que jusqu'à mi-canal, et S. M. donnera des ordres très précis pour que les pêcheurs Français n'outrepassent point cette ligne. Sa Majesté est dans la ferme confiance que le roi de la Grande-Bretagne donnera de pareils ordres aux pêcheurs anglais. »

CONCLUSION

Le résultat des arrangements du traité de Versailles relatifs à la pêche française sur la côte de Terre-Neuve était des plus avantageux pour la France. Nos droits y triomphaient, comme renforcés d'une reconnaissance nouvelle. Après l'article 5 du traité de 1783 et surtout après la déclaration du roi George interprétative de son texte, il ne pouvait plus être question de la concurrence anglaise, sur le rivage français. Pour éviter tout conflit les pêcheurs français et anglais devaient demeurer dans les limites assignées à leur pêche et ne pas se troubler ni se molester. De là résultait respectivement pour chacun d'eux un droit exclusif.

Le droit de pêche, droit principal, emportait avec lui l'accessoire, c'est-à-dire toutes les facilités réclamées pour l'exercer : droit de construire des échafauds ou chauffauds, droit d'échouer les barques sur le rivage, droit de couper du bois pour leur réparation, etc.

De plus, et imitant en cela les traités antérieurs, le traité de 1783 n'interdisait nullement la pêche du saumon, du hareng, de la boëte qui était l'auxiliaire de celle de la morue. Sans doute les plénipotentiaires avaient eu comme objectif principal la pêche de la morue, de beaucoup la plus importante : mais ils n'avaient pas interdit et ne pouvaient songer à interdire aucune autre pêche, pourvu que celle-ci se fît dans le temps et dans les limites fixés.

Ces conclusions ne sont pas sans portée; qu'on nous permette d'y insister bien qu'elles débordent du cadre de cette étude. Nos droits à Terre-Neuve, tels que les ont créés et maintenus les traités de 1713, 1763 et 1783 sont encore ceux de la France actuelle. Pendant les dernières années du XVIIIe siècle et les premières du XIXe, c'est-à-dire durant la lutte engagée entre la France et l'Angleterre, lors des guerres de la Révolution, les traités dont nous venons de parler n'ont pas été respectés; mais ils ont été remis en vigueur par le traité de Paris du 30 mai 1814[1]. Aussi nos pêcheurs ont-ils continué à prendre la morue, le saumon et le hareng sur les côtes de Terre-Neuve. Les instruments et les usages de la pêche ont d'ailleurs profité des perfectionnements que ne manquent pas d'amener le temps et la pratique.

Le mode de prise de possession des havres réglé par l'ordonnance de 1681 a fait place à un système nouveau et mieux approprié. Pour prévenir les désordres à la côte de Terre-Neuve, les havres de pêche ne sont plus au premier occupant, mais la répartition en est faite par la voie du sort. Le décret des 2, 22 mars 1852 qui a complété et modifié l'ordonnance du 24 avril 1842 règle le nouveau mode de prise de possession. Tous les cinq ans,

1. Art. 13. « Quant au droit de pêche des Français sur le grand banc de Terre-Neuve, sur les côtes de l'île de ce nom et des îles adjacentes et dans le golfe de Saint-Laurent, tout sera remis sur le même pied qu'en 1792. »

au 5 janvier, a lieu à Saint-Servan, entre les armateurs intéressés et sous la présidence du chef du service de la marine, le tirage général des places de pêche. A cet effet, les bâtiments sont répartis en trois séries. La première comprend les bâtiments de 149 tonneaux et au-dessus avec un équipage minimum de 30 hommes, la deuxième les bâtiments de 90 à 149 tonneaux avec un équipage minimum de 25 hommes, la troisième les bâtiments au-dessous de 90 tonneaux, avec un équipage minimum de 20 hommes. La première série choisit d'abord les places à sa convenance, viennent ensuite la deuxième, puis la troisième. Les armateurs sont obligés, la première année, sous peine d'amendes élevées, d'envoyer à Terre-Neuve le bâtiment annoncé ou un autre de même série. Ils doivent entretenir en bon état les établissements de pêche, chauffauds, cabanes qui existaient ou qu'ils feront construire à la place dont ils ont obtenu la concession afin que, soit à l'expiration de la période quinquennale, soit plus tôt, en cas de renonciation après cette première année, ils puissent les remettre aux armateurs que le tirage au sort leur aura substitués. Chaque année un tirage partiel se fait dans les mêmes conditions, entre les armateurs désireux d'occuper les places restées sans preneur.

La répartition des saumoneries se fait également par le tirage au sort des havres auxquels, d'après leur position, ces saumoneries correspondent.

Enfin, dans ces dernières années, la pêche du homard est venue s'ajouter à celle de la morue et du saumon.

Le droit de se livrer à cette nouvelle pêche a été contesté à nos nationaux par les pêcheurs anglais; or, comme nous l'avons amplement démontré, notre droit de pêche est absolu; nos marins ont donc le droit de prendre le homard comme ils ont celui de pêcher la morue, le hareng, le saumon, etc., tout ce qui en un mot est susceptible d'être pêché dans les limites du rivage qui nous est réservé. A quoi aboutirait, en effet, la thèse contraire? Permettrait-elle aux pêcheurs anglais d'envahir nos places de pêche, de se mêler à nos marins et d'apporter le trouble dans leurs opérations? Nullement, car une pareille pratique serait contraire au texte et à l'interprétation des traités. Si nos marins ne peuvent pêcher le homard sur le rivage français, les Anglais le peuvent bien moins encore, et il en résulterait que le homard serait *res nullius* de par sa qualité de homard, qu'il ne pourrait être pêché par personne et serait perdu pour tout le monde. Une semblable opinion n'est pas soutenable.

Il est vrai, disent encore les pêcheurs anglais, que le traité d'Utrecht vous donne le droit de « prendre le poisson »; mais le homard n'est pas un poisson. La discussion s'égare dans les erreurs de l'argutie, et il est à peine besoin de répondre que la distinction scientifique entre le poisson et le crustacé n'existait pas lors de la rédaction du traité de 1713.

En résumé, il résulte du traité de Paris et des négociations qui l'ont suivi, du traité de Versailles, de la paix de 1814, qui ont confirmé l'article 13 du traité d'Utrecht, que le droit de pêche qui appartient à la France est un droit incontestable, absolu, souverain. C'est en vertu de ce droit absolu et souverain que la France a toujours maintenu et maintient encore à ses marins le droit de prendre toute espèce de poisson, réglemente leur droit de pêche et exerce la police de cette pêche.

NOTES

NOTE A

Le premier des mémoires dont nous parlons fut adressé au gouvernement par Nau, négociant de la Rochelle, qui avait des intérêts dans le commerce des noirs.

Nau pensait que le climat de la Guyane ne permettait pas aux colons européens de supporter les fatigues du travail de la colonisation et que leur rôle devait se borner à diriger les entreprises dont les nègres seraient les ouvriers. Les noirs deviendraient la propriété des colons venus de la métropole, moyennant certaines avances faites par le Trésor et remboursées sur les bénéfices futurs de l'exploitation. Les gens aisés, encore moins les riches, disait Nau, ne prendront pas le parti de passer les mers et de s'exposer aux périls de la traversée, aux hasards d'un nouvel établissement pour cultiver de leurs mains les terrains dont on leur ferait la concession : on s'exposerait, par conséquent, à former une colonie de gens sans aveu et sans ressources, parmi lesquels il serait difficile de maintenir la police, et qui, d'ailleurs, vu les difficultés résultant du climat, ne pourraient entreprendre aucune exploitation de quelque importance. Ce pays, ajoutait-il, est, il est vrai, d'une étonnante fertilité, mais que d'incommodités, quel climat perfide pour l'Européen! Des insectes innombrables tels que maringouins, tiques, chiques, moustiques, fourmis, scorpions, chauves-souris, rats, souris et mille autres animaux plus ou moins dangereux persécutent et tourmentent sans presque qu'on puisse s'en défendre. La chaleur excessive qu'il fait à la Guyane pendant trois mois et demi de l'année, et les pluies continuelles et chaudes qui ont lieu pendant huit autres mois et demi rendent le climat de ce pays mortifère aux travailleurs de race blanche, surtout dans les terrains bas, noyés, peu défrichés et où il subsiste beaucoup de bois. Il n'y a qu'une solution possible : importer d'Afrique à la Guyane une colonie d'esclaves noirs, en même temps qu'on y transporterait de France une colonie de propriétaires blancs. C'était là, suivant lui, la clef de la prospérité future d'un pays qui, du reste, pourrait, non seulement rivaliser avec les colonies de Saint-Domingue, de la Martinique et de la Guadeloupe, mais encore l'emporter sur elles; car, affirmait-il, le café, le rocou, le cacao et l'indigo de la Guyane sont supérieurs à ceux de ces trois colonies [1].

Nau terminait en proposant d'envoyer 10 000 noirs à la Guyane et d'ouvrir aux colons un crédit de 6 millions remboursable en sept années.

Ce projet qui peut être regardé comme le résumé des idées générales des commerçants français de l'époque, profitait des moyens de colonisation dont on disposait alors. Il avait peut-être le tort de ne pas être assez désintéressé. Le commerce des noirs était alors une source de richesses, que Nau se proposait, sans aucun doute, d'exploiter.

Toutefois, un pareil projet trouvait sa confirmation dans d'autres travaux du même genre venus de Cayenne et émanés des autorités mêmes de la colonie.

Un mémoire de d'Orvilliers, fils du gouverneur de la Guyane et qui était à même de connaître les besoins de la colonie, puisqu'il y avait séjourné pendant quarante-sept années, ne faisait pas à Choiseul d'autres propositions que

1. Mémoire adressé à M. le duc de Choiseul, ministre secrétaire d'État au département de la guerre et de la marine, par le sieur Nau, négociant à la Rochelle.

celles de Nau. L'industrie sucrière excitait surtout son attention. « La rivière du Kourou, disait-il, n'étant barrée par aucun saut ou cascade, a un cours navigable, par barque ou pirogue, d'environ quarante-cinq lieues : les terrains de la rive droite et gauche y sont très-bons et susceptibles d'y établir nombre de belles et bonnes sucreries[1]. » Et il pensait que le défrichement et la culture n'étaient possibles qu'avec le travail des noirs.

Un autre mémoire de Morisse[2], commissaire ordonnateur à Cayenne, appuyait les propositions de d'Orvilliers et développait la partie financière d'après des idées analogues à celles de Nau.

D'Orvilliers et Morisse jugeaient le climat de la Guyane assez dangereux pour les Européens; ils ne consentaient à leur donner du travail qu'à condition de prendre les précautions nécessaires à leur acclimatation. Ainsi ils jugeaient nécessaire que les Européens fussent nourris par les soins du gouvernement avec les aliments auxquels ils était habitués, tels que la farine de froment, le bœuf salé, etc., au moins pendant l'espace des trois premières années. Du reste, d'Orvilliers et Morisse ne comprenaient pas qu'on établit à la Guyane un seul colon sans lui fournir ou sans qu'il achetât un certain nombre de nègres. C'était pour eux le *sine qua non* de la colonisation.

Enfin, Des Essarts, un des industriels les plus notables, écrivait au ministre à la date du 30 mai 1763 :

« La colonie n'attend que des secours en nègres pour faire paraître ses richesses, elle donne du sucre, du coton, du café, du cacao, du rocou, du tabac, du simarouba et autres denrées; mais l'objet principal c'est d'établir des sucreries; les manufactures produisent beaucoup, occasionnent des dépenses qui font vivre les ouvriers qui y sont employés comme charpentiers, charrons, maçons, potiers et autres, sans compter les habitants qui avoisinent les sucreries et qui

1. D'Orvillers, Mémoire adressé au ministre de la marine, 20 mars 1763.

2. Lettre adressée de Cayenne à M. de Choiseul, ministre de la guerre et de la marine, par le sieur Morisse, le 25 mars 1763.

fournissent vivres et bestiaux. J'ose avancer à Monseigneur que ce sont les sucreries qui font la richesse des colonies et, pour exemples, je cite Saint-Domingue et la Martinique..., mais pour les manufactures, il faut des nègres. »

« J'ai essayé de faire travailler à la terre, seulement pour des fossés, des soldats de la garnison; mais ils n'ont pas pu résister à cause des chaleurs excessives. Tous les habitants qu'on établira sans nègres et sans bétail auront de la peine à résister. Au contraire, *ils périront de misère.* » Tels étaient les avis des commerçants, des fonctionnaires, et de tous ceux que leur expérience rendait compétents sur le mode de colonisation à adopter. Ces avis venus de divers points de la France ou partis de la colonie même à peu près à la même époque, avaient une conformité remarquable. Mais M. Acaron et le bureau qu'il dirigeait ne daignèrent en tenir compte, ils poursuivirent avec une tenacité aveugle la réalisation de leur rêve sans s'inquiéter des difficultés ou des impossibilités que l'expérience n'allait pas tarder à leur révéler.

NOTE B

Total des embarquements pour la Guyane du 16 mai 1763 au 1er juin 1764.

16 mai 1763. — Expédition de M. de Préfontaine sur les navires le *Jason*, la *Comtesse d'Egmont*, l'*Américain*, emportant beaucoup d'outils et instruments agricoles avec 127 hommes..................................	127
19 août. — Du 19 août départ de Rochefort sur l'*Armide*.	200
26 septembre. — Du 26 septembre sur la *Denise*...........	30
12 octobre. — Du 12 octobre sur l'*Union*.................	176
22 septembre. — Du 22 septembre, départ de Marseille sur la frégate la *Fortune*, commandée par le sieur Eriès....	291
14 novembre. — Convoi de Chanvalon composé de 8 bâtiments ayant mis à la voile le 14 novembre...............	1 425
27 décembre. — Du Havre sur les navires le *Rolland*, le *Saint-Pierre*, le *Saint-Paul* et l'*Amitié* le 27 décembre..	154
10 février 1764. — De Marseille, le 10 février 1764 sur le navire *les Deux Amis*, 61 matelots maltais.............	61
Du 17 février au 1er mars 1764. — De Rochefort sur les navires la *Ferme*, la *Garonne*, la *Légère*, la *Baleine*, l'*Actif*,	
A reporter.....	2 464

Report........	2 464
le *Saint-Antoine*, le *Saint-Esprit*, le *Centaure*, du 17 février au 1er mars 1764..............................	1 933
Du 1er avril au 4 mai. — De Marseille sur les bâtiments de M. le marquis de Roux, du 1er avril au 4 mai........	2 076
Du 18 avril au 12 mai. — Du Havre sur les navires le *Marquis de la Pailleterie* et le *Buzanci*, du 18 avril au 12 mai..	393
De mai 1763 à juin 1764. — Acadiens Canadiens embarqués à Rochefort, à Boulogne, à des époques diverses..	3 150
De mai 1763 au 1er juin 1764. — A Morlaix...............	430
Total....................................	10 416

NOTE C

Le commerce de la Compagnie des Indes de 1725 à 1768.

	Montant des ventes en France.	Prix d'achat dans l'Inde.	Bénéfice.
		COMMERCE DE L'INDE	
De 1725 à 1736.	79 981 948 l.	50 980 429 l.	49 001 519 l. 96 1/8 0/0
De 1736 à 1743.	88 538 635	45 714 320	42 824 315 l. 93 2/3 0/0
De 1743 à 1756.	120 855 156	62 585 825	58 269 331 l. 93 1/10 0/0
Durant la guerre il y a peu ou point de retours de l'Inde.			
1766.	5 787 181 l.	3 070 645	2 716 536 l. 88 1/2 0/0
1767.	10 467 779	6 571 385	3 896 394 l. 59 1/3 0/0
1768.	15 880 975	10 045 915	5 835 060 l. 58 1/12 0/0
		COMMERCE DE CHINE	
De 1725 à 1736.	18 961 488 l.	9 271 899 l.	9 688 549 l. 104 1/2 0/0
De 1736 à 1743.	23 502 112	9 779 705	13 822 407 l. 141 1/2 0/0
De 1743 à 1756.	41 695 947	19 252 520	22 443 427 l. 166 2/3 0/0
De 1756 à 1763, époque de la guerre, le commerce est nul ou à peu près.			
1764.	5 173 666 l.	2 796 480	2 377 186 85 0/0
1765.	4 429 615	2 427 366	2 002 249 82 1/2 0/0
1766.	7 130 910	4 157 596	2 973 214 71 1/2 0/0
1767.	5 055 716	3 013 340	2 042 376 68 0/0
1768.	5 838 379	3 481 891	2 356 488 65 1/2 0/0

Diminution des capitaux de la Compagnie de 1725 à 1769.

Capital en 1725..............................	137 201 547 livres.
— en 1756..............................	138 215 725 —
— en 1769..............................	66 785 823 —
La Compagnie a donc perdu de ses fonds :	
De 1725 à 1769..............................	70 415 724 —

De 1756 à 1769	71 429 902 livres.
Il faut ajouter à cette somme l'appel fourni par les actionnaires en 1764	13 772 800 —
La Compagnie a donc réellement perdu de ses fonds de 1756 à 1769 la somme de...	85 202 702 —
Dans cet intervalle, le Roi a remis à la Compagnie :	
1° 11 835 actions qui, évaluées seulement à 1 200 livres, forment un capital de	14 020 000 —
2° 11 835 billets d'emprunt de 500 livres formant un capital de	5 917 500 —
3° Sommes versées du trésor royal dans la caisse de la Compagnie pendant la guerre.	65 000 000 —

REVENU EN 1769.

Rente sur le trésor royal	9 000 000 livres.
Effets divers (du Canada)	9 944 —
Total	9 009 944 —
A déduire :	
1° Montant des rentes constituées	2 723 710 —
Report à déduire	2 723 610 —
2° Rentes viagères	3 135 899 —
Total	5 859 509 —
	9 009 944 livres.
	5 859 509 —
Reste donc un revenu de	3 150 435 livres.

Revenu de chacune des trente-six mille neuf cent vingt et une actions	85 l. 4 s.
On doit observer que les actionnaires ayant fourni en 1764 un appel de 400 livres, représentant 20 livres de rentes, le revenu net de chaque action sur l'ancien fonds de la Compagnie n'aurait été que de	65 l. 4 s.

Comparaison des dividendes :

En 1725	148 livres.
En 1736	136 —
En 1743	135 —
En 1756	85 —
En 1769	65 —

Tel est le tableau de la diminution successive du capital et des revenus de la Compagnie.

NOTE DE LA PAGE 91

Thibault de Chanvalon au duc de Choiseul.

Cayenne, le 18 février 1764.

..... « Si les logements, les magasins et les autres dispositions n'étaient pas plus avancés à Kourou que je ne les ai trouvés, on ne saurait en accuser l'activité de M. de Préfontaine; il s'y est livré tout entier.

« Le camp n'est pas disposé comme nous en étions convenus à Paris, avec M. de Préfontaine, suivant le plan que je lui en avais remis à son départ de France, ce qui a obligé de changer plusieurs autres dispositions. Les logements et les magasins n'étaient nullement en proportion des hommes et des effets que nous avions à placer. Cependant il a fait tout ce qu'il a pu faire et même au delà. Il y a surtout à considérer les difficultés de toutes sortes qu'il a éprouvées, je ne dois pas vous le cacher; elles prouvent combien il est fondé à se plaindre de n'avoir été nullement secondé par M. de Béhague. Il était jaloux qu'un autre partageât son autorité et il était fâché de n'avoir pas été chargé de faire cet établissement, ainsi qu'il l'a témoigné ouvertement et, loin d'aider M. de Préfontaine, il cherchait à le croiser dans ses opérations, comme si l'une et l'autre colonie n'appartenaient pas également au Roi.

« Nous étions convenus que M. de Préfontaine établirait le camp sur la rivière de Sinamary si elle était praticable ou sur quelque autre rivière voisine de celle-ci. Pour cet effet, avant de partir de France, il avait écrit à M. de Béhague, pour le prévenir de la mission dont il était chargé et le prier de faire prendre les connaissances de la rivière de Sinamary et des autres rivières en dessus de la côte, depuis Cayenne jusqu'à Maroni. M. de Béhague n'en fit rien. Aussi M. de Préfontaine en arrivant ici et ne pouvant avoir aucun éclaircissement — d'autant que les navigateurs-pratiques qu'il connaissait étaient absents — fut très embarrassé de savoir où il conduirait ses ouvriers et travailleurs et où il assoirait le camp.

« Par une suite de ce bonheur que vous savez attaché à cette entreprise, il se détermina, vraiment, par une sorte d'inspiration, à ce qu'il m'a dit, pour Kourou dont la passe n'était pas plus commode que celle des deux autres rivières, puisque le bateau dans lequel il était périt en y entrant. Le sort a voulu, cependant, que cette même position qu'il a préférée fût plus favorable pour ce premier établissement.

. . . .

« Il n'y avait dans le camp que quelques rues qui fussent nommées; je leur ai donné à toutes des noms qui ont été écrits sur des poteaux afin de se reconnaître et de mettre de l'ordre; nous avons pris la liberté, Monseigneur, de donner le vôtre à la plus grande rue, à celle qui règne sur toutes les autres, elles viennent toutes y aboutir. J'ai donné aux autres les noms des principales personnes venues avec M. de Préfontaine et qui se sont distinguées par leur zèle à le seconder dans ses travaux. C'est une sorte d'éloge et une satisfaction qui leur a été flatteuse. Quelques autres qui ont témoigné le plus grand intérêt à cet établissement, qui ont pu y concourir, étant dans le même cas que ceux-ci, leur nom a été donné aussi à quelques-unes de ces rues. Comme elles doivent augmenter, ceci deviendra un moyen d'encouragement.

« Vous remarquerez dans le camp une place au milieu de laquelle est la statue du Roi [1]. Nous n'avions point de marbre ni d'artiste, elle n'est que peinte; nos cœurs nous disent où nous pouvons le trouver mieux gravé; cependant nous sommes enchantés d'avoir sans cesse sous nos yeux le portrait d'un maître et d'un père qui nous a comblés de ses bienfaits. »

1. A la lettre de Chanvalon était joint un plan du camp de Kourou.

ERRATA

Page 11, ligne 17, au lieu de : *masses incultes*, lire : mornes incultes.
— 32, ligne 13, au lieu de : *et adressés,* lire : adressés.
— 87, ligne 13, au lieu de : *toute essence*, lire : toutes essences.
— 134, ligne 24, au lieu de : *des avantages*, lire : les avantages.
— 190, ligne 2 du texte, au lieu de : *aller prendre possession*, lire : aller dans l'Inde prendre possession.
— 283, ligne 6, au lieu de : *de deux maisons de Bourbon*, lire : des deux maisons de Bourbons.

TABLE DES MATIÈRES

INTRODUCTION V

CHAPITRE I

LES RUINES DE NOTRE EMPIRE COLONIAL

Ce qui restait de notre empire colonial. — Les deux gouvernements généraux. — Situation de la Martinique. — Les *habitants*, les *petits blancs* et les *habitacos*. — L'île de Sainte-Lucie. — La Guadeloupe. — Iles qui dépendent du gouvernement de la Guadeloupe. — Marie-Galante, Saint-Martin, Saint-Barthélemy, la Désirade et les Saintes. — Triste situation de la Guyane. — Vices de l'administration. — Le droit d'*octroi* à Saint-Domingue. — Situation économique de Saint-Domingue. — Choiseul crée des chambres de commerce et d'agriculture dans nos îles; elles élisent un député au bureau du commerce à Paris. — Comptoirs de la côte d'Afrique. — Les îles de France et de Bourbon. — L'île Rodrigue. — Madagascar. — Les Indes............... 1

CHAPITRE II

LES DESSEINS POLITIQUES ET LES IDÉES NOUVELLES

Ignorance de Choiseul pour les questions maritimes et coloniales; il se fait instruire dans les bureaux. — Discrédit des compagnies commerciales privilégiées. — Rôle des économistes. — Idées qu'ils se faisaient de l'utilité des colonies. — Les théories nouvelles pénètrent dans les bureaux. — La colonisation officielle. — Choiseul prévoyait la Révolution américaine. — Il cherche à en tirer parti. — L'alliance espagnole............... 19

CHAPITRE III

LES PRÉPARATIFS DE L'EXPÉDITION DU KOUROU

La Guyane doit remplacer le Canada. — État de la Guyane en 1763. — Les mariages aux colonies. — Recrutement de la population. — Organisation de l'expédition de la Guyane. — De

Préfontaine nommé commandant de la nouvelle colonie. — Turgot gouverneur. — Thibaut de Chanvalon intendant. — Choiseul vice-roi de la Guyane. — Projet de colonisation du baron de Bessner. — Projet de M. de Préfontaine. — Projet du bureau des colonies et du gouvernement; ils cherchent des émigrants en Allemagne.......... 31

CHAPITRE IV

LES PREMIERS TRAVAUX DE LA COLONISATION

Retards éprouvés par le départ de De Préfontaine. — Mésintelligence à Cayenne entre celui-ci et de Béhague. — De Préfontaine s'entend avec les jésuites de la colonie pour commencer ses travaux. — Naufrage à l'entrée de la rivière de Kourou. — Premiers essais de plantations. — Ardeur des colons. — Des maladies se déclarent parmi eux. — Premiers établissements sur la rivière de Sinamary et sur celle de Kourou. — La saison des pluies amène la suspension des travaux. — Désertion des noirs fournis par les Jésuites.......... 46

CHAPITRE V

MÉSINTELLIGENCE ENTRE TURGOT ET CHANVALON

Difficultés entre Turgot, de Chanvalon et le bureau des colonies. — Avantages accordés aux colons par les *Lettres patentes*. — Projet de fonder à la Guyane une commanderie de l'ordre de Malte et une colonie maltaise; ce projet échoue. — Difficultés financières. — De Chanvalon se fait attribuer les pleins pouvoirs pour gouverner la colonie en l'absence de Turgot. — Mésintelligence entre le gouverneur et l'intendant à la suite d'un dîner chez M. de Vaudésir. — Désordres à la Rochelle et à Rochefort. — Malouet nommé inspecteur des embarquements. — Anecdote.......... 55

CHAPITRE VI

ARRIVÉE DE CHANVALON A KOUROU

Départ de Chanvalon. — Mauvais accueil des administrateurs de l'ancienne colonie. — Ils refusent toute aide à l'intendant. — Accueil enthousiaste que reçoit de Chanvalon à Kourou. — Aspect de la nouvelle colonie à son arrivée. — Divisions des colons en deux classes. — La saison des pluies empêche la dispersion des émigrants. — Troubles et désordres. — Caractère des émigrants. — Mesures de rigueurs prises par l'intendant.. 66

CHAPITRE VII

NOMBREUX CONVOIS D'ÉMIGRANTS

Troisième expédition sous la conduite de M. d'Amblimont. — Secours pécuniaires à l'ancienne colonie. — Établissement aux îles du Diable. — D'Amblimont annonce l'arrivée de deux mille colons. — Impossibilité de les loger. — Perplexité de l'intendant qui cherche à les isoler. — Extension de la colonie sur le haut Kourou. — Projet d'établissement d'une ville nouvelle.... 81

CHAPITRE VIII

LA COLONIE EST DÉTRUITE PAR UNE ÉPIDÉMIE

L'épidémie se déclare. — Nouvelle arrivée de 1216 passagers. — Désespoir de Chanvalon. — Pénurie de remèdes. La famine menace la colonie. — Doléances de Chanvalon au ministre. — Gravité de la situation. — L'intendant tombe malade. — Accusations injustement formulées contre lui. — Conduite du gouverneur demeuré à Paris. — Sa présence est réclamée à Cayenne. — Mesures d'ordre prises par l'intendant et considérées comme vexatoires par les colons. — Nouveau convoi de 1127 personnes. — Sort des plantations et des bestiaux.............. 89

CHAPITRE IX

DÉPART DE TURGOT ET ARRESTATION DE CHANVALON

Les nouvelles du désastre de la Guyane arrivent en France. — Le départ de Turgot est résolu. — Des pouvoirs illimités lui sont accordés. — Dispositions de Turgot à l'égard de Chanvalon. — Instructions de Turgot. — Projets d'établissement sur la rivière d'Aprouague. — Nouveaux atermoiements du gouverneur. — Son départ. — Sa conduite à la Guyane. — Arrestation de l'intendant. — Retour de Turgot en France.......... 101

CHAPITRE X

ÉPILOGUE

Enquête contre l'intendant. — Il est enfermé à la Bastille. — Lettres patentes de 1767 confisquant ses biens et le condamnant à la détention perpétuelle au Mont Saint-Michel. — Traitement infligé à Mme de Chanvalon. — Protestations en faveur de l'intendant émanées de la colonie. — Remontrances du parlement au Roi sur l'irrégularité des lettres patentes de 1767. — Examen de la conduite de Turgot. — La commission conclut à sa culpabilité, il est exilé. — Suite de l'affaire de Chanvalon. — Nouvel examen de sa cause en 1776. — Sa réhabilitation en 1781.................................... 116

CHAPITRE XI

LE COMTE DE MAUDAVE A MADAGASCAR

Difficultés de la colonisation à Madagascar. — Mission de Le Gentil. — Le comte de Maudave propose au ministre de la marine de faire la conquête de Madagascar. — Ses propositions sont acceptées. — Bernardin de Saint-Pierre lui est adjoint comme ingénieur. — Dian Mananzac se place sous la protection de Maudave. — Maudave veut suivre à Madagascar la politique de Dupleix. Il obtient de Dian Mananzac la concession d'un territoire aux environs de Fort-Dauphin. — Il cherche à tirer parti des ressources du pays. — Il fait construire des cases. — Une maison coûte 6 livres de poudre. — Le ministre de la marine n'envoie ni hommes ni argent. — Projets militaires de Maudave. — Silence des bureaux de la marine. — Jalousie de l'île de France. — L'intendant de l'île de France rappelle le détachement confié à Maudave. — Maudave obligé de renoncer à ses projets rentre à l'île de France.......................... 130

CHAPITRE XII

LA RÉFORME LÉGISLATIVE ET JUDICIAIRE

La réforme législative. — Obscurité de la matière. — La coutume de Paris appliquée aux colonies. — Des coutumes locales suppléent bientôt à son insuffisance; elles favorisent les abus. — Ignorance et incapacité des magistrats des colonies. — Les conseils souverains avaient depuis longtemps réclamé des réformes. — Création d'un bureau de législation coloniale. — Rôle des conseils coloniaux. — La réforme judiciaire. — Codification des lois, ordonnances et règlements.......................... 148

CHAPITRE XIII

LA RÉFORME ADMINISTRATIVE

L'administration des colonies. — Pouvoirs du gouverneur. — Pouvoirs de l'intendant. — Création d'une administration municipale à Saint-Domingue. — Chambres d'agriculture. — Modifications dans le gouvernement ecclésiastique. — Côté libéral de quelques-unes de ces réformes. — En général elles tendent à une plus grande centralisation. — Les vœux du député Petit. — Enthousiasme des conseils supérieurs du Cap et de Port-au-Prince.......................... 157

CHAPITRE XIV

LES NOUVELLES « TROUPES NATIONALES » LA RÉFORME MILITAIRE ET MARITIME

Encadrement des milices dans les troupes réglées. — Réorganisation des milices. — Ban et arrière-ban. — Projets de Petit pour la réforme maritime. — Les bâtiments de la marine marchande pourront être réquisitionnés en temps de guerre. — Création d'inspecteurs des constructions navales. — Réorganisation des ports par Rodier et Truguet. — La défense doit être concentrée à Brest et à Toulon. — Progrès des armements maritimes en 1771. — Ordonnance générale de la marine du 25 mars 1765. — Réforme du Grand-Corps. — Aperçu de l'organisation de la marine avant cette réforme. — Ordonnance du 18 février 1772. — Réorganisation de l'artillerie. — L'infanterie de terre doit en temps de guerre être transformée en infanterie de marine..... 170

CHAPITRE XV

NOTRE RÉTABLISSEMENT AUX INDES
FIN DE LA COMPAGNIE DES INDES ORIENTALES

Triste situation de la France aux Indes. — Law de Lauriston « commissaire du Roi ». — Lettre de Mir-Kassim-Ali-Khan, roi de Delhi; il ne désespère pas de la France; l'Alsacien Sombre reste à son service comme général en chef. — Héroïsme de Sombre. — La bataille de Buxar. — Sombre épouse la reine de l'État de Sirdannah; sa politique. — Law relève les murs de Pondichéry. — Le gouverneur de Chandernagor projette un établissement français en Indo-Chine. — Mémoire en faveur de la Compagnie des Indes. — Morellet, l'adversaire du privilège, fait campagne contre elle. — Necker est élu directeur. — Situation financière de la Compagnie. — Sa fin est résolue. — Polémique entre Morellet et Necker. — Ordonnance du 13 août 1769 qui suspend le monopole de la Compagnie et ouvre le commerce des Indes à tous les citoyens. — Les Anglais craignent les effets de la liberté du commerce. — Pourquoi les compagnies privilégiées de commerce et de colonisation ont peu réussi en France.. 190

CHAPITRE XVI

LE ROI REPREND A LA COMPAGNIE SES COMPTOIRS
DE LA COTE OCCIDENTALE D'AFRIQUE

Gorée doit être administrée comme nos colonies d'Amérique. — Instructions données à Poucet, son gouverneur. — La traite des noirs était le commerce principal de nos comptoirs du Sénégal. — Le moment le plus brillant de la traite des noirs a été au début de la seconde moitié du XVIIIe siècle. — Quelques idées sur le régime de l'esclavage aux colonies et à la métropole. — Les idées philanthropiques ont peu de crédit auprès du gouvernement. — Ordonnance du 5 avril 1762 qui prescrit de rembarquer pour les colonies tous les nègres qui sont en France. — Projets de rendre plus rigoureux l'esclavage des noirs. — Proposition d'extinction progressive de l'esclavage du baron de Bessner. — Publication de l'abbé Demanet sur l'Afrique française. — Le commerce de l'Afrique ne nous est pas fermé par la perte du Sénégal; il peut être rouvert par la Casamance. — — Le gouvernement relève le commerce des noirs. — Ce commerce fleurit jusqu'à la Révolution avec la Compagnie non privilégiée d'Angola et la Compagnie de Guyane.................. 212

CHAPITRE XVII

LES ILES DE FRANCE ET DE BOURBON DEVIENNENT PROPRIÉTÉS ROYALES

Missions officielles de Le Gentil et Rochon aux Seychelles et à Madagascar. — Absence de numéraire à l'île de France et à Bourbon. — Situation économique de ces deux colonies. — L'administration de la Compagnie y avait été assez paternelle. — Désordres dans l'administration de la justice. — Sa réorganisation. — Application du régime des colonies royales. — Arrivée de Poivre dans la colonie. — Ses voyages; il a noué les premières relations de la France avec l'Annam. — Bienfaits de l'administration de Poivre. — Importance militaire des îles de France et de Bourbon d'après les instructions remises à ses administrateurs.. 222

CHAPITRE XVIII

LA RÉFORME ÉCONOMIQUE

Vincent de Gournay défend la liberté du commerce dans les Conseils du Roi. — La liberté du commerce réclamée par les colonies. — Prospérité de la Guadeloupe; ses causes. — Choiseul revient au régime prohibitif. — Influence de Montesquieu dans les instructions aux gouverneurs des colonies. — Fausses interprétations. — Montesquieu est un historien et non pas un doctrinaire. — Le régime de la liberté des transactions tend à prévaloir de nouveau et définitivement à dater de 1767. — Ports francs créés à Sainte-Lucie, à Saint-Domingue, à la Guyane. — Augmentation du nombre des ports ouverts au commerce colonial. — Création d'une ligne régulière de paquebots entre la France et les Antilles. — Mesures générales prises pour augmenter la population de nos colonies. — Lutte économique entre la Martinique et la Guadeloupe. — Prospérité commerciale de nos colonies à la chute de Choiseul.................. 236

CHAPITRE XIX

L'AFFAIRE DE PORT D'EGMONT, LA CHUTE DE CHOISEUL

Voyage de Bougainville aux Malouines. — Expulsion des Anglais. — Effet produit. — Nombreuses contestations avec nos rivaux, aux Indes, dans les îles Turques, dans l'îlot de Tintamarre, à Terre-Neuve. — En juin 1770, les relations entre la France, l'Espagne et l'Angleterre sont très tendues. — Ni Louis XV, ni

Choiseul ne veulent la guerre. — La situation politique de l'Europe impose à la France une politique pacifique. — L'Espagne, au contraire, désire la guerre. — Négociations entre Paris, Londres et Madrid. — La diplomatie secrète. — Intrigues de cour contre Choiseul en France, contre Grimaldi en Espagne. — Elles poursuivent des buts opposés. — Lettre du Roi d'Espagne au Roi de France. — Disgrâce et exil de Choiseul à Chanteloup. — Rôle de l'abbé de la Ville. — Nouveau projet d'arrangement. — L'Espagne doit désavouer ses entreprises sur Port d'Egmont. — Discussion à la Chambre des communes et à la Chambre des lords de l'arrangement anglo-espagnol. — Évacuation des îles Malouines par les deux parties............... 252

CHAPITRE XX

L'INFLUENCE DE CHOISEUL SURVIT A SA CHUTE HEUREUSES CONSÉQUENCES DE SON ADMINISTRATION AUX COLONIES

Choiseul n'a pas pu réaliser tout le bien qu'il aurait voulu. — Défauts qu'on peut lui reprocher. — Nouvelle tentative à la Guyane sur les instances de notre ambassadeur à Londres. — Choiseul encourage les voyages d'exploration autour du monde. — Choiseul et l'Égypte. — Jugement de Talleyrand sur lui. — Aperçu de l'ensemble de son administration. — Prospérité de Saint-Domingue. — Son opposition avec le sombre tableau de Raynal. — L'effort maritime. — Les résultats ne se font sentir qu'après la chute du Ministre. — Abrégé de la situation économique de nos colonies à la veille de la Révolution. — Conclusion.. 285

CHAPITRE XXI

A QUESTION DE TERRE-NEUVE, SES ORIGINES

Cosouveraineté de la France et de l'Angleterre à Terre-Neuve. — Etendue respective des deux dominations. — Plaisance, le chef-lieu des établissements français. — Saint-Jean, le chef-lieu des établissements anglais. — La possession de l'île de Terre-Neuve sert seulement à l'établissement de pêcheries. — Traité d'Utrecht. — En cédant aux Anglais l'île de Terre-Neuve, la France conserve une partie de ses pêcheries, et retient le droit de pêche sur le rivage qui lui est réservé. — La pêche française continue à Terre-Neuve après le traité d'Utrecht sur le même pied qu'antérieurement à ce traité. — Ordonnance de 1681 qui règle la police de la pêche. — Manière de pratiquer la pêche. — La morue n'en est pas le seul produit. — La pêche du saumon. — Les croiseurs de la marine royale française sont chargés de maintenir l'ordre dans nos pêcheries. — Comment le système anglais de la « concurrence » est né des violences de la guerre de Sept Ans et n'a jamais été ni légitimé ni consacré en droit. — Droit exclusif des pêcheurs français. — Interprétation du texte de l'article 13 du traité d'Utrecht. — Des négociations s'engagent à Londres. — Violences des Anglais à Terre-Neuve et plaintes de nos pêcheurs. — Magon et Bretel envoyés à Londres comme délégués techniques. — René de Chateaubriand, délégué de la chambre de commerce de Saint-Malo; son refus. — Prétentions des Anglais. — Instructions de Guerchy. — Pourquoi le cabinet de Londres ne veut pas abandonner le « système de la concurrence ». Considérations invoquées par Magon et Bretel. — Chateaubriand propose d'abandonner aux Anglais une partie de nos côtes en échange de l'abandon de leur « système de la concurrence »; refus de Choiseul. — Projet d'arbitrage de Magon et Bretel.. 297

CHAPITRE XXII

LA QUESTION DE TERRE-NEUVE (SUITE)
SOLUTION QU'ELLE REÇOIT AU TRAITÉ DE VERSAILLES

Projet d'arrangement provisionnel de Guerchy. — Choiseul préfère l'échange des instructions à remettre aux commandants des croiseurs français et anglais à un arrangement qui ne serait pas une entière reconnaissance de nos droits antérieurs. — Arrivée du capitaine Grave; son mémoire. — Conférence entre le comte de Guerchy et lord Halifax. — Insistance de notre ambassadeur; énergie de son attitude. — Envoi d'un courrier à lord Hereford, ambassadeur d'Angleterre à Paris, afin de connaître le dernier mot du cabinet de Versailles. — Le cabinet de Londres persiste dans ses prétentions. — Rupture des négociations. — Toutes les difficultés restent en suspens jusqu'au traité de Versailles du 3 septembre 1783. — Déclarations du roi George III. — Conclusions. — Les droits actuels de la France. — Ils subsistent tels qu'au lendemain du traité d'Utrecht.. 314

Notes.. 335

Coulommiers. — Imp. P. Brodard.

www.ingramcontent.com/pod-product-compliance
Lightning Source LLC
LaVergne TN
LVHW010131230826
846091LV00001BA/215

* 9 7 8 2 0 1 9 7 0 2 9 9 1 *